古代歷史文化研究輯刊

初編

王明蓀 主編

第7冊

西晉末年至東晉時期的「分陝」政治
——分權化現象下的朝廷與州鎮

趙立新 著

國家圖書館出版品預行編目資料

西晉末年至東晉時期的「分陝」政治——分權化現象下的朝廷
與州鎮／趙立新 著 — 初版 — 台北縣永和市：花木蘭文化出
版社，2009〔民 98〕

目 4+186 面；19×26 公分

（古代歷史文化研究輯刊 初編：第 7 冊）

ISBN：978-986-6449-35-2（精裝）

1. 政治制度　2. 晉史

573.4131　　　　　　　　　　　　　　　　98002286

ISBN - 978-986-6449-35-2

9 789866 449352

古代歷史文化研究輯刊
初　編　第　七　冊　　　　ISBN：978-986-6449-35-2

西晉末年至東晉時期的「分陝」政治
——分權化現象下的朝廷與州鎮

作　　者　趙立新

主　　編　王明蓀

總編輯　杜潔祥

出　　版　花木蘭文化出版社

發行所　花木蘭文化出版社

發行人　高小娟

聯絡地址　台北縣永和市中正路五九五號七樓之三

　　　　　電話：02-2923-1455／傳真：02-2923-1452

網　　址　http://www.huamulan.tw 信箱 sut81518@ms59.hinet.net

印　　刷　普羅文化出版廣告事業

初　　版　2009 年 3 月

定　　價　初編 20 冊（精裝）新台幣 31,000 元

西晉末年至東晉時期的「分陝」政治
——分權化現象下的朝廷與州鎮

趙立新　著

作者簡介

趙立新（Li-hsin Chao），臺灣大學歷史學系博士候選人（Ph.D. Candidate, National Taiwan University）。歷任臺灣大學、東吳大學歷史系兼任講師，《新史學》助理編輯，東京大學東洋文化研究所外國人研究員，北京大學中古史中心訪問學人，現為中央研究院歷史語言研究所人文社科博士培育計劃訪問學員。研究領域為中國中古的政治社會與文化，特別是士族研究，近年關注古代東亞史與中古的訊息傳播和文本流通。著有〈隋唐之際的蕭銑江陵政權〉、〈梁代的聚書風尚——以梁元帝為中心的考察〉等。

提　要

　　本書主要藉由「分陝」故實的產生到詮釋，探究中古政治文化與政治社會變動的關係，就政治中心與集體政治勢力的相互作用與過程，進行了動態和結構性的考察。「分陝」原為經典詮釋下描述周公、召公分治天下的政治理想，隨著漢末以來的顯著地方分權化、士族政治的勃興、都督制的建立，封建觀與經典詮釋對現實與理念的調和，構成了中古所謂的「分陝」政治，其基本意涵為政治權威的分化與政治中心的分立，具體用以描述中古州鎮與朝廷的對立，亦即兩個政治中心的並峙。此種政治現象實由對立的集體政治力量支持，也就是以政治集團作為基礎。西晉時期形成「分陝」局面，受到以宗室諸王為中心的政治集團的支持。隨著宗室政治的消亡，東晉在南北分立的格局下，同時形成上游州鎮與下游朝廷兩個政治中心，作為支持的政治集團也由宗室轉變為士族。隨著南北局勢緊張而逐漸擴大與強化的都督與州鎮，成為士族分張家族勢力與朝廷分立對峙的資源，形成東晉以後「分陝」政治的基本內涵。在士族政治漸趨衰弱、皇權復興的南朝，士族分張族人盤據中上游州鎮的情形遭到抑止，「分陝」的意涵逐漸化約為政治中心的分立與上下游之爭，反映中古政治文化與政治社會變動的密切關係。

目次

緒　論

一、研究動機

　　永嘉之亂之後，晉元帝及其幕府於江左地域建立東晉政權，自此以後南朝四代無一不是憑依江左地域立國，直到陳朝謝運於北方的隋朝。自東晉至南朝，江左政權的實際存在時間長達二百七十三年（317～589），與享祚二百九十年的唐朝相當，較之西漢或是東漢存在的時間更為久遠。在這一段不能算短的歷史時期中，江左政權從政治、社會乃至人物風格等各個層面，均呈現出不同於前後時期的面貌。其中，尤為顯著而引人注意的歷史現象之一，便屬此時的政治分裂與分權化發展。

　　最初，筆者在大學時期，選修張元教授的「資治通鑑」課程，於閱讀《通鑑》並對讀正史材料之際，首次察覺到東晉南朝時期荊州在政治和軍事上的特殊地位，隨即對荊州（江陵）產生了相當濃厚的興趣。接著，一次偶然的機會，筆者在政治大學社會科學資料中心「發現」劉淑芬教授的博士論文《六朝時期的建康》，從書中找出了以荊州和揚州分別為軍事中心與文治區域的篇章進行閱讀。此後，撰寫了兩篇題目不大、有關南朝與隋末唐初荊州地域政治的小型論文。接著，進一步廣泛閱讀有關東晉南朝的歷史文獻，閱讀之中隨時留意一些與地理有關、而又帶有鮮明的東晉南朝時代色彩的詞語，從而發現了牽涉東晉南朝政治繁複現象的「分陝」。

　　「分陝」原來是一個牽涉西周初年政治故實的詞語，就其記述的內容而言應屬中國上古史的範疇。但是，它卻由一個歷史故實的記載，經過中古時期的逐漸發展，成為一個含有豐富政治符碼的概念，並且在政治、文學等各

種層面受到東晉南朝時人的廣泛應用；在政治上，用以描述當時一種與地域劃分和政治分權化有密切關聯的特殊現象。由於「分陝」一詞與東晉南朝政治的關係密切，遂引起筆者探索追求其間脈絡的企圖而開始進一步的研討，並成爲筆者探索東晉政治的出發點。

二、研究回顧與討論

　　東晉南朝時期政治權力的運作，表現出與前此的兩漢及其後的隋唐都有極爲不同之處；甚至與同一時期的十六國北朝兩相比較，也呈現出獨特的一面。簡言之，東晉南朝時期的政治形態並非皇權政治，士族的政治力量大大地影響了整體政治的運作，影響所及，甚至連社會文化的趨向也以士族的偏好馬首是瞻。而士族對江左政治近乎制度性的深刻影響，隨著東晉的建立而形成，此一獨特的政治形態尤與東晉南朝的軍事力量關係密切。東晉士族政治力量的強弱，往往與是否掌握州鎮力量密不可分。主要的原因在於，州鎮不僅涉及士族間以及朝廷與士族間的政爭，更是江左軍事力量的淵藪。江左地域的州鎮既與此時軍事力量有如此深切的關係，因而造成州鎮的政治地位提昇。就軍事面而言，州鎮肩負抵禦來自北方的入侵、屏衛江左的重任；就政治面而言，州鎮往往成爲江左政爭的焦點，左右著東晉南朝政局的發展。或者可以依據田餘慶先生的說法，江左政爭總是以州鎮之爭的形式呈現出來，所謂「上下游之爭」清楚地點明了這種現象。因此，東晉的權力焦點集中於州鎮。但是，除了孝武帝以外，東晉諸帝基本上對於州鎮的事務幾無置喙餘地。此外，州鎮成爲政爭焦點以後，地域上又形成了對立的特徵，東晉南朝時人對於當時這種州鎮政治，賦予了「分陝」之名。

　　自東晉以來，江左的政治社會主要仍以士族爲主體，但是整體趨勢卻朝著士族的衰微行進著。這種趨勢具有主客觀兩種成因，主觀的力量來自皇帝及其身旁寒人對士族政治社會造成的破壞，客觀的因素則是士族大家族自身的衰落。這種趨勢逐漸根本地改變了東晉以來的門閥政治的政治模式與性質，在此背景下南朝得以逐漸恢復皇權政治，而東晉孝武帝至劉宋正是轉變的關鍵階段。一九五○年代，唐長孺先生以通論的方式，由寒人的興起討論了動搖士族社會穩定的因素，另由士族群體的角度探究了南朝士族的性質。〔註1〕近年來

〔註1〕 見氏著，〈南朝寒人的興起〉，《魏晉南北朝史論叢續編》（北京：三聯書店，
　　　　1959年）；〈士人蔭族特權和士族隊伍的擴大〉，《魏晉南北朝史論拾遺》（北京：

學者多由個別士族大家或士人的具體情形切入，使晉宋時期的士族變化實態更為清晰。關於東晉後期的變化，則可由祝總斌〔註2〕等學者的討論中發現，東晉士族社會的重要轉變，特別是在家族人才以及軍事才能的衰退方面，表現最為顯著。這一點變化，深深影響著出鎮上游州鎮，乃至「分陝」的家族其門第高下與風尚。

　　關於東晉南朝政治性質的變化，學界的焦點集中在權力由士族向次等士族、寒門流動，社會階層的變動等方面。近十年來對於東晉的研究，影響中文學界較鉅者當首推北京大學的田餘慶先生，他把握著士族乃是左右東晉政治的關鍵因素，由這樣的角度來研究東晉政治，從而撰寫了《東晉門閥政治》一書。田氏認為，東晉門閥政治是一種特殊的政治形態，它在國家體制上表現為中樞與地方之爭，在地理位置上表現為上下游之爭，就人物而言則是士族門戶之爭；關鍵因素在於皇帝大權不振，士族掌握兵權。〔註3〕此書尚有另外一個優點，即東晉史的研究，向來集中於王導、謝安等個別人物的研究，或者是針對士族社會進行的家族研究；田餘慶原則上由西晉末年開始他的論述，並且將過去研究成果較少的部份，如郗鑒、庾亮、桓溫家族，以及東晉後期的太原王氏家族，都予以相當的考論，不僅提出許多新的看法，更為東晉時期的研究整理並開拓了新的討論空間。日本學界主張東晉南朝為「貴族制」社會，川勝義雄《六朝貴族制社會の研究》，便由社會史的角度，著重探究軍事力量對於東晉至南朝期間政治、社會變化的影響；其中，〈東晉貴族制の確立過程──軍事的基礎の問題と關連して〉一文更著重軍事力量的影響。〔註4〕田氏和川勝氏不約而同的，均指出了士族掌握軍事力量，是影響東晉政治的一個關鍵因素。此外，金民壽由政治組織的成員，具體探究社會力量對東晉政權性質的影響，實開闢新的一條研究途徑，他的相關研究，分別針對了東晉建立時期的司馬睿幕府，以及東晉中期以後的桓溫幕府。〔註5〕

　　　　中華書局，1983年）。
〔註2〕　祝總斌，〈試論東晉後期高級士族之沒落及桓玄代晉之性質〉，《北京大學學報（哲社版）》1985：3。
〔註3〕　見田餘慶，《東晉門閥政治》（北京：北京大學出版社，1989年），頁39。北京大學出版社於1989年出版後曾兩度修訂，另外發行新版；修訂部份乃針對材料的詮解，並未改變觀點；見該書1993年版前言。
〔註4〕　東京：岩波書店，1982年出版。
〔註5〕　金民壽，〈東晉政權の成立過程──司馬睿（元帝）の府僚を中心として〉，《東洋史研究》48：2（1989.9）；〈桓溫から謝安に至る東晉中期の政治──桓溫

在這種以士族爲政治社會主體的格局下,「分陝」涉及江左的政治地理,早期研究成果至今仍具代表性者,首推已故的傅樂成所撰寫的〈荊州與六朝政局〉;〔註6〕他在文中考察了自東吳以來東晉南朝立國於江南的地理形勢,對於政治發展的影響。此外,劉淑芬探討了六朝時期揚州(建康)與荊州的政治地位,劉氏認爲自孫吳起發展荊州爲軍事區、揚州則爲政治、文化區,而形成了荊州爲東晉「闑外之寄」的重要軍事中心;自南朝劉宋起,逐漸破壞了此一長期的發展局勢,分割、削弱了荊州作爲闑外之寄的資力。〔註7〕劉氏的意見,也就是以爲東吳、東晉至南朝建立了一種軍政分立、二元中心的政治地理論。田餘慶則認爲,東晉時期荊、豫州刺史、都督經常由長江上游進犯下游揚州的朝廷,促成了揚州聯繫京口,並以其地爲北面藩屏的結果,成爲「門閥政治的地域表現」,也可視爲「以門閥爲背景的地緣政治」。〔註8〕田餘慶使用「分陝」表示政治上的分立,以及由此產生的地域分立。〔註9〕此外,從地理來討論東晉南朝的立國形勢或戰略地位,部份學者由都市著手,〔註10〕或者從長江流域的整體形勢來探討;〔註11〕這些研究都爲地理空間對政局造成的影響,做了相當的考論或敘述,不過對於理解寓有地理意義的「分陝」政治助益卻是相當有限。

關於東晉南朝時期的研究,與「分陝」政治較有關聯者即軍事方面的研究。軍事制度的研究,早期以材料豐富、論證詳實的學者有何茲全,〔註12〕

の府僚を中心として〉,《史林》75:1(1992.1)。

〔註6〕 收入氏著,《漢唐史論集》(臺北:聯經出版事業公司,1977年)。

〔註7〕 劉淑芬,〈建康與六朝歷史的發展〉,收入氏著《六朝的城市與社會》(臺北:臺灣學生書局,1992年),頁3～27。另請參考,劉淑芬,《六朝時期的建康》(臺北:臺灣大學歷史學研究所博士論文,1981年)。

〔註8〕 田餘慶,《東晉門閥政治》,頁96。

〔註9〕 他最初使用「分陝勢力」來表示東晉上游的政治勢力;見氏著,《東晉門閥政治》,頁131。後來他在〈李嚴興廢與諸葛用人〉一文中,更爲明確地使用「分陝而治」,表示李嚴與諸葛亮分巴、蜀而治的局面;見氏著,《秦漢魏晉史探微》(北京:中華書局,2003年),頁181,183。

〔註10〕 孫永如,〈東晉的西府及其戰略地位〉,《安徽史學》1991:2;張南,〈戰爭衝突中的六朝江北城市〉,《安徽史學》1991:2;張承宗,〈六朝時江州的戰略地位〉,《蘇州大學學報(哲社版)》1993:1;郭黎安,〈六朝建都與軍事重鎮的分布〉,《中國史研究》1999:4。

〔註11〕 胡阿祥,〈東晉南朝守國形勢──兼說中國歷史上的南北對立〉,《江海學刊》1998:4。

〔註12〕 何茲全,〈魏晉南朝的兵制〉,在氏著,《讀史集》(上海:上海人民出版社,

以及濱口重國。〔註 13〕兩位學者以紮實的史料考證與論述，通貫魏晉南朝而
探究此一時期的兵制，對於研究東晉南朝的軍事制度，乃至軍事力量的性質，
以及對於本文「分陝」政治的研究，均有甚大的助益。

　　此外，與地理、軍事乃至社會階層性質等，均有所關聯的是東晉南朝的都
督制度以及地方行政的實態。要瑞芬注意到都督制，對於東晉南朝時期荊、揚
二州的政爭有所影響，可惜該文篇幅甚短，僅能概括地勾勒都督制與荊揚之爭
的輪廓。〔註 14〕已故的嚴耕望先生，便從地方行政制度的角度，考察這一時期
地方政治制度及其變化，對於後起的研究影響和幫助均甚爲鉅大。〔註 15〕唐長
孺先生對於西晉都督制度的研究，不僅駁正了前人以爲大封宗室乃是「八王之
亂」原因的看法，進一步指出了西晉時期的都督制度，乃是揉合了宗室諸王的
封國以及都督所鎮方面的奇異制度。〔註 16〕近年來研究較具代表性者，如祝總
斌研究「都督中外諸軍事」，首先揭示東晉時期的中軍和外軍實指內外禁軍，有
助於瞭解魏晉以來禁軍力量對政局的影響。〔註 17〕此外，日本學者小尾孟夫，
針對魏晉南朝的都督制，進行了一連串的研究，雖然選題較小但是考證謹慎，
論點多有確實依據頗值得參考。〔註 18〕陳琳國〈論魏晉南朝都督制〉承續嚴耕
望先生的研究，特別指出魏晉都督不得自行辟除僚屬，不得擅自發兵。〔註 19〕
他如薛軍力針對曹魏時期的都督制度，以及刺史的地方行政官化，均有進一步
的探討。〔註 20〕在上述許多研究之中，於嚴耕望先生之後，應以日本學者的研
究成果最值得注意，他們對史料進行嚴謹詳細的比勘，以瞭解都督制度與實際

　　　　1982 年）。
〔註 13〕 濱口重國，〈魏晉南朝の兵戶制度の研究〉，《秦漢隋唐史の研究》（東京：東
　　　　京大學出版會，1966 年）。
〔註 14〕 〈都督制在東晉南朝荊揚之爭中的作用〉，《蘇州大學學報（哲社版）》1993：1。
〔註 15〕 氏著，《中國地方行政制度史——魏晉南北朝地方行政制度》（臺北：中央研
　　　　究院歷史語言研究所，1991 年）上冊，「魏晉南朝地方行政制度」。
〔註 16〕 〈西晉分封與宗王出鎮〉，在氏著，《魏晉南北朝史論拾遺》（北京：中華書局，
　　　　1983 年）。
〔註 17〕 見氏著，〈都督中外諸軍事及其性質、作用〉，收入《紀念陳寅恪先生誕辰百
　　　　年學術論文集》（北京：北京大學出版社，1989 年）。
〔註 18〕 〈晉代における將軍號と都督〉，《東洋史研究》37：3（1978.12）；〈東晉にお
　　　　ける「征討都督」と「前鋒都督」〉，《史學研究》200（1993.3）；〈西晉におけ
　　　　る「大都督」〉，收入中國中世史研究會編集，《中國中世史研究・續編》（京
　　　　都：京都大學學術出版會，1995 年）。
〔註 19〕 《北京師範大學學報（社科版）》1986：4。
〔註 20〕 〈魏晉時期都督制的建立與職能轉變〉，《天津師大學報》1992：2。

運作兩方面的差異情形。

綜上所述，以「分陝」政治爲主題的研究，甚至僅僅針對中古時期此一詞語的使用習慣、其意義與內涵的演變，以及由此一詞語衍化產生的其它相關詞語及意義，到目前爲止筆者尚未得見專門而深入的探討。東晉政治、社會史的研究，學界一般對於「分陝」政治的處理方式，多半視其爲其他政治現象的代名詞，未見以「分陝」政治本身爲考察主體。「分陝」此一廣泛牽涉東晉南朝政治的詞語的意涵與其發展，以及「分陝」政治與東晉南朝的政治型態及其實際運作狀況，從上述考察的立場爲起點進行探討「分陝」政治實有其必要性。

三、章節架構與討論重點

本文首先將考察「分陝」此一詞語的出現和演變，除了梳理源流之外，並強調它的意涵演變與應用。因此，第一章將著重詞語的探討，分爲詞語原本的意涵以及延伸附會的概念，包括歷史、文獻記載、經學、政治和地理等各個脈絡下的不同意涵。此外，將同時討論與詞語意涵有所關聯的歷史發展，以明瞭「分陝」一詞所表示的政治意涵與政治實態的關係。最後則考察進入東晉之前，「分陝」政治的概念與現實政治的聯繫，特別是地方分權化傾向的時代背景。

第二章著重考察「分陝」政治在兩晉之間實踐的情形，一方面有助於增進對兩晉之間，由皇權政治轉變爲「門閥政治」的淵緣；另一方面，則以「分陝」政治的實態爲焦點，討論的關鍵人物在司馬越和司馬睿兩位西晉宗王。討論的時間由「八王之亂」後期到司馬睿建立東晉政權，側重於司馬越和司馬睿所進行的「分陝」政治方略與實態，以及個別士族的家族勢力對二王政治方略的影響，尤其是進行分張勢力的過程和實現「分陝」政治之間的關係。

第三章以東晉前期，先後出現的王敦之亂與庾亮執政任法兩次事件，作爲論述東晉初期政治發展的主軸，以前者視爲地方分權化的象徵，後者則視作集權朝廷的努力。此外，注重考察王敦實現的「分陝」政治，其模式成爲東晉「分陝」政治的歷史經驗。同時，一方面注意考察東晉政治與江東地理因素的結合，另一方面則注意王敦家族勢力與政治、地理因素的結合。

第四章以時間爲經、家族勢力爲緯，討論朝廷集權措施招致州鎮出兵反抗後，由陶侃至桓玄時期先後出現的「分陝」政治與家族的集體力量之關係。

重點之一在於描寫門地的高低及家族人才的特徵對分立政治中心成敗的影響，同時探求出鎮上游州鎮人選的可能脈絡。此外，將注重考察出鎮上游的都督如何以家族勢力進行「分陝」，及其爲何無法達成「分陝」政治或是最終失敗。

　　第五章分析東晉自立國以來，無法阻止「分陝」政治發生的原因，以及東晉「分陝」政治的特徵，側重軍事的因素。第六章則總括各章考察所得，爲本文作一結論。

　　關於本文使用的一些詞語及其意涵，在此稍做說明。本文所謂的「分權」與「分權化」，是相對於大權集中的漢唐皇帝政治或集權政治，表述地方分享原本集中於皇帝和朝廷的政治權力，由於涉及地方與朝廷（中央）政治權力的劃分，個別之處時或涉及「分治」的現象。此外，文中使用詞語與「分權」、「分治」有密切關聯的「政治中心」，包含以下幾種意思：1.係指朝廷所在地，也就是京師，或現代通稱的首都。2.係指相對於朝廷，具有與朝廷分庭抗禮地位的地方政治機構。3.係指以特定人物爲中心、具備獨立政治號令體系的政治組織。由於地方政治機構，尤其是屬於第一級的地方行政機構，在此一時期處於由郡而州、再由州而爲軍鎮的轉變時期，州與軍鎮兩者並爲一級地方政治機構，爲簡明起見本文將兩者統稱「州鎮」。關於時代，學界一般以東漢末年至唐代視爲「中古」，本文則以「中古時期」概稱東漢末年至南北朝之間的三百餘年。文中所論集體性質的政治勢力，除了透過婚姻、官屬等人爲因素在政治利益的考量下而集結，多數的集體政治勢力主要仍爲血緣關係爲基礎的家族（皇室成員稱爲宗室）。一般說來，集體的政治勢力可視同「政治集團」，它具有共同的政治利益、一致的政治行爲和目標，並往往具有排它性。但是，以家族成員爲基礎的集體政治勢力，受到血緣關係的影響甚深，不盡然以政治爲最高考量，因此除了某些集體政治勢力，筆者不打算將所有集體政治勢力均冠以「政治集團」的名稱；其中以家族爲基礎的集體政治勢力，仍以其姓氏或領導人之名稱爲「家族」。

第一章　從漢至晉「分陝」一詞的衍化

前　言

　　魏晉南北朝時期的「分陝」一詞，是一種關於權力的分配與安排的政治現象，濫殤於西周初年，嗣後又透過兩漢經學者的傳述與發揮，至魏晉南北朝時期得以普遍流傳。在經籍中，「分陝」的故實歷來眾說紛紜，主要內容涉及周公、召公，二人由政治中心出居地方，並且分別領導地方上的大小諸侯，以輔佐成王治理天下。然而，隨著後世儒者對周代歷史的整理，以及對周公的推崇，加上經學的發展，此一記載於文獻中的故實，於東漢逐漸抽繹為一種政治運作的模式，隨著東漢末年以降政治環境的遷遞，而為後人應用於現實政治當中。

　　東漢末年以來，支持一統王朝的政治、社會和經濟等各種秩序趨於瓦解，秦漢皇帝的集權統治不再，皇帝所在的朝廷不再是當然的政治中心，政治權力由集中趨於分散，地方的政治力量與地位也隨此趨向而提昇。經學的解釋，賦予「分陝」詞語的意涵，進而使其發展為一種政治運作模式，而東漢末年以降的政治發展，則給予「分陝」實現的土壤，使其成為現實政治運作的一環。因此，在東晉南遷之前，「分陝」的概念已經具備豐富的政治符碼，進而融入東晉南朝的政治操作。

一、關於「分陝」一詞

（一）「分陝」一詞的來源

　　「分陝」原意是指周成王即位之後，身為輔佐之臣的周公、召公，代替

天子行使統治，並因此將「天下」分爲東、西兩部，由二公分別治理東西半壁「天下」的故實；經由後世的傳述與詮釋，添入許多政治符號與概念，逐漸完備成爲可具體應用的政治模式。周、召二公「分陝」的記載，最早見於經學文獻的《公羊傳》和《禮記》，在這兩者之後，又有《史記》的追述。漢代學者乃以這些經學與歷史的文獻爲基礎，於經學範疇內逐漸建構起「分陝」的內容。由於傳統政治思想中，周、召二公的行跡被賦予崇高的道德意義，因而也使得同一脈絡中的「分陝」概念受到學者的重視。

文獻中的「分陝」內容，誠如上述，最早見於《春秋公羊傳·隱公五年》的傳文，其云：

> 天子三公者何？天子之相也。天子之相，則何以三？自陝而東者，
> 周公主之；自陝而西者，召公主之；一相處乎內。〔註1〕

這段文字原意在解釋經文「初獻六羽」，說明「天子」、「諸公」乃至「諸侯」的樂舞制度，以譏刺諸侯僭越。〔註2〕所謂的「公」，傳文釋爲「天子三公」與「王者之後」，又以前者指「天子之相」。〔註3〕傳文以「天子之相」有三位，其中，周、召二公輔佐成王，出居地方分別治理「自陝而東」與「自陝而西」（以下略作陝東、陝西）的地域，另一位則居於「內」。依傳文脈絡，相對於周、召二公分治東西，「內」似指身處朝廷，換言之寓有隨侍「天子」之意。這段記載，似乎意謂「天子之相」有輔內與治外之別，而治外的「相」則分東西而治。漢代的司馬遷（前 145 或 135～？）在《史記》追記召公事跡時，對此亦有所記述：

> 其在成王時，召公爲三公：自陝以西，召公主之；自陝以東，周公
> 主之。〔註4〕

學者已指出，《史記》的成書本有襲自《公羊傳》之處，〔註5〕從召公爲「三

〔註1〕 《春秋公羊傳注疏》卷2，在〔清〕阮元校刻《十三經注疏》（北京：中華書局，景印原上海世界書局縮印阮元刻本，1996 年）下冊，頁 2207。《說苑》亦略引此段，見〔漢〕劉向撰，趙善詒疏證，《說苑疏證》（上海：華東師範大學出版社，1985 年）卷 5〈貴德〉，頁 106。文獻中「陜」和「陝」互見，但所指爲一。凡以「陜」字指「陝」字者，本文引用均改作今「陝」字，以下不再另作說明。

〔註2〕 《春秋公羊傳注疏》卷2，在《十三經注疏》下冊，頁 2207。

〔註3〕 《春秋公羊傳注疏》卷2，在《十三經注疏》下冊，頁 2207。

〔註4〕 《史記》（北京：中華書局，1992 年），卷 34〈燕召公世家〉，頁 1549。

〔註5〕 司馬遷撰述《史記》多半有文獻依據，而其學術思想也有與公羊學接近之處；見楊向奎，〈司馬遷的歷史哲學〉，在氏著，《繹史齋學術文集》（上海：上海

公」、主治「自陝以西」的記述來看，更能明白《史記》與《公羊傳》之間存在的承襲關係。〔註6〕益知最初「分陝」記載的焦點，乃在於周、召二公與分治東西。

　　《史記・樂書》首以「分陝」一詞，明白指稱上述二公分治故實，它的內容如下：

　　　　夫樂者，象成者也。……夫《武》，始而北出，再成而滅商，三成而南，四成而南國是疆，五成而分陝，周公左，召公右，六成復綴，以崇天子，夾振之而四伐，盛威於中國也。〔註7〕

以下根據《史記集解》（成書於劉宋時期，420～479）引用鄭玄（127～200）與王肅（195～256）的注解，解釋這一段文字：第一段，象徵周人進軍孟津，觀釁於殷；第二段，象徵周人消滅商朝；第三段，象徵周人向南方用兵；第四段，象徵周人征服「南國」；第五段，象徵周、召二公施行「分陝」；第六段，象徵尊崇天子，討伐四方不服者。〔註8〕透過漢魏之間學者的理解，所謂《武》樂之「六成」，象徵著周初歷史的六件大事，而周、召「分陝」更是周天子「盛威中國」之前的重要統治階段。

　　據前所述，《公羊傳》僅記載周公、召公作為「天子之相」分治陝東和陝西，其後經過《史記》承衍與追述，以「分陝」一詞概括其事，並視其為周代歷史故實。

（二）「分陝」的地理觀念

　　《公羊傳》以「陝」分別東西地域，自東漢學者何休（129～182）開始，學者多以地理上的「陝山」，來解釋「陝」。何休在《公羊傳解詁》裡解釋「陝」為「陝山」；「陝山」又稱「陝陌」、「陝原」，兩漢屬弘農郡陝縣，入唐為陝州，

　　　　人民出版社，1983 年），頁 113～138。

〔註6〕　梁玉繩、瀧川資言及現代學者黃彰健，咸認司馬遷此處「分陝」記載源自《公羊傳》：見梁玉繩，《史記志疑》（收入《叢書集成新編》第 6 冊，臺北：新文豐出版公司，1985 年）卷 19，總頁 328～329；瀧川資言，《史記會注考證》（臺北：宏業書局景印本，1980 年）卷 34，總頁 566；黃彰健，《周公孔子研究》（臺北：中央研究院歷史語言研究所，1997 年），頁 20。

〔註7〕　《史記》，卷 24〈樂書〉，頁 1229。按，《禮記・樂記》五成一句為「五成而分周公左、召公右」，無「陝」字。《史記・樂書》曾亡佚，今見《樂書》為司馬遷身後學者以晚出的《樂記》補苴成者；《樂記》記載，這段文字乃出於孔子。

〔註8〕　《史記》，卷 24〈樂書〉，頁 1230～1231。

地在今日河南省陝縣的西南方。〔註9〕歷代學者多依何休之說，主張陝山爲周、召二公分治東西的地界。〔註10〕但是，早在唐代以前，以陝山爲分界的說法，便受到部份學者的質疑。〔註11〕不過，東漢之後以陝山爲二公分治地界之說，成爲經學解釋「分陝」的主要說法。然而，何休根據什麼理由，要以陝山做爲二公分治東西的界線呢？這種說法又反映了怎樣的觀念呢？首先，要瞭解何休以陝山爲「分陝」地界的原因，或許應從東漢以前分別東西的地域意識及歷史發展來考究。

　　概括而言，先秦時期劃分東西地域，與當時東西對立的政治實態有密切關聯。就先周史實與地理，周人成爲天下共主以前，政治中心位於殷商以東，稱做「西土」。〔註12〕與周人根本的「西土」對稱，殷商之地則被呼爲「東土」。〔註13〕周人翦商，經歷文王、武王父子兩代。〔註14〕周人滅殷的基礎爲「西土之人」，包含了周人乃至布在今日關中、隴東、漢中和四川之間的邦國或部族，周人以地域意識搏聚這些邦國、部族的向心力，學者或稱此地域意識爲「西土意識」。〔註15〕殷商滅亡之後，周人以「成周」爲其經營東方的基地，《康誥》

〔註9〕　參考復旦大學中國歷史地理研究所編，《中國歷史地名大詞典》（廣州：廣東教育出版社，1995年），頁732，「陝縣」、「陝陌」、「陝原」三則詞目。

〔註10〕《公羊傳解詁・隱公五年》，何休注云：「陝者，蓋今弘農陝縣是也。」見《春秋公羊傳注疏》卷2，《十三經注疏》下冊，頁2207。顏師古採用此說，見《漢書》（北京：中華書局，1992年）卷85，頁3474。

〔註11〕顏師古解釋分陝的分界在陝山，並提出當時產生的異說：「說者妄云分郟是潁川郟縣」，「妄云」反映了顏師古等主張陝山爲界者的強烈反應；見《漢書》卷85，頁3474。與顏氏相當時期的陸法言，也在《經典釋文》（卷21）中提出不同於陝地之異說，足見唐初以前「分陝」的地域劃分之說已受到普遍質疑，透露了當時爲「說者妄云」的「分郟」之說可能盛行一時。梁玉繩在《史記誌疑》卷19，以及清末的崔述在《豐鎬考信錄》卷5中均認爲「分陝」應爲「分郟」。可參考近人林泰輔、黃彰健、宮長爲等學者研究，茲不贅引。

〔註12〕見〔清〕孫星衍撰，《尚書今古文注疏》（北京：中華書局，1998年），卷11〈牧誓第十一〉，頁284；另又孫氏疏云「西土，岐、鎬也」，見同書，卷15〈康誥第十五〉，頁359。請參考杜正勝，〈〈牧誓〉反映的歷史情境〉，在氏著，《古代社會與國家》（臺北：允晨文化實業股份有限公司，1992年），頁329。

〔註13〕〔清〕孫星衍，《尚書今古文注疏》，卷15〈康誥第十五〉，頁361。

〔註14〕孔疏載子夏言，以王季曾受殷王命爲西伯，文王再爲西伯，是周人與殷朝間的緊張關係形成地相當早，見《毛詩正義》，《引言》，《詩譜序》，《周南召南譜》，《十三經注疏》。

〔註15〕見杜正勝，〈〈牧誓〉反映的歷史情境〉，在氏著，《古代社會與國家》，頁322～330；參見白川靜著，袁林譯，《西周史略》（西安：三秦出版社，1992年），〈東與西〉一節。

記載「周公初基作新大邑于東國洛」，亦即《洛誥》所載「大相東土」。〔註16〕可見周人成爲天下共主之後，分別東西的地域意識依舊存在。由上述可知，「分陝」中的東、西地域之別，與周人歷史發展及其所持地域意識有密切關聯。

戰國時期劃分東西的概念，則是源自諸國對峙的政治實態。戰國後期，齊國、秦國兩強分峙中原的東隅和西陲，齊湣王與秦昭王於齊湣王三十六年（前288），相繼互尊爲「東帝」與「西帝」，帝號分別冠以東西，實以齊、秦二國的地理相對位置命名。〔註17〕隨著秦國獨霸地位的奠立，形成一國對抗韓、趙、魏、燕、齊和楚六國的局面。秦國以崤山與函谷關與六國爲界，地域上形成東西對抗之勢，因此以「山東」、「關東」稱呼崤山、函谷關以東之地，遂有「山東六國」之名。「山東六國」的「東」，事實上也是指六國的地理位置，處於崤山、函谷關的東方。〔註18〕

作爲戰國後期東西地域分界的崤山、函谷關，顧棟高以爲崤山西起「潼關」，「歷陝州」，向東延伸到漢代的澠池縣。〔註19〕陝州即漢代陝縣，北面有黃河之險，崤山山脈由西向東通過其地南境，因此顧祖禹稱此地「履崤坂而戴華山，負大河而肘函谷」，並引北魏崔浩語云：「東自崤山，西至潼津（即潼關），通名函谷，號爲天險」。〔註20〕也就是說，漢代陝縣位在崤山與潼關之間，此地一般通稱爲「函谷」。而秦人所建的函谷關也位在此一地段上，確切位置在西漢弘農縣境，即陝縣的西南方。〔註21〕一統六國的秦朝與繼起的漢朝，先後以咸陽與長安爲都，兩座都城均位於當時所謂的「關中」之地。就地理位置而言，作爲秦漢政治中心的「關中」，相對「關東」而言，或稱爲「關西」，仍以函谷關爲分界。〔註22〕漢人著疏中以「關東」與「關西」、「山東」與「山西」對稱，依

〔註16〕分見，〔清〕孫星衍，《尚書今古文注疏》，卷15〈康誥第十五〉，頁356；卷19〈洛誥第十九〉，頁403。即〈魯周公世家〉所載召公「之雒相土」，隨後「周公往營成周雒邑」之事：見《史記》，卷33，頁1519。

〔註17〕《史記》，卷46〈田敬仲完世家〉，頁1898，卷44〈魏世家〉，頁1853。

〔註18〕邢先生論述甚詳，請參考其〈試釋漢代的關東、關西與山東、山西〉一文，在氏著，《秦漢史論稿》（臺北：東大圖書公司，1987年），頁91～95。

〔註19〕〔清〕顧棟高輯，吳樹平等點校，《春秋大事表》（北京：中華書局，1993年），卷8之上〈春秋列國山川表〉，頁915。

〔註20〕〔清〕顧祖禹撰，《讀史方輿紀要》（上海：上海書店景印本，1998年），卷48〈河南三〉，頁338。

〔註21〕《漢書》，卷28上〈地理志上〉，頁1549，「弘農」班固原注。另請參考，《中國歷史地圖集》（上海：地圖出版社，1982年）第2冊，圖5～6，15～16。

〔註22〕漢代移置函谷關於新安縣，與弘農縣的故關爲兩地；見《漢書》，卷6〈武帝

循秦人之舊，仍以崤山、函谷關為東西分界。〔註23〕自秦惠文王後元年（前324），秦國以函谷、崤山之險與六國東西對峙，至東漢末年（約二世紀）反對董卓的「關東」州鎮，以崤山、函谷關為東西分界的傳統，歷時超過了五百年。〔註24〕可以想見，分別東西地域的觀念影響之久遠。

由前可知，函谷關與崤山並為戰國乃至秦漢的東西分界。秦代函谷關即西漢弘農縣，位在陝縣的西南方；崤山山脈越過陝縣南境，位在縣境西南方的陝山實為崤山的分支山脈，與函谷關均在地勢險要、慣稱「函谷」的地段之內。據此推測，何休可能受到秦漢以函谷關、崤山為東西分界的傳統影響，在通稱「函谷」的地段之中，找到了地位險要、位置鄰近秦代函谷關的陝縣；又因秦代函谷關為漢代弘農縣，地處兩漢長安、洛陽兩京之中，從而將周初二公東西分治的分界「陝」，理解為位在陝縣西南的陝山。〔註25〕綜上所述，殷周以下乃至秦漢分別東西的地域觀念，實際上是由當時的政治對抗演變而來；據此而言，則「分陝」的意義偏重於描述天下一分為二的政治實態。

（三）「二伯」與「分部」

東漢初年的公羊博士李育（約76～83），曾「以《公羊》義難賈逵」，而博得「通儒」的讚譽。〔註26〕李育關於「分陝」的議論，進一步擴展了這個詞語的意涵，部份有關他的議論尚保存在今日的《白虎通》之中：

> 王者所以有二伯者，分職而授政，欲其亟成也。《王制》曰：『八伯各以其屬屬於天子之老二人，分天下以為左右，曰二伯。』《詩》云：『蔽芾甘棠，勿翦勿伐，召伯所茇。』《春秋公羊傳》曰：『自陝已

紀〉，頁183。

〔註23〕見邢義田，〈試釋漢代的關東、關西與山東、山西〉，在氏著，《秦漢史論稿》，頁101～105。

〔註24〕秦國復取陝城，時間在惠文王後元年，也就取得陝山以西的黃河、崤山及函谷關的險要；參見楊寬著，《戰國史》（上海：上海人民出版社，1991年），頁321；邢義田，〈試釋漢代的關東、關西與山東、山西〉，氏著，《秦漢史論稿》，頁93。

〔註25〕孔穎達云：「《公羊傳》，漢世之書，陝縣，者，漢之弘農郡，所治其地居二京之中，故以為二伯分掌之界。」見《尚書正義》卷18，在《十三經注疏》上冊，頁237。

〔註26〕李育少習《公羊傳》，建初元年所拜博士應即公羊博士。於白虎觀與賈逵（30～101，古文學家，治《左傳》）論辯，「往返皆有理證」，當時學者推崇他「最為通儒」；見《後漢書》，卷79下〈儒林列傳〉，頁2582～2583。何休與其師博士羊弼所傳公羊學，即追述李育之意，以《公羊》駁《左傳》、《穀梁傳》。

東，周公主之。自陜巳西，召公主之。』不分南北何？東方被聖人化日少，西方被聖人化日久，故分東西，使聖人主其難，賢者主其易，乃俱致太平也。〔註27〕

李育的議論乃是摘自《禮記・樂記》、《王制》、《詩・小雅・甘棠》和《春秋公羊傳・隱公五年》，將四書予以綜合所得到的結果。李育所謂的「二伯」，玩味其意似指某種職官，故得「分職授政」，天子以其名號授予分領天下的「天子之老」二人。李育又引《公羊傳》周、召二公分主「陜東」和「陜西」，顯然以為二公即「二伯」；原本《公羊傳》記述的「天子三公」有輔內治外之別，但是皆稱為「天子之相」，取其輔佐天子之意。李育的解釋，進一步將治外的二位「天子之相」稱為「二伯」，並將其職掌與周、召分主東西相應。

天子設置二伯，將天下劃分為二，分交二伯掌理，即所謂的「分職而授政」。「二伯」分主東西，究竟握有什麼權力？《詩・召南・甘棠》的漢人《傳》云：

自陜以西，召公主之。召公述職，當桑蠶之時，不欲變民事，故不入邑中，舍於甘棠之下而聽斷焉。陜閒之人皆得其所。〔註28〕

漢人解〈甘棠〉以為召公治理自陜以西，掌握「聽斷」民事的權力，可專制地方事務。據李育引《禮記・王制》「八伯各以其屬屬二伯」，「二伯」如同諸侯之長，分主東、西方地域，權力在諸侯之上，以輔佐天子為目的。

根據經學家的闡釋，「二伯」又具有「專行征討」的權力。鄭玄王肅解《尚書・西伯戡黎》，以西方諸侯之長的「西伯」傅會為「二伯」之一：

王者中分天下，為二公摠治之，謂之二伯，得專行征伐。〔註29〕

此處「二伯」意謂「東、西大伯」，與周、召二公的分治並無關係；但是，王肅似將「分陜」的觀念與西伯有權「專行征伐」結合，使得「二伯」的權力更添一項。因此綜合漢人解釋，二伯的職責似乎上自統領大小諸侯，下至聽斷黎庶民事，並可專行征伐，實為天子遙治地方之代理人。晉人所謂的「二伯述職，周召分陜之義」，與唐人所謂的「諸侯有事，二伯述職，謂東西大伯分主一方，各自述省其所職之諸侯者」，都襲自漢儒發明的「二伯分職」之說。

〔註27〕〔清〕陳立撰，吳則虞點校，《白虎通疏證》（北京：中華書局，1994；下引《白虎通》版本俱同，不另註出處），卷4〈封公侯・論設牧伯〉，頁136～138。

〔註28〕此《傳》不見於今本《毛詩正義》，引自〔西漢〕劉向撰，趙善詒疏證，《說苑疏證》卷5〈貴德〉，頁105。此處斷句依《白虎通疏證》所引《說苑・貴德》，在該書，上冊，頁137。

〔註29〕《尚書正義》，卷10〈西伯戡黎〉，在《十三經注疏》上冊，頁177上。

〔註30〕

李育指「二伯」受天子之命,「分職而授政,欲其亟成」,可能承襲自《樂記》中《武》樂第五段的「分夾而進,事蚤濟也」,這一段舞象徵著「五成而分陝,周公左,召公右」,而爲鄭玄解釋作「周公、召公分職而治」;〔註31〕《史記·樂書》中同樣的一段文字,王肅則解釋爲「分部而並進者,欲事早成」。〔註32〕王肅之意顯然爲分別「東西二部」,與鄭玄解釋「分,猶部曲也」,以「舞者各有部曲之列」強調分別的意思大抵相同。〔註33〕取舞者分別部曲的隊形,來象徵周、召二公分東西而治,對周天子而言亦即分部授政,對二公而言則如同前面鄭玄所謂的「分職而治」。過去以爲王肅僞託的《孔子家語》中則作「分陝而進,所以事蚤濟」,以「陝」代「夾」;王肅注云「所以分陝而蚤進者,欲事蚤成」。〔註34〕《家語》中以「陝」代「夾」可能並非字誤,顯然是略過舞者隊形的本義,直取「分陝」而治的象徵意義。

漢人以爲,「分別部居」有「不相雜廁」之意。〔註35〕分部意指將地域分別東西、「左右二部」,也就是將天下分爲「陝東」與「陝西」,不相混雜;「分職」則是指周、召二公,分別爲「左右二伯」。同樣被後人懷疑是王肅僞託的《孔叢子》,書中的〈居衛篇〉有如此記載:「古之帝王,中分天下,而二公治之,謂之二伯」。〔註36〕如此透露出漢魏之間的部份學者,認爲「分陝」是「中分天下」爲東西二部,二公以「二伯」之名行分部之治,也就是「分職而治」;「分職」一語,或謂「二伯」各率其屬「治其所分之職」。〔註37〕綜合以上資料來看,「二伯」爲「天子之相」出外治理地方的職稱;「分部」不僅

〔註30〕《晉書》卷37,頁1099~1100。唐人語出《毛詩正義》卷7~3,《十三經注疏》上冊,頁386。

〔註31〕《禮記正義》卷39,在《十三經注疏》下冊,頁1542。

〔註32〕《史記集解》所引:見《史記》,卷24〈樂書〉,頁1231。

〔註33〕《禮記正義》卷39,在《十三經注疏》下冊,頁1542。

〔註34〕《孔子家語》(上海:上海古籍出版社景印明刊本,1995年),卷8〈辯樂解〉,貝89;《家語》與王肅的關係,參見鄧瑞全、王冠英主編,《中國僞書考》(合肥:黃山書社,1998年),頁384~387。

〔註35〕東漢·許慎《說文解字敍》,在《全漢文》卷49,在《全上古三代秦漢三國六朝文》(北京:中華書局景印本,1995年)第1冊,頁741。更早的《急就篇》中,也有「分別部居不雜廁」一語。

〔註36〕顧實《重考古今僞書考》,以爲該書出於王肅依託;顧氏之說與該書流傳時代,參見鄧瑞全、王冠英主編,《中國僞書考》,頁390~392。

〔註37〕《尚書正義》,卷18〈周官第二十二〉,在《十三經注疏》上冊,頁234。

含有劃分地域之意，也寓有設官分職、分配統治權力的意義。

二、西漢末年的「分陝」之說

　　自《公羊傳》與《史記》傳述「分陝」故實之後，由今存關於西漢經學或歷史的文獻中未見關於「分陝」的記錄。究其原因可能在於西漢長期的中央集權政治，使得具有分權精神的「分陝」之說未獲當時學者重視，毋論政治上的當權者。然而，在西漢後期，隨著外戚王氏家族的興起，以及西漢蓬勃的經學風氣，「分陝」再度出現於文獻中。在王莽崛起以前，「分陝」之說的發展缺乏相應的現實環境。

　　西漢後期，外戚王氏布滿西漢朝廷。成帝即位後，用其母王太后之兄王鳳爲大司馬大將軍輔政，並賜諸舅關內侯，史稱王氏自此興起。河平二年（前27）以後，王氏子弟更「分據勢官滿朝廷」。〔註38〕成帝欲用宗室劉歆，又與王太后欲以定陶共王爲嗣等事，皆畏王鳳而不敢專斷。當時，「公卿見（王）鳳，側目而視，郡國守相刺史皆出其門」。〔註39〕王鳳之後，終成帝一朝（前32～37），均由王氏群從兄弟爲大司馬兼大將軍，或兼車騎將軍、衛將軍，或兼驃騎將軍，而相繼輔政，形成王氏兄弟世爲輔相、政出其門的現象。〔註40〕

　　陽朔二年（前23），劉向上封事諫成帝，大加撻伐王氏家族浸奪朝權，甚至認爲有權去漢室、危及劉家天下之慮。劉向將王氏的政治勢力描述爲「內有管、蔡之萌，外假周公之論」；揭露王氏家族的集體性政治活動，意在使「兄弟據重，宗族磐互」。〔註41〕由此可見，王氏家族先後成爲輔政，並分布子弟於朝野，其間頗有假周公之名以利其進行家族的政治活動。

　　鴻嘉四年（前17），平阿侯王譚卒，本來王氏兄弟據家族行輩，依次入居輔政大臣之位，王譚早卒因而不得入輔，成帝爲此特別進用其弟、成都侯王商，位特進、領城門兵，得舉吏如五將軍府。當時位居輔政大臣的車騎將軍王音，與王譚有舊怨，影響到他與王商的關係不睦。王商爲王莽之叔，王音則爲王莽從叔，兩人屬於從兄弟。魏郡杜鄴爲二人釋怨，以「分陝」爲說：

〔註38〕《漢書》，卷98〈元后傳〉，頁4018。

〔註39〕《漢書》，卷98〈元后傳〉，頁4023。以下論王鳳兄弟相繼輔政事，均據〈元后傳〉，不另註出處。

〔註40〕據〔清〕萬斯同《漢將相大臣年表》，《二十五史補編》第1冊，頁224～225。

〔註41〕《漢書》，卷36〈劉向傳〉，頁1960。上疏時間，據錢穆撰，《兩漢經學今古文平議》（香港：新亞研究所，1958年），頁36。

　　周、召……忠以相輔，義以相匡，同己之親，等己之尊，不以聖德
　　獨兼國寵，又不爲長專受榮任，分職於陝，並爲弼疑。故內無感恨
　　之隙，外無侵侮之羞，俱享天祐，兩荷高名者，蓋以此也。〔註42〕

杜鄴所舉二公「分職於陝」，即「分陝」之意，最早出自《公羊傳》。〔註43〕
「分陝」故實中，二公是天子宗室，杜鄴卻以非宗室的二王兄弟比二公，僅
取周、召二公兄弟同心分治的意義，杜鄴之語顯然以王氏家族利益爲考量。
當時，王音以大司馬車騎將軍的身份輔政，爲王氏家族中權位最高者。杜鄴
勸說王音，要其勿以「聖德」眷顧而獨擅國寵，「宜承順聖意」，對王商「加
異往時，每事凡議，必與及之」。〔註44〕杜鄴又譬二王兄弟應如「分陝」二公
一般，同心輔佐成帝，其實在藉「忠以相輔」使彼此能夠「義以相匡」，維護
兩人作爲王氏家族利益的代言人地位。如此，不僅王音、王商既得天子「四
輔」的美名，事實上又得鞏固王氏家族的政治地位與利益。王音輔政時間長
達十二年（前 26～前 15），在他病卒的前兩年與王商修睦，遂使王商順利繼
王音之後，以大司馬衛將軍的身份入爲輔政大臣。〔註45〕杜鄴勸說王音，用
來作爲比喻的「分陝」故實，事實上將其置於周公故事的脈絡，以「俱享高
名」的周、召二公比喻王音與王商。

　　王商、王根輔政之後，由王莽接掌宰輔之位。王莽廣結人心、矯行私德，
使公卿百姓爲其邀譽，逐漸「由賢入聖」，藉此而取得大權。經典中的「聖人」
周公與「周公故事」，是他纂漢最重要的依據。

　　元壽二年（前 1）六月庚申，王莽拜爲大司馬，進位三公；同年扶立平帝
再爲輔相，「典周公之職」，詡燿元后稱己將「輔政致太平」。王莽以定立平帝
之功，依「霍光故事」而加號「安漢公」，一如周公以周爲號。〔註46〕元始元

〔註42〕見《漢書》，卷85〈杜鄴傳〉，頁3473～3474。
〔註43〕《漢書》，卷85〈杜鄴傳〉，頁3473。杜鄴母爲張敞女，杜鄴從敞子張吉學，
　　　　得其「家書」，應與《春秋》有關。張敞「本治《春秋》，以經術自輔其政」，
　　　　曾上漢宣帝封事，藉口「仲尼作《春秋》……譏世卿最盛」，以諷刺當權輔相
　　　　的霍光及其家族。張敞傳左氏學，杜鄴所習《春秋》應從張氏之學：見〔清〕
　　　　唐晏撰，吳東民點校，《兩漢三國學案》（上海：上海古籍出版社，1992 年）
　　　　卷9，頁449～450。
〔註44〕《漢書》，卷85〈杜鄴傳〉，頁3474。
〔註45〕據〔清〕萬斯同《漢將相大臣年表》，《二十五史補編》第 1 冊，頁224～225。
〔註46〕所謂「霍光故事」，是指霍光行「伊尹之事」廢立漢帝，號稱有功於漢室，故
　　　　加崇其位之舊事。《漢書》，卷98〈元后傳〉，頁4030；同書，卷99上〈王莽
　　　　傳上〉，頁4046～4047。

年（後 1）正月丙辰，拜爲太傅，進位「四輔」。元始四年（後 4）四月甲子，更采伊尹、周公之號，拜爲「宰衡」，位居三公之上的「上公」；同年，議其位宜在諸侯王之上。元始五年（後 5），遂加九命之錫。〔註47〕王莽每一次進位，都仿效著經學家闡釋的周公故事，終於取得「上公」之位；而所謂「九命上公」，實爲經典中所謂的「二伯」，亦即「分陝二公」。

　　但是王莽仍不甘居於皇帝一人之下的「二伯」。元始五年（後 4），泉陵侯劉慶上書，稱「周成王幼少」以「周公居攝」代行天子之事，因此「宜令安漢公行天子事，如周公。」開始了篡漢的最後階段。當時平帝病篤，王莽矯情仿周公〈金滕〉故事，聲稱願以身代帝。平帝駕崩後扶立孺子嬰，又迫元后下令以其「如周公故事」攝政稱「假皇帝」，一如周公輔佐「幼主」周成王故事。〔註48〕

　　一連串攫取政治權力的過程中，王莽往往以「如周公」、「如周公故事」爲詞，得由三公進爲上公，再由「上公」受「九錫」之儀，成爲絕無僅有的「攝皇帝」。篡漢的最後一步，王莽不再依「周公故事」而「復子明辟」，藉符命而代孺子嬰爲天子。元后以王莽居攝令「與周公異世同符」云云者，正是王莽行徑的寫照，說明了所謂「周公故事」只是其禪漢的手段。

　　新朝在王莽依「周公故事」實行「分陝」之前，西漢已有分別「分陝」二公一聖一賢的議論。元始初，太師孔光等獻媚王莽，以其「功德比周公」，大司農孫寶獨排眾議云：「周公上聖，召公大賢。尚猶有不相說，著於經典。」〔註49〕反對群臣同聲稱頌王莽之政。元始五年，爲王莽居攝，群臣辨解《尚書》中周公代天子，南面朝群臣，使召公不說一事，共說曰：「召公賢人，不知聖人之意，故不說也。」〔註50〕從文字的表面上來看，似乎是爭論二公孰聖孰賢的問題；其實頗有反駁孫寶引據經典的說法。《公羊傳・隱公三年》，何休《解詁》云：

　　　　禮，公卿大夫士皆選賢而用之。卿大夫士任重職大，不當世爲，其

〔註47〕《漢書》，卷 99 上〈王莽傳上〉，頁 4066～4068，4069～4072。

〔註48〕11「假皇帝」爲王莽自稱，臣民稱其爲「攝皇帝」；以上俱見《漢書》，卷 99 上〈王莽傳上〉，頁 4078～4081。

〔註49〕《漢書》，卷 77〈孫寶傳〉，頁 3263。

〔註50〕《漢書》，卷 99 上〈王莽傳上〉，頁 4080。漢代傳聞周、召二公不相悅的故事，見〔清〕孫星衍，《尚書今古文注疏》卷 22，頁 446；另參見杜正勝，《周代城邦》，頁 200。事實上，應與王莽據「經典」以篡漢之事有關。

秉政久，恩德廣大，小人居之，必奪君之威權。

在尊天子的原則之下，他認爲凡天子之臣均應「選賢」，也就是選「賢大夫」爲天子之臣。他在《春秋膏肓》中又云：「古制諸侯幼弱，天子命賢大夫輔相爲政」，所謂的「古制」就是他在書中引用的周公輔成王故事，周公合於所謂的「賢大夫」。何休又云：「周公攝政，仍以成王爲主，直攝其事而已，所有大事，稟王命以行之」。〔註51〕何休強調周公居攝以輔成王，是爲了調和以周公爲「聖人」、爲天子，以及周公爲「賢大夫」、爲天子輔相這兩套說法間的牴牾矛盾。稍晚於何休的鄭玄（127～200），他爲《詩》作《箋》，以爲周公行王者之化、召公行諸侯之化，孔穎達（574～648）等初唐學者釋爲「王者必聖，周公聖人」，「諸侯必賢，召公賢人」。〔註52〕孔氏更進一步，據《二南》鄭玄《箋》，解釋鄭玄之意：

> 以聖人宜爲天子，賢人宜作諸侯，言王者之風是得聖人之化也：言諸侯之風是得賢人之化也……周公聖人……召公賢人……一聖一賢，事尤相類……既分繫二公，以優劣爲次，先聖後賢，故先周後召也。〔註53〕

《二南》是周、召二公在「南國」之治的記錄，「南國」也就是二公分陝的地域。〔註54〕據唐人釋鄭玄之意，《二南》所謂「王者之風」與「諸侯之風」，亦即聖賢之治的問題，也就是二公的「分陝」之治。東漢的何休、鄭玄由經學家的立場，以政治道德分辨周、召二公的聖賢問題，以及二公「分陝」，試圖於「周公故事」的脈絡中尋求答案，顯示了漢代學者視「分陝」爲周公之事的內容之一，政治現實則使其應用爲依託「周公故事」的政治手段的過程

〔註51〕 請參考楊向奎〈論何休〉一文，在氏著，同前引書，頁162～173。《春秋膏肓》又名《左氏膏肓》，此處引隱公元年「傳春王周正月不書即位攝也」條，在〔清〕王謨輯《漢魏遺書鈔》冊5（嚴一萍選輯《原刻景印叢書菁華》，臺北：藝文印書館景印清嘉慶三年金溪王氏刊本，出版年不詳），頁2a。

〔註52〕 《十三經注疏》上冊，《毛詩正義》，卷1〈關雎〉，頁5上（總頁273）。

〔註53〕 《詩譜序》，見《十三經注疏》上冊，《毛詩正義》，頁3（總頁264）。

〔註54〕 「南國」爲古國，周人以「二南」稱二南之國，「二南」亦分東、西，由周、召二公分主。《周南》、《召南》的內容，咸信就是二公分治時留下的歌謠。兩漢學者或以「周南」指洛陽，甚至認爲「洛陽而謂周南者，自陝以東皆周南之地也」。見〔清〕馬瑞辰撰，陳金生點校，《毛詩傳箋通釋》（北京：中華書局，1989年），卷1〈周南召南考〉；又見《漢書》卷62，頁2716，顏師古注引如淳、張晏之說。按，文獻中常見歷代以「二南」代指周召二公出爲方伯，藩屏王室之事，實同於二公分陝、總領諸侯之意。

之一。〔註55〕

　　新朝初建，一度將行「二伯分陝」。新朝更始將軍甄豐本爲王莽腹心，助其先後取得安漢公、宰衡之號，他也隨之側列漢朝人臣之上，心滿意足之餘，「非復欲令莽居攝也」。但是，宗室劉慶等意欲王莽居攝以求進位，甄豐爲免除他們與其爭位，遂作符命使王莽藉以篡漢，其實根本不圖新朝「革命」。禪漢之後，甄豐進位新朝「四將」的更始將軍，貴爲十一公，但是卻與賣餅兒王盛同列。甄豐父子極爲不滿，故作「默默」。甄豐既爲王莽心腹，深入王莽篡漢之事，於是師法王莽，使其子甄尋託言符命：

　　　　新室當分陝，立二伯，以豐爲右伯，太傅平晏爲左伯，如周召故事。

〔註56〕

崇信經典的王莽隨即拜甄豐爲「右伯」，將使其西出長安述職。甄豐父子欲使王莽施行的二伯「分陝」，乃是根據所謂「周召故事」，其基礎即爲漢代經學記載與詮釋的「分陝」，使其成爲政治現實的例子。所謂「分陝」即「欲依周公、召公故事，自陝以東周公主之，自陝以西召公主之。」〔註57〕尚未成行，甄尋又再次造作符命，欲以王莽之女「黃皇室主」爲其妻。初作符命，甄尋欲使其父進位，與「上公」平晏並加九命爲「二伯」，僅在王莽一人之下；符命再作，甄尋使自己進一步成爲皇帝王莽的姻親。殊不知，王莽由符命而禪漢，正不欲他人仿效。〔註58〕甄豐父子接連兩次造作符命，使王莽盜名禪漢的政治手段與事實產生被揭發的危險性，甄氏父子之意似乎不僅止於輔佐「天子」，而頗有爭權奪位之嫌。再者，對王莽而言，甄豐父子之於王莽，一如王莽之於漢室；王莽既依「周公故事」篡漢，甄氏父子當然也有可能依「周公故事」以篡新朝。王莽之所以震怒、畏懼臣民怨謗的眞正原因，實在於此。因此「分陝」不但不得施行，而且「公卿黨卿列侯以下」，被罪株連致死者數百人。〔註59〕如此顯示王莽篡漢的歷程，可能有一個理想古史作爲藍本，具有一定的政治程序。這個藍本就是「周公故事」，而且爲王莽親黨所熟知。「分陝」被塑造爲「周公故事」中的一個重要部分，而且是昇高權位的程序之一；「如周公」之事進行到「分陝」

〔註55〕見楊向奎，〈周公攝政與成王建國〉，在郭偉川編，《周公攝政稱王與周初史事論集》，頁 79，81～82。
〔註56〕《漢書》，卷 99 中〈王莽傳中〉，頁 4123。
〔註57〕《漢書》，卷 99〈王莽傳〉，頁 4124，〔唐〕顏師古注。
〔註58〕《漢書》，卷〈揚雄傳〉，頁。
〔註59〕《漢書》，卷 99 中〈王莽傳中〉，頁 4123。

階段，也就意謂著將錫九命成爲「二伯」，接踵而來的就是攝政乃至禪代大事。由此可知，爲王莽所資的「周公故事」，其基礎並非純粹的歷史，而是利用經學所造作出來的一套政治藍本，「分陝」是其中的關鍵程序。〔註60〕

甄尋議「分陝」以平晏與其父爲左、右「二伯」，顯然是將《禮記・王制》的分治天下左、右的「二伯」，與《公羊傳》中「分陝」的二公混爲一談。這一點涉及兩漢經學者，對經典的整理與詮釋。《禮記・王制》：

> 八伯各以其屬，屬於天子之老二人，分天下以爲左右，曰二伯。

這段文字後來亦爲東漢初年的博士李育徵引，而他也認爲「二伯」同於二公、「分天下爲左右」同於「分陝」。東漢末年的鄭玄釋「二伯」爲：「老，謂上公。《周禮》曰九命作伯，《春秋傳》曰自陝以東周公主之，自陝以西召公主之。」〔註61〕鄭玄的解釋，與李育以「二伯」爲「天子之老」的意思，其實並無不同之處。所引的《周禮》文字出自《春官・大宗伯》，其中有一句：「八命作牧，九命作伯」，鄭玄釋「九命作伯」云：「上公有功德者，加命爲二伯，得征五侯九伯者。」〔註62〕「五侯九伯」專征權力，典出於《史記》。《史記・齊太公世家》記載，召公加命太公爲伯，得專征「五侯九伯」，後來的齊桓、晉文二公相繼循此例獲得專征之權，都被稱爲「二伯」，讀音爲「二霸」。周初總領諸侯以朝王室的「二伯」，與後來征伐諸侯鞏衛王室的「二伯」，顯然爲漢代學者混淆、或併合造成的。鄭玄兼通諸經，雖然不專守一家章句，以爲《王制》中的左右「二伯」即《周禮・大宗伯》中「九命作伯」的「伯」，也就是兩位加九命之錫的「上公」；他所引用的《春秋傳》即《公羊傳》，因此以「二伯」視同「分陝」的二公。〔註63〕但是賈公彥（唐高宗永徽年間太學博士，650～655）曾以爲，所謂的「二伯」專征「五侯九伯」，

〔註60〕 參見楊向奎，〈周公攝政與成王建國〉，在郭偉川編，《周公攝政稱王與周初史事論集》（北京：北京圖書館出版社，1998年），頁80～81。

〔註61〕 《禮記正義》，卷11〈王制〉，《十三經注疏》上冊，頁1325。

〔註62〕 《周禮正義》，卷18〈春官・大宗伯〉，《十三經注疏》上冊，頁761。

〔註63〕 何休著《公羊墨守》、《左氏膏肓》（即《春秋膏肓》）和《穀梁廢疾》以崇《公羊傳》。鄭玄「發《墨守》，鍼《膏肓》，起《廢疾》」，盡駁何休之說，使其歎云：「康成入吾室，操吾矛，以伐我乎！」所謂「吾矛」即指何休所據的《公羊傳》，謂鄭玄以《公羊》駁何休之《公羊》。鄭玄早年師從第五元，習《公羊春秋》；見《後漢書》，卷35〈鄭玄傳〉，頁1207～1208。約自東漢章帝的李育時起，產生了通諸經而不拘守一家章句的學術風氣，鄭玄如此，何休也是如此，均反映了東漢此種風氣；見錢穆，〈兩漢博士家法考〉，《兩漢經學今古文平議》，頁217～220。

「夾輔」天子是有問題的，因此賈氏質疑：「若然，與天子何殊，而爲夾輔乎？」〔註64〕由此更清楚揭示，王莽纂漢過程中職官與爵位的晉昇，和「二伯」的關係。甄豐父子實欲襲王莽故智行「分陝」，更揭露「分陝」作爲一種政治安排的過程及其意義。作爲經學家的鄭玄爲經箋注，本是理所當然之事，卻披露了王莽纂漢的「經典」依據。由於學者混淆了「二伯」與「分陝」的故實，揉合了宰輔、諸侯之長和專征權力等不同的意義，使「分陝二伯」更近似一種人爲的故實，較《公羊傳》最初的記載產生更具政治性質的內容。

三、漢魏「分陝」之說的再現

（一）東漢末年地方權重與「都督」制度的萌芽

　　「分陝」之說經過東漢後期的經學家何休、鄭玄等人的整理、詮釋之後，詞語的意涵趨於固定，更與經典中封建制度的「二伯」建立聯繫。約在相同時期，東漢境內自然災害接踵而來，政治上則是黨錮之禍與宦官亂政相仍不斷；影響所至，邊境發生羌胡叛亂，關東地域更產生了一場嚴重的「黃巾之亂」（184～207）。爲了因應災害與變亂，朝廷將權力分授地方，其中「州」的地位和權力均處於提昇的狀態，地方力量逐漸坐大，削弱了東漢朝廷的威權。換言之，東漢末年最大的政治變化之一，即權力不再集中於政治中心－朝廷，相當程度地轉移到地方。權力自政治中心移轉地方的過程中，「州」逐漸取代了「郡」，成爲地方上最高行政單位，「州牧」、刺史則成爲最高地方長官，經由制度而取得了地方實權。

　　漢靈帝中平五年（188），爲平定「黃巾之亂」（起自中平元年，184），並維護兵亂之際的地方秩序，宗室劉焉（？～194）藉此機會上書建議恢復「牧伯」之制：

> 時靈帝政化衰缺，四方兵寇……刺史威輕，既不能禁，且用非其人，輒增暴亂。乃建議改置牧伯，鎮安方夏，清選重臣，以居其任。〔註65〕

這次地方長官名稱和權力的改變，實質上僅提高了刺史的秩位；就地方行政

〔註64〕《周禮正義》，卷 18〈春官・大宗伯〉，《十三經注疏》上冊，頁 761。《詩・邶風疏》引鄭志，因張逸受《春秋異讀》，亦澄清二伯主「五侯九伯」說：「若主五等之侯，九州之伯，是天子何異？何夾輔之有也？」

〔註65〕《三國志・蜀志》，卷 2〈劉焉傳〉，頁 2；又見，《後漢書》，卷 75〈劉焉傳〉，頁 2431。

權而言，是針對東漢以來，刺史地方官化、逐漸凌駕守相的事實，在制度上予以追認。東漢朝廷接受了劉焉的建議，他本人由太常出爲監軍使者、領益州牧，同時以太僕黃琬爲豫州牧，宗正劉虞爲幽州牧，諸人「皆以本秩居職」。〔註66〕劉焉所謂「刺史減輕」，反映出東漢末年以前，刺史已經凌駕郡守成爲地方最高官長的事實。刺史、郡守雖代表朝廷統治地方，是朝廷遣出地方的統治機構，但是他們也有自辟地方人士爲僚屬的人事權力，成爲地方政治的實體；此時加重刺史名號，並賦予地方軍事權力，更使以「州」爲單位的地方跡近「半獨立政權」。〔註67〕而劉焉等人出任州牧，一反兩漢地方官長優而入仕朝廷的慣例，朝廷公卿出領地方「州牧」，更加重了地方長官的政治份量。「州牧」既然躍居最高地方官長，原本屬「州」的從事，其地位與權力也隨之提昇，甚至高於原來的地方長官郡國守相。〔註68〕質言之，「州牧」制度的施行，象徵著集權性質的秦漢朝廷，權力由集中趨向於相對分散；政權的重心由朝廷所在的政治中心，轉而趨向地方，地方的權力和重要性爲之提升。與「州牧」同時實施的加授將軍措施，以及相應的地方軍事節度權力，更成爲日後「都督」制度之先聲。

由於「州牧」地位貴重，並因地方治安的需要，朝廷在任命「州牧」的同時，多半加授將軍號，並封列侯。如陶謙自徐州刺史遷爲徐州牧，加安東將軍，封溧陽侯；〔註69〕宗室劉表自荊州刺史遷爲鎮南將軍、荊州牧，封成武侯，假節。〔註70〕「監軍使者」或「將軍」，以及皇權象徵的「假節」，均屬於軍事統御與節度權，雖無「都督」之名，卻有「都督」之實。加授「州牧」軍號以外，此時也產生了都督一州軍事、甚至數州軍事的軍政長官，絕大多數是由地方官長兼領，權力與地位幾與東晉南朝的多州都督相同。袁紹之子袁譚，「始至青州，

〔註66〕《三國志・蜀志》，卷2〈劉焉傳〉，頁2；又見，《後漢書》，卷75〈劉焉傳〉，頁2431。

〔註67〕狩野直禎，〈後漢末地方豪族の動向－地方分權化と豪族〉，在中國中世史研究會編集，《中國中世史研究－六朝隋唐の社會と文化》（東京：東海大學出版會，1970年），頁67。

〔註68〕以上參考嚴耕望，《秦漢地方行政制度》（臺北：中央研究院歷史語言研究所，1990年），頁291～292。

〔註69〕《三國志・魏志》，卷8〈陶謙傳〉，頁248；又見，《後漢書》，卷73〈陶謙傳〉，頁2367。

〔註70〕《三國志・魏志》，卷8〈劉表傳〉，頁211；又見，《後漢書》，卷74下〈劉表傳〉，頁2421。

為都督，未為刺史」，單以都督兼理州事；〔註71〕公孫瓚「遷前將軍，封易侯」，並獲得「假節督幽、并、青、冀」四州；〔註72〕幽州牧劉虞則增「督六州事」，〔註73〕「事」應指軍事而言，「六州」應指幽、冀、并、青、兗、豫等州，換言之，「督六州事」指「督六州軍事」。由此可知，漢末不僅已有如同日後「都督」之實職，也產生了「都督」、「督」的職名。

　　當時朝廷號令不行，州郡攜貳，各地牧多傾向觀望時局，或自立一方。獻帝初平元年（190）起，朝廷與關東州郡，形成東西局勢，漢末之亂從此進入地方興起、州郡自立的時期。關東「盟主」袁紹起兵勃海，「振一郡之卒，撮冀州之眾，威震河朔，名重天下」，欲進一步兼併青、幽、并等州，「橫大河之北，合四州之地，收英雄之才，擁百萬之眾」，以為角逐天下的資本。〔註74〕冀州牧韓馥更曾猶疑「今當助袁氏邪？助董卓邪？」〔註75〕不僅透露韓馥觀望兩方，視朝廷與關東對立為袁、董二家之事，更反映州郡普遍先求自立的心態。董卓敗亡之後，關西諸將及關東「同盟」又各自分裂，相互兼併。陳宮等背曹操（155～220），另以呂布與張邈「共牧兗州，觀天下形勢」，等待「時事之變通」。〔註76〕陳登等說劉備（161～223）領徐州牧，據其州「上可匡主濟民，成五霸之業，下可以割地守境，書功於竹帛」。〔註77〕袁紹與曹操對峙時期，荊州牧劉表不斷朝廷貢賦，同時又連和袁紹，自以「內不失貢職，外不背盟主」為得計，「欲保江漢間，觀天下變」。〔註78〕原為董卓部伍的關中諸將，因袁、曹之爭正處於白熱階段，「皆中立顧望」。〔註79〕漢寧太守張魯，擁據漢中，欲「上匡天子，則為桓、文，次及竇融，不失富貴」，企圖徼利而行霸業或保據一境。〔註80〕由上述可知，漢末地方州郡的政治傾向，大多割境自守，觀望於朝廷和地方「盟主」之間，尤有甚者乃至

〔註71〕《三國志‧魏志》，卷6〈袁紹傳〉，頁196，裴注引《九州春秋》。

〔註72〕《後漢書》，卷73〈公孫瓚傳〉，頁2357。

〔註73〕《魏志》作「督六州」；見《三國志》，卷8〈公孫瓚傳〉，頁243；《後漢書》作「督六州事」；見同書，卷73〈劉虞傳〉，頁2357。此據《後漢書》。

〔註74〕沮授之語；見《三國志‧魏志》，卷6〈袁紹傳〉，頁192。

〔註75〕治中從事劉子惠，以匡救「國家」之大義，責備韓馥發言不當：見《三國志‧魏志》，卷1〈武帝紀〉，頁6，裴注引《英雄記》。

〔註76〕《三國志‧魏志》，卷7〈呂布傳附張邈〉，頁221。

〔註77〕《三國志‧魏志》，卷32〈先主傳〉，頁873。

〔註78〕《三國志‧魏志》，卷6〈劉表傳〉，頁212，裴注引《漢晉春秋》。

〔註79〕《通鑑》卷63，頁2016。

〔註80〕《三國志‧魏志》，卷8〈張魯傳〉，頁264。

進圖霸業。地方上傾向割據自保，勢須以實權爲基礎，因而更促進州牧刺史的地方官化，以及都督制的發生。

（二）州郡勢力的結合與行使：「盟主」與「承制」

董卓廢少帝，另立獻帝，以皇帝最高臣僚相國的身份，「挾天子」之勢擅行威權，造成了嚴重的政治動亂：君臣上下的權位錯亂，朝廷與地方上下的政令不行。地方州郡紛紛與權臣把持的朝廷對立，造成州郡違悖朝廷號令，挾地方資源與朝廷分庭抗禮。相對於冀望恢復集權的朝廷，地方分權的傾向成爲公開的事實。州郡反對董卓挾皇權以脅制地方，爲求集中力量，於是產生了「立盟」與「承制」的權宜措施。政治權力的合法性及其有效性，與其來源有密切關聯。「承制」意謂著承皇帝旨意代行皇帝的權力，取得的方式形形色色，但較具普遍意義者，一種是直接由皇帝個人授與，或是聲稱由皇帝所授；另一種則是間接透過百官公卿、州郡牧守的推舉，取得官員的集體認可後，才得以代行皇權。前者往往造成權臣把持朝政的局面，如霍光輔佐漢昭、宣二帝；後者多產生於國家面臨危難之際，較具實力基礎與政治認同感。推舉「承制」的百官與牧守基於共同的政治立場，往往又互結「同盟」，結合個別州郡爲一集團並統一號令，推立「盟主」領導以州郡爲主的「同盟」。在「尊奉天子」的名義正當性之下，「盟主」往往因此「總帥諸侯」，並取得「承制」與相似的專制王命權力。〔註81〕自漢末亂事迭起，「盟主」與「承制」的事例也屢見不鮮，兩者與地方分權的趨勢相互影響，逐漸與制度層面的「都督」及州牧、刺史結合。

漢獻帝初平元年（190）正月，後將軍袁術、冀州牧韓馥、豫州刺史孔伷、兗州刺史劉岱、河內太守王匡、陳留太守張邈、東郡太守橋瑁、山陽太守袁遺、濟北相鮑信等關東州郡牧守，各起義兵十餘萬，共推勃海太守袁紹（？～202）爲「盟主」。〔註82〕原來，董卓任命韓馥、劉岱、孔伷和張邈等朝野名

〔註81〕此外，因「盟主」並非制度下的官職，權力的授受又屬於臨時性的，班固以爲「隨時苟合以求欲速之功」，因此，自齊桓公爲「盟主」以來，一直未能成爲制度：見《漢書》，卷23〈刑法志〉，頁1084。

〔註82〕《三國志‧魏志》，卷1〈武帝紀〉，頁6。又，最初，兗豫州郡自相結盟，計有兗州刺史劉岱、豫州刺史孔　、陳留太守張邈、東郡太守橋瑁和廣陵太守張超等五人，後來「遙推」袁紹爲盟主：見《三國志‧魏志》，卷7〈臧洪傳〉，頁232；《後漢書》，卷74上〈袁紹傳〉，頁2375。又，幽州牧劉虞與同盟「連和」，青州刺史焦和「務及同盟」，均參與關東義舉：分見《三國志‧魏志》，

士，甚至起用爲其所忌的袁紹、袁術兄弟，意在「擢用天下名士以收眾望」，此舉實受當時社會重視名望的風氣影響。〔註83〕汝南袁氏自袁安至袁逢，四代中有五人爲三公，〔註84〕「袁氏樹恩四世，門生故吏徧於天下」，家族名聲爲眾望所歸，袁紹爲袁氏第五代，因爲關東州郡官長推爲「盟主」。〔註85〕袁氏雖有雄厚的社會聲望以爲參政基礎，然而，「盟主」並非制度性的職官，更非皇帝所委任；若無實力爲根本，至多僅爲虛號而已。袁紹爲勃海太守，軍實均得「仰人資給」，資源受制於他人。〔註86〕又僅以二千石行使「盟主」職權，就制度而言，實無號令同列的「郡國」乃至高一級的「州」的權力正當性。袁紹雖被推爲「盟主」，卻因實力不足與缺乏制度的約束力，而使主盟的權力流於形式。

由於「盟主」的權力基礎較弱，袁紹的因應辦法是，仿效「州牧」受軍號以加重其職的辦法，自授將軍之號，以勃海太守「行車騎將軍」。〔註87〕初平二年（191），袁紹又欲推立宗室劉虞爲帝，又勸其「領尚書事，承制封拜」，此舉反映袁紹並不具備「承制」的權力基礎，而頗有透過劉虞，直接或間接地掌握皇權的可能意圖。〔註88〕設若劉虞即位，或權且「領尚書事，承制封拜」，名位低下、實力較弱的「盟主」袁紹便可透過劉虞，名正言順地取得「承制」的實權，恐怕這才是袁紹積極勸進之目的。〔註89〕西遷長安的朝廷，董

卷 7〈臧洪傳〉，頁 232，裴注引《九州春秋》；卷 8〈公孫瓚傳〉，頁 241。關東最初舉盟諸州，包含了幽、冀、青、兗、豫五州。

〔註83〕：參見《通鑑》卷 59，頁 1906～1907。

〔註84〕袁安爲司徒，子袁敞爲司空，孫袁湯爲太尉；袁湯三子袁逢、四子袁隗均爲三公；見《三國志‧魏志》，卷 6〈袁紹傳〉，頁 188，裴注引華嶠《漢書》。

〔註85〕《三國志‧魏志》，卷 6〈袁紹傳〉，頁 190。

〔註86〕《三國志‧魏志》，卷 6〈袁紹傳〉，頁 191，及裴注引《英雄記》。

〔註87〕《三國志‧魏志》，卷 6〈袁紹傳〉，頁 190；又卷 8〈公孫瓚傳〉，頁 242，《典略》載公孫瓚表稱袁紹爲「行車騎將軍」；東漢之後，魏晉南北朝的地方長官，均以「將軍」行使「都督」軍事的權力。又，東漢輔政大臣，多加「大將軍」或「車騎將軍」之號，成爲政治慣例；參見廖伯源，〈東漢將軍制度之演變〉，在氏著，《歷史與制度——漢代政治制度試釋》（臺北：臺灣商務印書館，1998年），頁 230～245。

〔註88〕《三國志‧魏志》，卷 8〈公孫瓚傳〉，頁 241。這點可能也是劉虞拒絕接受推奉的原因之一。

〔註89〕《三國志‧魏志》，卷 8〈公孫瓚傳〉，頁 243。按，劉虞所督「六州」，或指幽、冀、并、青、兗、豫等六州，六州爲反對董卓而結盟的州郡官長所據，以劉虞都督其地，可能有以其主盟之意。

卓死後即授劉虞「督六州事」的權力，董卓自領的并州除外，「六州」中的其它五州同於袁紹主盟的關東地域。〔註90〕朝廷以劉虞督六州軍事，形同將「盟主」予以制度化爲「都督」，並透過朝廷正式任命的形態，企圖將關東「同盟」這股離心的地方勢力，再度拉回到朝廷的號令系統之下。劉虞「督六州事」其權力來源爲朝廷，屬於制度性的，是朝廷統治意志的延伸；「盟主」袁紹的權力則源自地方州郡，屬於非制度性的，爲地方分權化的表現。

初平二年（193），曾爲「袁氏故吏」的韓馥將冀州牧讓予「盟主」袁紹，使他得到「帶甲百萬，穀支十年」的軍實，以及「天下之重資」的冀州。〔註91〕袁紹既領冀州牧，以冀州爲根據地，才得以行使「盟主」職權，即「承制」的權力。袁紹行使「承制」，特別是專擅征伐、便宜人事任命的權力。

袁紹「承制」拜授州牧刺史的事例，首見於其領冀州牧之後，以原州牧韓馥爲奮威將軍。〔註92〕初平三年（194），以曹操權領兗州牧。〔註93〕青州刺史焦和去世，使臧洪領青州刺史；〔註94〕出長子袁譚都督青州，再拜爲刺史；〔註95〕又以二子袁熙爲幽州刺史，外甥高幹爲并州牧。〔註96〕青、幽、并三州的官長，均應爲袁紹以「承制」權力所任命者。公孫瓚表袁紹罪狀之

〔註90〕 兩漢時期，狹義的「關東」地域，基本上包含青、冀、兗、豫和徐五州，以及荊州北部、司隸校尉東部及并州東南隅；見邢義田，〈試釋漢代的關東、關西與山東、山西〉，在氏著，《秦漢史論稿》，頁108～109。除了冀、兗、豫三州之外，幽州牧劉虞與同盟「連和」，青州刺史焦和「務及同盟」，都參與了關東義舉；分見《三國志・魏志》，卷7〈臧洪傳〉，頁232，裴注引《九州春秋》；卷8〈公孫瓚傳〉，頁241。由此可知，關東最初舉盟諸州，包含了幽、冀、青、兗、豫五州。

〔註91〕 《三國志・魏志》，卷6〈袁紹傳〉，頁191，及裴注引《英雄記》；時間見同書，卷1〈武帝紀〉，頁8。

〔註92〕 《後漢書》，卷74上〈袁紹傳〉，頁2378。

〔註93〕 見《後漢書》，卷74上〈袁紹傳〉，頁2386～2387，2394；又見《三國志・魏志》，卷1〈武帝紀〉，頁9；卷6〈袁紹傳〉，頁197，裴注引《魏氏春秋》。按，此事不見於《魏志・武帝紀》和《後漢書・獻帝紀》，然而袁紹先後上朝廷書與討曹操檄，均述及曾「承制」以曹操爲兗州牧一事，未爲朝廷與曹操否認。

〔註94〕 《三國志・魏志》，卷7〈臧洪傳〉，頁232。

〔註95〕 《三國志・魏志》，卷6〈袁紹傳〉，頁194～195；頁196，裴注引《九州春秋》；又見《後漢書》，卷74上〈袁紹傳〉，頁2383。又，前書載袁譚本爲青州都督，未領刺史，蓋當時青州刺史爲公孫瓚所署的田楷。

〔註96〕 《三國志・魏志》，卷6〈袁紹傳〉，頁194～195；又見《後漢書》，卷74上〈袁紹傳〉，頁2383。

五「矯命詔恩」，即責其「承制」之踰越。〔註97〕袁紹起兵逐漸由勤王淪爲私計，「欲一統山東」以爲割據稱制之資，「承制」以曹操爲兗州牧爲其攻城掠地，臧洪怒責袁紹「抑廢王命以崇承制」，使「王命」的太守張超反遭「承制」假授的州牧消滅。〔註98〕獻帝詔書責袁紹「時輒承制」而「專自樹黨」，「行權」討賊而「但擅相討伐」。〔註99〕公孫瓚、臧洪和獻帝詔書責難袁紹，均責其「承制」之不當，擅自任命人事與討伐不服於己的勢力。

　　挾持獻帝的曹操，藉朝廷之命拜袁紹爲「大將軍，錫弓矢節鉞」，「兼督冀、青、幽、并四州」，〔註100〕用來安撫擁據河北四州的袁紹。使地方「盟主」轉變爲朝廷「都督」（督），勢位雖無太大改變，卻在理論上改變了「承制」權力的來源。袁紹先後爲「盟主」、「都督」，並行使「承制」之權，統率州牧、刺史，並自擅人事任命權，實有「分陝二伯」之跡，袁紹雖未以「二伯」自居，事實上掌握的權力等於「二伯」。值得注意的是，對於「分陝」概念發展有所貢獻的鄭玄，在建安五年（200）卒前，曾應邀與大將軍袁紹的賓客辯論。〔註101〕鄭玄以爲《周禮》的「九命上公」，自朝廷出鎮並專制地方是爲「二伯」；袁紹受封爲侯、以「大將軍」督四州之地兼領冀州牧，並受九錫賜命之一，象徵他所掌握的征討大權，皆與「分陝二伯」的內涵相符。

（三）「挾天子以令諸侯」的曹操與經學的影響

　　自建安元年（196）曹操迎獻帝移都許昌，漢末政治又逐漸朝向集權的趨勢發展，其關鍵在於所謂「挾天子以令諸侯」的政治現象；但是，掌握集權象徵的皇權，並非皇帝本人，而是居宰輔勢位的權臣。

　　由於皇帝自身便爲權力的象徵，「挾天子」意謂將皇帝物化爲一種權力的象徵物，表現爲皇權掌握在輔政大臣之手。自董卓挾獻帝遷都長安起，獻帝輾轉於權臣彊將之間，爲權臣彊將的號令「背書」。第一段提到的袁紹、劉備和張魯等人，擁據州郡，卻都企圖能夠將皇帝迎至自己的掌握中，事實上均

〔註97〕《三國志・魏志》，卷8〈公孫瓚傳〉，頁242，裴注引《典略》。
〔註98〕《三國志・魏志》，卷7〈臧洪傳〉，頁234。
〔註99〕見《後漢書》，卷74上〈袁紹傳〉，頁2384～2388。
〔註100〕《後漢書》，卷74上〈袁紹傳〉，頁2389。又袁紹奉朝廷之命，未曾因獻帝返正而去「承制」，依舊在河北行使其權，「承制」版文上題名曰：「使持節大將軍督幽、青、并領冀州牧部鄉侯紹，承制詔」；見《三國志・魏志》，卷30〈烏丸傳〉，頁834，裴注引《英雄記》。
〔註101〕《後漢書》，卷35〈鄭玄傳〉，頁1211。

欲「挾天子而令諸侯」。當時朝廷內外少數大臣，如奉迎獻帝返回洛陽的河內太守張楊，曾明白表示不願挾持皇帝之意：「天子當與天下共之」，自以爲二千石太守，當在外爲朝廷藩屛。〔註102〕如張楊以朝廷爲念的州牧郡守是少見的，但是他以天子爲「天下共主」的呼籲，卻反映出「挾天子」以號令天下，成爲當時盛行的政治現象與言說。

袁紹爲「盟主」時，原本就以奉迎天子返回洛陽爲號召；後來曾企圖實現，欲使自己成爲實際的掌權者，「號令天下，以討未復」。〔註103〕袁紹後來又曾考慮，迎獻帝至河北，並遷都鄴城。〔註104〕假使袁紹眞的掌握了皇帝，則「盟主」的必要性也就喪失，地方上也不再需要朝廷以外的政治中心了。袁紹兩度「挾天子而令諸侯」的企圖，慮及「迎天子以自近，動輒表聞，從之則權輕，違之則拒命」，實權將受君臣之名和朝廷制度的限制，反倒不如「承制」較能擅權，因此未曾實現迎天子之議。〔註105〕

建安元年（196），曹操「挾天子」的政治機制開始運作，袁紹便察覺其政治權位大受影響。因爲奉迎天子之故，半年的時間內曹操的權勢不斷提高，在制度上表現爲加封遷官：七月，假節鉞、錄尙書事，又領司隸校尉；九月，遷大將軍，封武平侯；十月，讓大將軍之名予袁紹，爲司空，行車騎將軍事，使「百官總己以聽」，在事實與制度兩方面掌握了東漢朝廷。〔註106〕袁紹僅能遙奉獻帝詔書，無法事先窺知「不便於己」的詔書內容，於是要求曹操遷獻帝都於甄城，遭到「動託詔令」的曹操斷然拒絕。〔註107〕以許都爲政治中心的曹操，不但獲得專制朝權之實，也獲得假託「天子詔令」之名，遠非在外的袁紹及「承制」權力所能相比。至此，袁紹與曹操的對抗，實爲藉「承制」間接行使皇權，與挾皇帝直接行使皇權之爭，也是分權化的地方與集權的朝

〔註102〕《三國志‧魏志》，卷8〈張楊傳〉，頁251。

〔註103〕《三國志‧魏志》，卷6〈袁紹傳〉，頁192。

〔註104〕獻帝流亡河東，沮授建議謂紹：「宜迎大駕，安宮鄴都，挾天子而令諸侯，畜士馬以討不庭，誰能禦之！」見《三國志‧魏志》，卷6〈袁紹傳〉，頁195，裴注引《獻帝傳》。

〔註105〕《三國志‧魏志》，卷6〈袁紹傳〉，頁195，裴注引《獻帝傳》。

〔註106〕曹操於建安元年至二年的官爵；參考《三國志‧魏志》，卷1〈武帝紀〉，頁13～14，及裴注引《獻帝紀》；《後漢書》，卷9〈獻帝紀〉，頁380；此處折衷取用二書之說。

〔註107〕《三國志‧魏志》，卷6〈袁紹傳〉，頁194；《後漢書》，卷74上〈袁紹傳〉，頁2391。

廷兩個政治中心的政治競爭。

　　建安元年（196），曹操遣軍西迎獻帝，遷爲「鎮東將軍，領兗州牧，襲父費亭侯爵」。〔註108〕他在〈謝襲費亭侯表〉中云：「復寵上將鈇鉞之任，兼領大州萬里之憲，內比鼎臣，外參二伯」；〔註109〕從制度面而言，「上將」謂鎮東將軍，「大州」指所牧兗州，而獻帝假授曹操的「節鉞」權力即「鈇鉞之任」。〔註110〕「鈇鉞」本爲經典中「九錫」之儀中的「八錫」，受錫者可專擅誅殺，通常與專擅征伐的權力先後授與。〔註111〕勢力全盛的袁紹，也在曹操之後受獻帝賜「九錫」中的「弓矢節鉞」和「虎賁」。〔註112〕曹操自謙之詞，以己非宰輔卻「內比鼎臣」，在地方上「外參二伯」，這個「二伯」即指袁紹。在曹操讓大將軍予袁紹後，曹操所受職官爲「司空，行車騎將軍事」領司隸校尉、兗州牧，當時「袁、曹方睦，夾輔王室」，〔註113〕「盟主」袁紹「承制」行使皇權，總統河北乃至兗州的軍政，及地方長官的人事任命。

　　朝廷授命「比參」袁紹的曹操，僅據有兗、豫二州，至兩人正式決裂之前，曹操所能行使的人事任命例子不多，而且多半孤弱，不能爲朝廷或曹操伸張勢力。建安元年至五年（196～200）間任命的諸州長官有六位，地域範圍限制黃河以南的豫、青、徐、揚四州，集中在曹操控制的政治中心許昌的周圍。〔註114〕建安五年（200），於政治中心許都，車騎將軍董承、王子服、种輯和劉備等人受獻帝密詔誅曹操，事機露敗，除了劉備，餘者盡夷三族；〔註115〕同年又發生「官渡之戰」，曹操以兗、豫二州之力，大敗袁紹的四州之眾。〔註116〕自此開

〔註108〕《漢獻帝詔》；見《藝文類聚》，卷51〈封爵部・功臣封〉，頁924。

〔註109〕見《藝文類聚》，卷51〈封爵部・尊賢繼絕封〉，頁933。

〔註110〕《三國志・魏志》，卷1〈武帝紀〉，頁13。

〔註111〕屈守元，《韓詩外傳箋疏》（成都：巴蜀書社，1996年）卷8，頁698。

〔註112〕時間在建安元年（196）：見《後漢書》，卷74上〈袁紹傳〉，頁2389；又，同前，頁2390，李賢注引《禮含文嘉》云「九錫」第六至第八儀分別爲「虎賁」、「斧鉞」和「弓矢」；又引《春秋元命苞》云「賜虎賁得專征伐，賜斧鉞得誅」；「鈇」可釋爲「斧」，故「斧鉞」同於「鈇鉞」。

〔註113〕《三國志・魏志》，卷7〈臧洪傳〉，頁237，裴注引徐眾《三國評》。

〔註114〕建安元年，表劉備爲豫州牧；署李整爲青州刺史；建安二年，署鍾繇領司隸校尉，督關中諸軍；建安三年，署車冑爲徐州刺史；建安四年，署董昭爲徐州刺史；署嚴像爲揚州刺史；見萬斯同《三國漢季方鎮年表》，在《二十五史補編》第2冊，頁2596～2597。

〔註115〕《後漢書》，卷9〈獻帝紀〉，頁381；

〔註116〕《三國志・魏志》，卷10〈荀彧傳〉，頁313。

始，奠立了曹操專總朝廷內外之任的基礎。直到去世前，曹操一直以「丞相」之名，於政治中心挾持皇帝，掌握皇權、控制朝政。就在曹操掌權期間，以經學爲依歸的「分陝二伯」的說法再次爲人傅會於現實政治。

建安七年（202），曹操完全平定袁紹家族勢力，取得了河北的冀、幽、并三州，隨即便自領冀州牧，解去長年兼領的兗州牧。〔註117〕建安十八年（213），漢獻帝褒獎曹操爲漢廷建立的「大功」，於是加九錫，封爲魏公，曹操成爲東漢以來首位開國的異姓諸侯。獻帝的策命文將曹操比作西周「畢公、毛公入爲卿佐，周、邵師保出爲二伯，外內之任，君實宜之」，又藉「五侯九伯，實得征之」的太公望故實，描述曹操專擅軍權的事實。〔註118〕建安二十年（215），曹操更據「大夫出疆，有專命之事」的「《春秋》之義」，要求分享原爲皇帝獨佔的封爵權力。〔註119〕曹操既已「秉任二伯」總統朝廷的軍事力量，更爲嚴密掌握人心，使爵賞概由己出，遂使獻帝下詔授命「承制封拜諸侯、守相」，使曹操獲得了地方官長的人事任命權，以及爵賞的封賜權力。〔註120〕

獻帝對曹操的褒美反映出東漢末年，與「分陝」有關的「二伯」、「外內之任」，以及表達專制軍事權力的太公望故實，爲時人用以飾美受任寄之重、專制朝廷內外的權臣。「二伯」前詔係指「周、邵（召）」二公，亦即「分陝二伯」。袁紹與曹操先後獲致「二伯」的權位，在外專征、內輔朝廷，如同經學中所描繪的「分陝二伯」的權任，兩人且一度形成兩個政治中心對立的情形，如同「分陝」。如本章頭兩節所述，以「二伯」等同於「分陝」的周、召二公，兩種經學說法建立起經學詮釋的聯繫，是在東漢末年的何休、鄭玄等經學家手中完成的。當時政治的鉅大變動，影響了鄭玄等人對經學的詮釋；而袁紹、曹操之間，政治現實復受經學影響，由獻帝依經典文獻中的名義與制度，先後授予袁、曹二人，正說明了這樣的事實。

曹魏禪漢之後，宰相與皇帝之間相逼的情勢不復存在，大權與大位事實上都掌握在皇帝手中，然而權位的潛在矛盾也移至皇帝與宗室成員之間。魏文帝爲排除皇室成員對皇帝權位的威脅性，避免重蹈漢朝之覆轍，禁止外戚干政，同時嚴格禁止宗室的一切政治活動。文帝此一政策，雖然免除了皇室

〔註117〕《三國志·魏志》，卷1〈武帝紀〉，頁38。
〔註118〕《三國志·魏志》，卷1〈武帝紀〉，頁38～39。
〔註119〕《三國志·魏志》，卷1〈武帝紀〉，頁46，裴注引孔衍《漢魏春秋》。
〔註120〕《三國志·魏志》，卷1〈武帝紀〉，頁46，裴注引孔衍《漢魏春秋》。

成員爲奪皇權、皇位的骨肉相爭，似乎確保了皇帝專制朝廷的地位，卻不能防禁異姓大臣藉由輔政漸漸取得大權。

此外，天下分裂的局面並未因漢魏禪代而改變，除了南方的吳、蜀「二寇」，涼州、幽州遼東及青、徐州等等地域，曹魏也都尚未建立統治關係，因此需要不時地準備對各地採取軍事行動，特別是針對青徐和江東地區。〔註121〕當時，許昌成爲曹魏的軍事重鎮之一，加上甫開工的首都洛陽建設，文帝配合軍事行動必需經常往來於兩地間，遂使實質的政治中心並非定著於一地。〔註122〕曹魏朝廷配合軍事行動經常暫時地遷徙兩地之間，在文帝率軍至前線督導軍事，留置許昌的朝廷便產生權力眞空的現象，爲此文帝將政治中心委授重臣，等於將政權分授大臣。司馬懿及其家族，正是從曹魏特殊的政治結構中獲得崛起的機會。

魏國建立的初期，司馬懿（179～251）和陳群、吳質、朱鑠爲魏文帝布衣之交，稱爲「四友」。〔註123〕由於與文帝有「布衣之誼」，司馬懿逐漸進入曹魏政權的核心。黃初五年（224）八月，文帝親自率領舟師南下伐吳，司馬懿初次受命留鎮許昌。〔註124〕黃初六年（225）二月，文帝再度自許昌南下征吳，同時頒下詔書，以陳群爲鎮軍大將軍，跟隨文帝「董督眾軍，錄行尙書事」；以司馬懿爲撫軍大將軍，「當留許昌，督後諸軍，錄後臺文書事」。〔註125〕詔書又云：

> 今內有公卿以鎮京師，外設牧伯以監四方，至於元戎出征，則軍中宜有柱石之賢帥，輜重所在，又宜有鎮守之重臣，然後車駕可以周行天下，無內外之慮。〔註126〕

據上述內容而言，文帝以陳群爲「柱石之賢帥」，隨軍代表皇帝「董督眾軍」，司馬懿則鎮守「輜重所在」的軍事中心許昌，同時負起「內鎮百姓，外供軍

〔註121〕三方的統治尚未確立，係受梗於地方割據勢力：分別爲河西的盧水胡及羌亂、割據遼東的公孫氏、青徐豪霸的臧霸等三方。河西的羌胡之亂與青徐豪霸在文帝年間均獲得解決；關於後者，請參見田餘慶，〈漢魏之際的青徐豪霸〉，收入氏著《秦漢魏晉史探微》。至於遼東的公孫氏則要到明帝後期才得以平定。
〔註122〕洛陽宮初營於黃初元年十二月；見《三國志·魏志》，卷2〈文帝紀〉，頁76。
〔註123〕見《晉書》，卷1〈宣帝紀〉，頁2。
〔註124〕《通鑑》卷70，頁2222。
〔註125〕《三國志·魏志》，卷2〈文帝紀〉，頁85，裴注引《魏略》。
〔註126〕《三國志·魏志》，卷2〈文帝紀〉，頁85，裴注引《魏略》。

資」的職任。〔註127〕依據文帝的詔書,其中「京師」、「軍中」和「輜重所在」三處,分別指洛陽、文帝伐吳前線和許昌。文帝自洛陽南下伐吳前線,許昌不僅成爲伐吳的軍事中心,更具有聯絡伐吳前線與政治中心洛陽的政治作用,因此文帝將許昌交予司馬懿,顯示對其人的信任。〔註128〕文帝北返洛陽以後,仍舊以司馬懿鎮守許昌,並頒下詔書云:

> 吾東,撫軍(司馬懿)當總西事;吾西,撫軍當總東事。〔註129〕

所謂「吾東」與「吾西」是指魏文帝自稱所在的相對方位;就事實而言,分別指文帝東下伐吳與西返京師洛陽兩件事。「西事」意謂文帝東下伐吳,則以司馬懿鎮守許昌,並擔負其地以西、以北的政務;「東事」則是指文帝返回洛陽後,司馬懿則代理對東南方吳國的軍事等政務。由此看來,司馬懿經常擔負起治理「半天下」的政治重任,與文帝所在形成兩個具有主從關係的政治中心。以司馬懿代理曹魏半天下的事務,其實質頭銜爲「督後諸軍,錄後臺文書事」。「錄後臺文書事」,胡三省以爲「後臺,謂尚書臺之留許昌者也」,〔註130〕「錄後臺文書事」即指總錄留後尚書臺的政務。「督後諸軍」,或可解釋爲都督伐吳前線以外的繼援諸軍,也可以解釋爲都督伐吳軍隊以外的魏國軍事力量;若以後者爲說,受到司馬懿都督者,即鎮守「四方」的「牧伯」,也就是都督。文帝駕崩之初(227),吳蜀兩國兵分二路,入侵魏國東南與西南邊境,當時仍奉文帝之命鎮守許昌的司馬懿,立即「督諸軍」防禦吳國的軍隊。〔註131〕他所「督諸軍」,應即魏國東南邊境設置的都督及其武力,此事也說明了司馬懿權代「東事」的內容。

　　魏文帝任用士族代表人物的司馬懿與陳群,分任撫軍大將軍和鎮軍大將軍,並錄尚書事,頗有藉二人以平衡曹魏宗室、外戚和功臣的權勢。黃初七

〔註127〕《晉書》,卷1〈宣帝紀〉,頁4。

〔註128〕黃初二年改長安、譙、許昌、鄴、洛陽爲五都;見《三國志・魏志》,卷2〈文帝紀〉,頁77,裴注引《魏略》。王鳴盛由〈武帝紀〉載曹操每事征伐後則歸都城的書法,否定「五都」之說,認爲僅有許昌、鄴、洛陽「三都」;見氏撰《十七史商榷》,卷40,頁248。〈文帝紀〉載文帝每年往返許、洛間,除了兩地位置與軍事行動關係密切,也與兩地作爲政軍中心的條件完備與否有關。文帝以後,許昌的軍事位置依然重要,而洛陽則是政治地位較重要,具有政治正統意義,被視爲曹魏京師。

〔註129〕《晉書》,卷1〈宣帝紀〉,頁4。

〔註130〕見《通鑑》卷70,頁2222。

〔註131〕《晉書》,卷1〈宣帝紀〉,頁4。

年（226）文帝駕崩，遺詔陳群、司馬懿二人與宗室的曹眞、曹休共同輔佐魏明帝曹叡（227～239在位），四人分別爲異姓大臣與曹魏宗室，四人共同受顧命輔政，反映了文帝平衡朝廷權力，特別是制衡的用意。〔註132〕陳群死後，司馬懿儼然成爲異姓大臣的最高代表人物，受到明帝輕禮遇爲「社稷之臣」。〔註133〕

　　當時，吳、蜀二國經常在邊境進行軍事行動，對魏國構成了極大的威脅，因此文帝在邊境諸州建立軍事性質的「都督」制度，頗有針對吳、蜀兩國用軍的意圖。〔註134〕黃初元年（220）曹魏建立之初，見於史傳的都督有七人，七人之中有五人爲宗室或密戚。〔註135〕但是，根據萬斯同《魏方鎮年表》所載，至明帝即位之初宗室與國戚爲都督者，僅餘曹休和夏侯楙兩人，隔年便僅存曹眞一人；此後至曹魏亡國，僅有夏侯玄一人曾都督關中。〔註136〕這是明帝壓抑宗室政策造成的結果。

　　明帝晚年，前鄀令棧潛（魏文帝至明帝時人）上疏，議論魏國應「深根固本」。他以秦代二世顛覆爲例，強調「枝葉既机，本實先拔也」，來說明曹魏政治上疏遠宗室、戚屬對立國基礎的負面影響：

> 深根固本，並爲幹翼，雖歷盛衰，內外有輔。昔成王沖幼，未能政，周、呂、召、畢，並在左右；今既無衛侯、康叔之監，分陝所任，又非旦、奭。〔註137〕

棧潛指出了曹魏政治的一個大問題，皇帝未能「深根固本」，使朝廷內外缺乏

〔註132〕《三國志・魏志》，卷2〈文帝紀〉，頁86。又，二者社會階層的區別，以及在政治上的影響與作爲，參見萬繩楠《魏晉南北朝史論稿》（臺北：雲龍出版社，1994年），頁91～96；王仲犖，《魏晉南北朝史》（上海：上海人民出版社，1994年）上冊，頁38～39。

〔註133〕吳質曾向曹叡建言，司空陳群不堪爲宰相，並推薦司馬懿，譽其人爲「社稷之臣」；曹叡視司馬懿爲「社稷之臣」，陳矯頗不以爲然，僅認爲他是士族的代表人物，是所謂的「朝廷之望」；分見《三國志・魏志》，卷21〈吳質傳〉，頁610；卷22〈陳矯傳〉，頁644。

〔註134〕薛軍力，〈魏晉時期都督制的建立與職能轉變〉，《天津師大學報》1992：4，頁44。

〔註135〕這五人爲曹眞、夏侯楙、曹仁、曹休和夏侯尚；〔清〕萬斯同〈魏方鎮年表〉，《二十五史補編》第2冊，頁2617；參見薛軍力，〈魏晉時期都督制的建立與職能轉變〉，《天津師大學報》1992：4，頁44。

〔註136〕〔清〕萬斯同〈魏方鎮年表〉，《二十五史補編》第2冊，頁2617～2623。

〔註137〕《三國志・魏志》，卷25〈高堂隆傳附棧潛傳〉，頁719。

皇帝可以依賴的「幹翼」，也就是股肱腹心之臣。他以周公、太公、召公和畢公四人，比喻當時朝廷之內的輔政大臣不足以爲皇帝的保傅；朝廷之外的主要州鎮，任用的官長，更非「分陝」的周公、召公一般的宗室，也缺少像「衛侯康叔」一般忠誠可靠的宗室，爲皇帝伸張耳目監視州鎮。棧潛所謂受「分陝所任」的大臣，特別指司馬懿而言，此乃時人對司馬懿受明帝引用爲內外重臣的描述。〔註138〕

司馬懿全權負責對蜀漢軍事，督鎮長安歷太和五年至景初二年（231～238），前後長達九年，期間歷經蜀漢數次北伐，司馬懿的首要任務即在阻止蜀軍進入關中，進一步恢復關中經濟力量的生息。青龍二年（234）諸葛亮卒於北伐途中，司馬懿的任務基本告成。青龍三年（235），司馬懿運長安積粟五百萬斛，以賑關東之饑。司馬懿於長安設立軍市，平民與軍人發生糾紛，京兆太守顏斐稱司馬懿「受分陝之任」，不應偏私軍人。〔註139〕青龍四年（236），明帝詔獎司馬懿防禦蜀漢之功，也稱司馬懿都督關中爲「陝西之任」。〔註140〕

魏明帝在位時期，朝廷之外，除了早年任用宗室曹休、曹眞二人爲內外將相，並未重用其他宗室出居州鎮。朝廷之內，曾爲三公、大將軍、錄尚書事、驃騎而入輔朝政的宗室成員，也只有早期的曹眞、曹休、曹洪三人，以及明帝駕崩之前的曹宇、曹爽二人。曹休、曹眞、曹洪三人並卒於明帝初的太和年間（227～232），曹宇雖爲明帝叔父，將受命輔佐明帝子齊王繼承帝位，卻因宗室近親的身份，及大將軍的權勢而遭讒被免。到了晚期的景初年間（237～239），除了疏屬曹爽之外，朝廷內外，尤其是方鎮之任幾全爲異姓所掌握，皇帝反而更形孤立。〔註141〕

司馬懿於景初末年（239）徵入洛陽，與曹爽並受遺詔命二度輔政，雖然

〔註138〕當時的博士高堂隆以司馬懿都督關中之任，爲「分陝而理」，與專制遼東的司馬淵「實征東西」；見〔唐〕杜佑撰，王文錦等點校，《通典》（北京：中華書局，1992年），卷75〈禮三十五〉，頁2049。

〔註139〕《魏略》；裴松之注引，在《三國志・魏志》，卷16〈倉慈傳〉，頁513～514。

〔註140〕《晉書》，卷1〈宣帝紀〉，頁9。

〔註141〕魏明帝時方鎮大臣任用情形，參見〔清〕萬斯同，《魏將相大臣年表》、《魏方鎮年表》，收入《二十五史補編》第2冊。燕王曹宇以宗室之長拜爲大將軍，將受明帝顧命輔佐少帝，尋又以此見免。明帝主要的考量是文帝詔敕「藩王不得輔政」，而且當時傳言燕王宇以大將軍之權位「擁兵南面」，有威脅少帝的相當可能性。裴注引《漢晉春秋》，在《三國志・魏志》，卷3〈明帝紀〉，頁113。

使他暫時遠離州鎮，但是曹魏排除宗室於政治中心之外，並且使異姓大臣出掌四方州鎮，已經是無法扭轉的趨勢。

由曹冏對魏文帝、明帝以來壓抑宗室、重用異姓政策的批評，可了解當時都督地位之重要：

> 今魏尊尊之法雖明，親親之道未備……（兄弟）或任而不重，或釋而不任，一旦疆場稱警，關門反拒，股肱不扶，胸心無衛。……兼親疏而兩用，參同異而並建。是以輕重足以相鎮，親疏足以相衛。
> 〔註142〕

身為宗室的曹冏，一如棧潛、高堂隆〔註143〕等人，提出嚴重的政治警訊，魏朝之亂將出自「疆場」和「股肱」之臣，特別是出鎮地方的都督：

> 今之州牧、郡守，古之方伯、諸侯，皆跨有千里之土，兼軍武之任，或比國數人，或兄弟並據；而宗室子弟曾無一人間廁其間，與相維持，非所以彊幹弱枝，備萬一之虞也。〔註144〕

三國時期，皇帝處於內廷，面對的政務絕不僅止於民生內政，更有許多邊警軍務需要即時處理，因此勢無可能以一人獨掌朝廷內外大權，需要量分威權以委授可以信賴的股肱大臣，這是基於客觀事實的政治安排與用人的原則。但是，曹丕、曹叡父子卻傾向獨攬大權；既不可能專斷大權，需要用人協助治理朝廷內外一切政治事務，卻又不願重用宗室，特別是諸帝的皇子。於是拔擢異姓並委以大權，卻疏斥、禁錮親昵莫比的宗室王侯。曹丕、曹叡父子為鞏固曹魏帝室的權位，卻不能重用宗室於朝廷內外，違背了當時遍植子弟以羽翼根本的政治原則。眾建子弟的政治原則不僅是周代封建的遺意，也是日後「分陝」政治的特徵之一。

司馬懿的權勢在青龍、景初年間臻於極盛，少帝（即齊王曹芳）即位後受到曹爽為首的宗室、戚族和功臣集團之排擠，於是在正始十年（249）發動「高平陵事件」，基本上完全剷除了朝廷中的宗室、戚族和功臣的勢力。但是，司馬懿父子仍未能掌握東南方的軍事重鎮揚州。最初，魏國於北方設置了冀

〔註142〕《魏氏春秋》；裴松之注引，在《三國志·魏志》，卷 20〈武文世王公傳〉，頁 592。

〔註143〕高堂隆以「本根」，喻明帝要維護魏祚，必須眾廷宗室於朝廷外以為藩屏；見《三國志·魏志》，卷 25〈高堂隆傳〉頁 716～717。

〔註144〕《魏氏春秋》；裴松之注引，在《三國志·魏志》，卷 20〈武文世王公傳〉，頁 594～595。

州、豫州和雍州三大重要軍鎮，分別針對東北的鮮卑，以及吳蜀二國。在鮮卑、蜀漢勢力逐漸削弱之後，魏、吳邊境的揚州都督愈形重要。不過，司馬懿及其二子先後於嘉平三年（251）、正元二年（255）和甘露三年（258）敉平動搖魏廷、所謂的「淮南三叛」，實即徹底消滅擁護曹魏帝室的勢力，且爲布司馬氏子弟於方鎮奠下基礎。〔註145〕此後，司馬懿逐漸分遣子弟占據最重要的都督職位，完成了取代曹魏的準備工作。〔註146〕

　　魏晉之際，由司馬懿都督關中開始，至司馬師、司馬昭兄弟，司馬氏家族逐漸取得了重要方鎮，形成以家族力量爲基礎掌握主要軍事力量的「分陝」政治，這種爭奪權力的方式，不僅顯示了州鎮力量對政治的影響，也說明了曹魏皇權旁落與失去對州鎮的統治有密不可分的關聯。

四、西晉的政局與「分陝」之議

　　「八王之亂」的原因，學者一般認爲與西晉的皇權政治有關。〔註147〕西晉時人也認識到諸王之亂，根本原因在於「藩王爭權，自相誅滅」，爭奪的焦點在於皇權。〔註148〕然而，諸王僅是延續了外戚楊、賈二氏以來的政爭，擴大了政爭的成員與範圍。更爲根本的原因，在於西晉立國的特殊性。

　　西晉代魏而立，既不同於殷周革命，與曹魏代漢的情勢也大有不同；質言之，西晉的建立是以司馬氏爲代表的社會階層，取代了以曹氏爲首的社會階層。〔註149〕構成西晉居統治地位的社會階層，可以略分爲三種不同的政治身份：宗

〔註145〕參萬繩楠，同前引書，頁 105～107；王仲犖，同前引書，頁 134～137。

〔註146〕曹魏以鄴、許昌和長安爲其三大軍事重鎮，拱衛洛陽，聯絡三大前線─東北的少數民族、東南的孫吳和西南的蜀漢，三方面軍事後援的大兵站、糧倉、武庫，就内外形勢而言，地位均十分重要。見唐長孺，〈西晉分封與宗王出鎮〉，收入氏著《魏晉南北朝史論拾遺》，頁 131～132。又，司馬氏佔據大軍鎮、都督職位以取代曹魏政權說，見同書，頁 133。

〔註147〕祝總斌，〈八王之亂原因新探〉，《北京大學學報（哲社版）》1980：6；姚念慈、邱居里，〈西晉都督制度演變述略〉，《北京師範大學學報（社科版）》1988：2，頁 44；陳琳國，〈論魏晉南朝都督制〉，《北京師範大學學報（社科版）》1986：4，頁 75。

〔註148〕祖逖語；見《晉書》，卷 62〈祖逖傳〉，頁 1694。

〔註149〕陳寅恪先生認爲，「魏、晉的興亡遞嬗……是儒家豪族與非儒家的寒族的勝敗問題」，又云「西晉政權的出現，表明儒家貴族最終戰勝了非儒家的寒族」，「西晉政權是儒家豪族的政權」；見萬繩楠整理，《陳寅恪魏晉南北朝史講演錄》（合肥：黃山書社，1999 年），第一篇〈魏晉統治者的社會階級〉，頁 1、22。按，陳氏的著作中慣用「社會階級」，實指「社會階層」。

室、功臣和外戚，後兩者又具有「異姓」的共同點。西晉政治動亂的主要原因之一，就產生於宗室諸王與異姓大臣兩個政治群體之間的權力衝突。

晉武帝司馬炎建立西晉王朝，懲曹魏孤立宗室之失，使司馬氏得由異姓大臣取得權位而移改魏祚，因此他在位的二十多年間（265～290），致力實現的政治目標基本上有兩個方面：其一，確保皇權掌握在皇帝一人手中；其二，確立天下只能爲皇室司馬氏一家所有。晉武帝排抑眾望所歸的齊王司馬攸，堅持立其子司馬衷（即惠帝，290～306在位）爲皇太子；又廣封宗室爲王侯，並逐漸使宗室諸王掌握了主要州鎮，顯示了州鎮對家天下格局的關鍵性作用。

武帝、惠帝之間，於朝廷內外普遍重用宗室王侯，成爲西晉政權的政策，逐漸實現司馬氏家天下的政治企圖。《晉書·八王列傳·序》：

> 有晉思改覆車，復隆盤石，或出擁旄節，莅嶽牧之榮；入踐台階，
>
> 居端揆之重。〔註150〕

司馬氏思曹氏前車之覆而重用宗室。唐人總結晉武帝、惠帝兩代重用宗室的歷史經驗，揭示「出擁旄節」與「入踐台階」是建立司馬氏家天下盤石之基的基本方略；前者所指，正是魏晉南北朝時期特有的州鎮制度。

司馬氏以父祖輔佐魏室之力，便順利取代曹氏，影響成功的主要背景之一，是魏文帝、明帝猜忌並疏遠宗室，導致孤立的皇帝形同「本根無所庇廕」。〔註151〕曹魏諸帝孤立，不僅由於宗室寡少，更因爲宗室無實權，既非宰輔，又未掌握朝廷內外的軍權。泰始元年（265），晉武帝即位後的第二天，立即分封宗室二十七人爲王。〔註152〕武帝又沿襲父祖以來重用宗室的政策，將政治中心洛陽周圍的形援州鎮，繼續委授宗室。〔註153〕

楊珧、荀勖數次建議並與武帝幾度商榷，決定依「方伯」的古代故事，使諸王出就封國，並與都督之任合而爲一，於是產生了咸寧三年（277）的「移封就鎮」－諸王的封國與所督方鎮地域一致。結果造成了一個「綜合古之方伯、連率和宗王出鎮現狀而制定的奇特制度」。〔註154〕所謂根據古典的「方伯」

〔註150〕《晉書》卷59，頁16。
〔註151〕淳于越引劉向語，在裴注引《袁子》：見《三國志·魏志》，卷20〈武文世王公傳〉，頁594。
〔註152〕《晉書》，卷3〈武帝紀〉，頁52。
〔註153〕唐長孺，〈西晉分封與宗王出鎮〉，在氏著，《魏晉南北朝史論拾遺》，頁126～133。
〔註154〕唐長孺，〈西晉分封與宗王出鎮〉，在氏著，《魏晉南北朝史論拾遺》，頁133～136。

之任,即指方面而爲方鎮都督。換言之,晉武帝實施了一個結合封建與州鎮的政治制度,他的用意在鞏固西晉政權,以及司馬氏一家天下的政治格局。武帝太康三年(282)遣皇弟齊王攸之國詔云:

> 古者九命作伯,或入毗朝政,或出御方嶽。周之呂望,五侯九伯,實得征之。……其(齊王司馬攸)以爲大司馬、都督青州諸軍事,侍中如故,假節……〔註155〕

「九命作伯」乃引自《周禮》,得征「五侯九伯」的方伯之任,這樣組合的解釋仍是發揮著鄭玄、王肅以來的經說,並且吸收了漢末、曹魏以來權臣掌握大權而形成「分陝二伯」的歷史經驗。〔註156〕然而,晉武帝使宗室諸王出居州鎮,既爲皇帝之藩屏,軍事力量較大者甚至擁有「二伯」的地位。表面上看來,武帝以家族宗室爲基礎,鞏固司馬氏家天下的企圖似乎達到了,卻未料到這種結合封建與州鎮都督制度的政治,竟成爲諸王亂政的結構性因素。〔註157〕

晉武帝之子惠帝司馬衷的資質,並不足以立爲儲君,朝廷內外素聞其「不堪政事」之聲。〔註158〕武帝堅持立惠帝,而不從別擇良子爲儲君,徒「恃皇孫聰睿」,將皇帝大權獨攬的希望寄託在孫子身上。〔註159〕但是,武帝臨死前所做的政治安排,卻又不得不考慮現實,企圖藉由權位的精心安排,使朝廷內外、宗室王侯與異姓大臣之間達到政治力量的平衡,而「不堪政事」的惠帝便得以乘勢而安居帝位。武帝所做的安排:在朝廷之內,以惠帝之舅楊駿爲太尉、都督中外諸軍、錄尚書事,欲使其與汝南王司馬亮並爲輔政大臣,「夾輔」惠帝;〔註160〕朝廷之外,則以惠帝母弟、秦王司馬柬都督關中,楚王司馬瑋、淮南王司馬允各爲方面都督,「並鎮守要害,以強帝室」;使王佑爲北軍中侯統領禁軍,以平衡掌握權位的外戚「楊氏之偪」。〔註161〕如此,武帝以爲確定了朝廷內外,宗室和異姓相互制衡的政治形勢。

然而,即使朝廷內外有了精心的人事安排,卻仍無法扭轉因爲皇帝個人資

〔註155〕《晉書》,卷38〈齊王攸傳〉,頁1134。
〔註156〕參見本章第二、三節。
〔註157〕姚念慈、邱居里,〈西晉都督制度演變述略〉,《北京師範大學學報(社科版)》1988:2,頁44;陳琳國,〈論魏晉南朝都督制〉,《北京師範大學學報(社科版)》1986:4,頁75。
〔註158〕《晉書》,卷4〈惠帝紀〉,頁107、108。
〔註159〕《晉書》,卷3〈武帝紀〉,頁80。
〔註160〕《晉書》,卷40〈楊駿傳〉,頁1177。
〔註161〕《晉書》,卷3〈武帝紀〉,頁80~81。

質造成皇權旁落的嚴重問題。晉武帝在位期間，原則上尚能維持皇帝一人掌握大權；一旦闇弱不識世事的惠帝即位後，皇權旁落為外戚所控制，武帝生前鞏固皇帝、乃至確定一家天下的政治安排發生了作用，布滿朝廷內外的宗室諸王獲得藉口干涉朝政。西晉所謂的「八王之亂」其實是源於武帝此一政治安排。

大安元年（302），專擅皇權的外戚與宗室代表，惠帝皇后賈南風與趙王司馬倫先後敗亡。然而，象徵皇權的仍是那位「不堪政事」、不識世務的惠帝，西晉政治的根本問題並未完全解決。外戚和篡位的宗王被排除之後，皇權的運行仍然無法回到常軌，因此握有軍事力量、擁有宗室皇族身份的諸王，代替了外戚等人，開始干涉朝廷大政的運作。首先介入朝政的宗王，乃是平定亂事、而獲得「大名」與「大位」的諸王。

平定賈后與趙王之亂以後，朝廷之內的執政大臣安排如下：率先群王起兵的齊王司馬冏（？～302）為大司馬、都督中外諸軍事、太子太師，成為首席的執政大臣；再來是都督河北的皇弟、成都王司馬穎（279～306），為大將軍、錄尚書事；都督關中的河間王司馬顒（？～307）則兼為太尉；有宗室令望的東海王司馬越（？～311），繼梁王司馬肜為司空，兼領中書監。〔註162〕

不久，總領朝政的齊王司馬冏卻逐漸驕縱失度，主簿王豹憂心司馬冏重蹈趙王司馬倫等人的覆轍，更擔心諸王專制的州鎮勢力無法控制，因此先後兩度致牋司馬冏表達他的看法與因應之道。〔註163〕他在首牋中，首先分析當時諸王的勢力範圍與政軍情勢：

> 今河間（司馬顒）樹根於關右，成都（司馬穎）盤桓於舊魏，新野（司馬歆）大封於江漢，三面貴王，各以方剛強盛，並典戎馬，處要害之地。且明公……今以難賞之功，挾震主之威，獨據京都，專執大權，進則亢龍有悔，退則據于蒺藜。

三王分指成都王司馬穎、河間王司馬顒和新野王司馬歆，他們分別都督鄴（冀州）、關中（雍、涼二州）和荊州，適巧包圍了政治中心洛陽的三面，既可為藩屏，也可能成為肘掖之變。其中，河間王、成都王與司馬冏往昔共同起兵消滅趙王，「並擁強兵，各據一方」，當時司馬冏豫州都督與河間、成都二王實力相當，為朝廷「荷藩屏之任，居推轂之重」。〔註164〕河間、成都王與司馬

〔註162〕《晉書》，卷4〈惠帝紀〉，頁98～99。
〔註163〕王豹二牋見《晉書》，卷89〈王豹傳〉，頁2303～2305，下引豹牋不另註明。
〔註164〕《晉書》，卷59〈趙王倫傳〉，頁1602；同書，卷38，頁1127。

罔實力雄冠諸王,實因他們的封國、所督方面是曹魏以來建置的大軍鎮關中
(鎮所長安)、冀州(鎮所鄴)和豫州(鎮所許昌)之故。然而,司馬罔入輔
朝廷之後,遠離了軍事根據地豫州。因此,王豹提議仿效周初「封建諸侯爲
二伯」的故實,分割天下而治,因此建議司馬罔:

> 今誠能尊用周法,以成都爲北州伯,統河北之王侯,明公爲南州伯,
> 以攝南土之官長,各因本職,出居其方,樹德於外,盡忠於內,歲終
> 率所領而貢於朝,簡良才,命賢俊,以爲天子百官……宛、許可都也。

所謂「周法」,即《公羊傳》所揭示的「分陝」故實。胡三省以爲王豹之意,
欲以成都王和司馬罔「爲二伯,以夾輔王室」。〔註165〕其本圖一方面在使司馬
罔將其一人掌握皇權,與成都王分享,以揭示宗室諸王,司馬氏家天下的精
神;更重要的是,欲使司馬罔離開政治中心洛陽,回到實力所在的州鎮。王
豹在致齊王的第二牋中,仍舊主張二王分陝,並進一步陳述其詳細見解:

> 今若從豹此策,皆遣王侯之國,北與成都分河爲伯,成都在鄴,明
> 公都宛,寬方千里,以與圻內侯伯子男小大相率,結好要盟,同獎
> 皇家。

值得特別注意的是,王豹所謂二王「分陝」的基礎是「皆遣王侯之國」,仍是
武帝以來以諸王分張勢力於州郡的政策,顯示司馬氏家天下的原則與精神。
此外,作爲南北「州伯」的二王,在「同獎王室」的大名之下,分別與河南、
河北的大小諸侯「結好要盟」,以結盟的方式形成兩股政治的集體勢力,成都
王與司馬罔當然爲盟主。這些大小諸侯不僅包括宗室還有異姓諸侯,王豹建
議司馬罔與成都王使這些諸侯「小大相率」,顯然具有封建的性質;質言之,
王豹的建議並未脫離武帝揉合封建與州鎮的政策,而首先將此一政策與「分
陝二伯」的概念結合在一起。此外,尚有一點值得特別注意,即王豹建議以
成都、齊王進行的「分陝」,以黃河爲界劃分河南、河北,鄴爲北州伯之都,
宛或許昌爲南州伯之都,形勢上以洛陽居中,二王國都與首都處於等距的位
置,事實上反映齊、成都二王實力來源的地域性質。〔註166〕這一項地域的特
徵,改變了「分陝」必定分別地域爲東西的特徵,而突顯「分陝」強調劃分
地域、劃分權力的意義。

　　但是,王豹之議未見採納,不久司馬罔果然遭到成都王等諸王殺害。但

〔註165〕《通鑑》卷85,頁2673。
〔註166〕這種地域性質,可能與二王封國、都鎮的地域社會及其力量有關。

是，武帝以來揉合封建與州鎮的政策仍然發揮著影響力，司馬冏以下宗室諸王，凡入政治中心成為輔政大臣者，並無任何一人能夠避免捲入帶有封建與州鎮兩種制度矛盾的政治問題之中。

大安二年（303），司馬冏遭到成都等諸王謀害之後，第六皇弟、長沙王司馬乂接替司馬冏為輔政大臣。司馬乂雖然年長於其弟成都王，但是其封建所在的長沙國並非魏晉時期的重要州鎮，此時又因為入輔朝廷而遠離封國，所以他的軍事力量遠在共謀殺害司馬冏的成都、河間王之下。河間王司馬顒與長沙、成都王兄弟，共同起兵誅夷齊王司馬冏的計謀，他原來的企圖是「（司馬）乂弱冏強，冀乂為冏所擒」，然後藉此為由傳檄四方以共討司馬冏，最後使惠帝退位改立成都王，「己為宰相，專制天下」；然而事寢未果，司馬冏為司馬乂所殺。河間王遣刺襲司馬乂未成，轉而結合鎮守河北的成都王、鎮守荊州的新野王司馬歆，以州鎮的集體勢力再一次攻擊政治中心的洛陽。朝議以為司馬乂和司馬穎同為惠帝手足，據此推測二王可能透過談判的方式而停止戰爭，因此使中書令王衍等人遊說成都王，企圖使其與司馬乂「分陝而居」。〔註167〕成都王位於河北，司馬乂則在河南的洛陽，二王的「分陝而居」依然是將地域劃分南北，並非故實中的分別東西。〔註168〕此時「分陝」的特徵首重權力的分配，地域劃分二部並不拘泥於東西之分。

大安元年至二年（302～303）西晉朝廷兩度欲與河北的成都王，施行「分陝」政治的內容，就對象與地域的劃分而言，先後分別以齊王司馬冏、長沙王司馬乂居於黃河以南，成都王司馬穎則居於黃河以北，地域上劃分為南北（鄴與許昌，或宛），而以黃河分界；並未忽視成都王盤據河北、河間王盤據關中的事實，而以陝山為界劃分東西。此外，這時的「分陝」對象以宗室為主，由血緣較近者及於疏遠者，長沙、成都二王為武帝之子、惠帝之弟，齊王司馬冏為武帝弟之子。

由於武帝結合封建與州鎮，而以宗室諸王的封國與都督區域重覆的政策，影響了惠帝時期朝廷與州鎮的關係。又因為惠帝乃是一位無法自振皇權的君主，因此，「分陝」政治的焦點在於出居州鎮的諸王。齊王司馬冏、成都王司馬穎和河間王司馬顒三王，分別都督豫州、河北和關中三大州鎮。齊王

〔註167〕此處述長沙王分陝事，見《晉書》，卷59〈長沙王乂傳〉，頁1612～1613。

〔註168〕胡三省曰：「周公、召公分陝為二伯……此言分陝，引周、召事，欲令穎、乂為二伯耳，非分陝地而居也」；見《通鑑》，卷85，頁2689。

司馬冏首先離開了都督職任，不僅脫離了軍事力量的淵藪，也因此較其他諸王率先敗亡。長沙王司馬乂參與三王討伐趙王司馬倫，戰後離開根據地的封國而就任驃騎將軍，使其與軍事根本分離而敗亡。由齊王和長沙王先後兩次曾欲實施的「分陝」政治來說，實深受武帝揉合封建與州鎮的政策影響，它的特徵是以宗室諸王為主，分割天下為兩部分，並承認這兩部分成為割據一方的政治實體；在分割的境域之內，使諸王侯依周代封建的原則「小大相率」。雖然齊王和長沙王兩次「分陝」政治都未獲得實現，但是自從王豹首度提出「分陝」政治的原則和辦法以後，「分陝」政治使經學的「分陝」進一步發展其內涵，更加能與現實政治相互適應，終於影響東海王司馬越以下逐步實現的「分陝」政治。

結　論

　　經典中的「分陝」原本記述周初的一段故實，以周、召二公輔佐周成王，各自代理天子統治天下之半。而後，經由東漢經學家的詮釋，使總統地方的「二伯」與專擅征伐的權力成為「分陝」概念的一部份，進而著重闡發劃分地域乃至設官分職的特徵，強調其分權的精神。與此同時，呼應著東漢末年以來地方分權化的趨勢，具體表現在制度上的刺史職權擴大，乃至州牧、都督等兼總軍、民之政的地方行政官長之產生。分權化的表現，進一步的發展促使跨越政區、兼統州鎮的地方官長之出現，也就是非制度性的「盟主」與制度性的「都督」，權任之重有如「分陝二伯」，而成為朝廷以外、自成系統的政治中心。擁據數州的袁紹與挾持天子的曹操，兩股政治勢力的對峙被描述為「二伯」，體現了「分陝」政治的面貌。而「分陝」與現實政治的呼應，使「分陝」的概念更為完備；東漢三國以來方興未艾的地方分權化傾向，不僅促使「分陝」得到漢魏經學家發展其概念性，同時也獲得了比傅於現實政治的機會。三國鼎峙，曹魏時期設置都督統領重兵，設防於四方要地，都督成為節制邊境軍事行動的制度性職官，司馬懿被委以都督一方的重任，由於「分陝」概念強調分權的精神，時人便以「分陝」比況司馬懿的權任。然而魏文、明帝父子二人猜忌宗室，逐漸使宗室不任都督，造成了司馬氏攘奪朝廷大權，終於禪讓而亡國。

　　晉武帝鑒於曹魏排擠宗室政策之失，因此大封司馬氏宗室廣布於州郡，

冀圖形成家天下的局面。然而，東漢末年以來受到地方分權化影響的都督制，晉武帝不但未曾廢止反而進一步結合封建與都督制，使宗室諸王出居地方藩屏朝廷，卻未料到造成了地方權重、勢逼朝廷的潛在危機。加以晉武帝之子惠帝乃是闇昧之主，大權旁落的情形下，引發朝廷內外對朝權的爭奪繼起不斷。出居州鎮的宗室諸王，逐漸形成跨越數州的地方勢力，威脅著既有以朝廷為唯一政治中心的政治格局，進一步促使「分陝」政治趨於成熟。

第二章 「分陝」與兩晉之間的政治分立

前 言

晉惠帝後期，擔當州鎮都督要務的宗室諸王，挾著軍事與政治力量，相繼入輔朝廷；同時，朝廷回應諸王入輔皇帝的「大功」及諸王間權力、名位分配的政治現實，由此而產生了施行「分陝」政治的意見。此一政治意見，在皇權日趨旁落，朝廷的政治重心逐漸轉移到宗王的州鎮治所，以及地方州鎮的重要性日漸提高之際，獲得了實現的土壤。東海王司馬越以地方爲基礎，結合州鎮的力量，實現了於朝廷之外「分陝」、另立政治中心的局面。成爲宰輔的司馬越專斷朝政，與懷帝重振皇權的企圖產生衝突，兩者爭奪樞柄的成敗關鍵乃在於對州鎮的掌握。

琅邪王司馬睿原是司馬越「分陝」的一步棋子，受司馬越之命出鎮江東，即以所鎮地域江東爲基礎，逐漸取得江東州鎮的統治實權。而司馬越去世之後，江東的統治基礎逐漸穩固，司馬睿於是自立於司馬越「分陝」政治格局以外，以建康爲中心建立起西晉最後一次的「分陝」政治，爲東晉政權的建立奠定了基礎。

一、「東海王集團」的形成與發展——司馬越與「分陝」政治

晉惠帝即位後，先後遭遇楊氏、賈氏等外戚之禍，又遭趙王司馬倫篡奪皇位，其後州鎮諸王傾軋政權，簡言之，惠帝在位中、後期的內亂，主要是由外戚與宗室所造成的。惠帝晚年皇權旁落，權力樞柄爲控制皇帝的宗室諸王掌握。朝廷內外局勢的平衡，端繫於河間王司馬顒、成都王司馬穎和東海王司馬越，三王不僅是當時宗室之望，並且各自擁有雄厚的政治資本；河間、

成都二王分別居守大鎮關中與河北，東海王則仕於政治中心，三王之間政治關係的和睦與否，深刻影響著西晉政治的發展。

自從趙王司馬倫篡位失敗之後，面對皇權旁落所引起的政治動亂，值此之際，三王都採取了一致的政治立場，先後反對操持朝政的齊王司馬冏、長沙王司馬乂。然而，成都王被立爲皇太弟，打破了政治力量鼎立的局面。永興元年至光熙元年（304～306），三年間，諸王各擁勢力、兵戈相向，造成政治力量的彼此消長。成都、河間二王擁據地方州鎮，擊敗了原來以朝廷爲政治舞臺、無州鎮奧援的司馬越。成都、河間二王並先後以所居州鎮爲政治、權力的中心，挾天子號令朝廷內外。東海王兵敗而離開政治中心而擁據州鎮，進而結合各個州鎮勢力以爲其政治勢力的基礎，展開與二王政治、軍事的全面對抗，傾力競奪西晉政治中樞的實際主宰權。此時政爭表現爲宗王擁據地方州鎮，進而以挾持天子、朝廷來號令天下，這種政治運作模式時人賦予「分陝」之名，惠帝朝廷曾先後試圖以成都王司馬穎與河間王司馬顒來進行此政治安排。〔註1〕

永興元年（304），成都王被立爲皇太弟，獲得儲君的地位，另以「都督中外諸軍事」與「丞相」之名，於鄴城遙執朝政。此時，成都王的地位與權力，已然超越河間、東海二王。〔註2〕成都王獲立爲皇太弟後，名位都到達顛峰，卻因循齊王司馬冏的覆轍專權亂政，徵用皇帝乘輿服御，以成都國兵取代宿衛禁軍，甚至擅殺「宿所忌者」，顯露其「無君之心」，導致聲名下滑，大失眾望。〔註3〕

在此之際，司馬越與成都王決裂，河間王則依舊支持成都王。〔註4〕永興元年（304）七月，司馬越羽檄天下征、鎮討伐成都王，以司空領大都督，統率王公百官奉帝親征鄴城；結果大敗於蕩陰。成都王強迫惠帝居留鄴城，又立郊祀於鄴城以南，重行署置百官並且掌握所有大權。成都王挾持天子、署置百官，實際代行朝廷職權，遂使鄴城成爲首都以外名實相符的政治與權力的中心。〔註5〕

〔註1〕 參見《晉書》，卷89〈王豹傳〉；卷59〈成都王穎傳〉、〈河間王顒傳〉；卷37〈宗室傳〉。

〔註2〕 《晉書》，卷4〈惠帝紀〉，頁102。

〔註3〕 《晉書》，卷59〈成都王穎傳〉，頁1617。

〔註4〕 永興元年三月，河間王表立成都王爲皇太弟，八月又遣張方救援成都王、抵禦司馬越，這段期間河間、成都二王仍採一致的政治立場；見《晉書》，卷59〈河間王顒傳〉，頁1621；卷4〈惠帝紀〉，頁102。

〔註5〕 《晉書》，卷4〈惠帝紀〉，頁103；卷59〈東海王越傳〉，頁1623；卷59〈成

相較於成都、河間二王的政治條件，東海王司馬越未曾出牧州鎮，無從
以州鎮為根據地進而角逐朝廷；司馬越一旦遠離首都，也就失去朝廷百官的
聲援及禁軍的武力。因此蕩陰兵敗之後，司馬越徑返封國，企圖在徐州建立
起自己的軍事力量。〔註6〕這段期間，先後有地方人士進言，勸其舉兵勤王。
東海國中尉劉洽更勸司馬越以奉迎天子為名，再度起兵與二王爭權。〔註7〕當
時寓居蕭、沛，為吳國宗室之後的孫惠（272？～318？），上書干謁司馬越，
提出「要結藩方，同獎王室」的政治活動原則，並初步策劃了以奉迎惠帝為
名的具體政軍方略。〔註8〕孫惠上書的內容，得到司馬越的高度重視。〔註9〕

孫惠不斷提示司馬越要掌握「履順討逆，執正伐邪」的策略，亦即強調
尊奉天子的政治正當性。於是，孫惠更為司馬越擬定了一個「執正伐邪」的
具體方略，他要求司馬越結合州鎮勢力、聚合人才，以朝廷以外的地方為基
礎，形成一股集體的反對力量。孫氏認為，以司馬越兄弟為主幹的集體力量，
應該及早被建立。他認為應妥善運用司馬越兄弟的名聲：

> 今明公名著天下，聲振九域，公族歸美，萬國宗賢。加以四王齊聖，
>
> 仁明篤友，急難之感，同獎王室，股肱爪牙，足相維持。〔註10〕

「四王」是指司馬越、高密王司馬略（又作司馬簡）、東嬴公司馬騰（後進封
新蔡王）和平昌公司馬模（後進封南陽王）兄弟四人，四王之父高密王司馬
泰早有「宗室儀表」之譽；〔註11〕司馬越「少有令名，謙虛持布衣之操，為
中外所宗」；〔註12〕司馬略「孝敬慈順，小心下士，少有父風」；〔註13〕司馬

都王穎傳〉，頁 1618。

〔註6〕 《晉書》，卷 59〈東海王越傳〉，頁 1622～1623；卷 6〈元帝紀〉，頁 144。

〔註7〕 《晉書》載，劉洽勸司馬越起兵以備成都王；見該書，卷 59〈東海王越傳〉，
頁 1623。司馬光則以為孫惠上書在永興元年，劉洽勸司馬越舉兵討伐張方則
在永興二年：見《通鑑》卷 85，頁 2697；卷 86，頁 2708～2709。

〔註8〕 孫惠上書提及「仰惟天子蒙塵鄴宮」，係指成都王強留惠帝於鄴城；而稱成都
王「外矯詔命，擅誅無辜」，或指其永興元年正月，殺害洛陽「殿中宿所忌者」，
或指同年八月，殺害東安王司馬繇，說明孫惠上書在永興元年七月以後；然
本傳又稱孫惠上書於司馬越「舉兵下邳」之後，不可理解。見《晉書》，卷 71
〈孫惠傳〉，頁 1881、1882；卷 4〈惠帝紀〉，頁 102、103。按，《通鑑》亦繫
此事於永興元年七月以後；見該書，卷 85，頁 2697。

〔註9〕 司馬越讀過孫惠上書後，便立即起用孫惠為記室參軍，並「豫參謀議」；見《晉
書》，卷 71〈孫惠傳〉，頁 1883。

〔註10〕《晉書》，卷 71〈孫惠傳〉，頁 1882。

〔註11〕《晉書》，卷 37〈高密文獻王泰傳〉，頁 1095。

〔註12〕《晉書》，卷 59〈東海王越傳〉，頁 1622。

騰則是歷職諸郡,「所在稱職」;〔註14〕司馬模「少好學」,更與司馬睿及范陽王司馬虓「俱有稱於宗室」。〔註15〕因此連成都王也不得不看重司馬越兄弟,歸譽他們爲「宗室之美」。〔註16〕就實質而言,司馬越兄弟三人掌握了部份州鎮的實權:司馬越據東海國;〔註17〕司馬略都督青州、領青州刺史;司馬騰爲并州都督、刺史;除了司馬模爲散騎常侍,尚未供職州鎮,其餘三人均已擁據一方,擁有地方實力。〔註18〕換言之,孫惠欲藉由司馬越兄弟的宗室身份與朝野聲望,期能在當時注重名聲與門第的社會風氣下,產生較大的影響力,以便讓他們掌控的州鎮力量建立起政治、軍事足以互爲形援的集體的政治勢力。

　　若是司馬越兄弟僅結合手足構成權力核心、進行勤王活動,不僅政治正當性不足也欠缺對朝野的號召力,甚至軍事方面也呈顯弱勢,難以影響他人積極加入勤王的同盟。當時,成都王挾持惠帝坐擁冀州,羽黨河間王則掌握關中,並遣部將張方入據洛陽;二王並峙於形勝之地的河北與關中,分張勢力並互爲奧援,更「挾天子而號令諸侯」,政治正當性與實力均在司馬越之上。此時,司馬越兄弟所據州鎮僅僅東海國與青、并二州,各自處於山東〔註19〕一隅,勢力不相連接。他們極需吸納其它州鎮勢力,增強軍事力量,並強化其正當性。爲此,孫惠進一步策劃:

> 明公……武視東夏之藩,龍躍海嵎之野。西諮河間,南結征鎮,東命勁吳銳卒之富,北有幽并率義之旅,宣喻青徐,啓示群王,旁收雄俊,廣延秀傑,糾合攜貳,明其賞信。〔註20〕

「武視東夏之藩,龍躍海嵎之野」乃是要司馬越以其封地東海國爲發展的地域基礎,於「東夏」地域積極展開活動。孫惠方略中「要結藩方」的具體步

〔註13〕《晉書》,卷37〈高密孝王略傳〉,頁1095。

〔註14〕《晉書》,卷37〈新蔡哀王騰傳〉,頁1096。

〔註15〕《晉書》,卷37〈南陽王模傳〉,頁1097。

〔註16〕《晉書》卷59,頁1623;卷37,頁1100。

〔註17〕孫惠上書,在司馬越於下邳舉兵之時;見《晉書》,卷71〈孫惠傳〉,頁1881;下邳屬徐州,當時的徐州都督東平王司馬楙,似尚未接納司馬越,詳後。

〔註18〕《晉書》,卷37〈宗室傳〉,頁1095~1097。

〔註19〕此處取廣義的「山東」,所謂司馬越「唱義與山東諸侯剋期奉迎」,山東諸侯包含了北至河北的幽州都督王浚,南迄江東的荊州都督劉弘;見《晉書》,卷59〈河間王顒傳〉,頁1621;卷39〈王浚傳〉,頁1147;卷65〈劉弘傳〉,頁1766。並請參考第一章第二節所引邢義田文。

〔註20〕《晉書》,卷71〈孫惠傳〉,頁1882。

驟,首先是關於軍事方面:爲求擴張軍事力量,司馬越兄弟應該結合東西南北四方征、鎮官長,顯然是爲了對鄴城張開包圍;其次,發揮他們的社會影響力,向東海國近鄰的青、徐二州發布命令,並啓發宗室諸王響應「率義之旅」;最後則使司馬越普遍地招募人才,特別是「糾合攜貳」——集聚反對成都王挾持惠帝的力量以爲己用,「明其賞信」——建立起一致的政治號令。孫惠方略的內容,在在顯示他欲建立以州鎮爲基礎,形成一股集體的政治、軍事力量;換言之,也就是結合州鎮勢力的集團,而以司馬越爲其中心人物。因此,本文以「東海王集團」稱之。

孫惠的上書,是以成都王作爲方略中的假設政敵與軍事討伐的對象。然而,永興元年(304),成都王卻遭并州都督司馬騰、幽州都督王浚敗於河北。成都王挾惠帝潛回洛陽,投奔駐紮當地的河間王部將張方;又與惠帝同爲張方遷往長安。至此,皇帝及號令天下的權力落入河間王掌握中。[註21]在此階段,司馬越政治上的主要對手,遂由成都王轉爲河間王;兩人又分別據有一方州鎮,遂使對峙形勢兼有政治陣營與東西地域的雙重意義。然而,政治對手與外在形勢雖有改變,但司馬越發展勢力的方針,大體上仍舊依循孫惠上書的原則,仍以結合州鎮、收納人才,來聚合政治、軍事的集體力量。

惠帝西遷長安之後,永興元年(304)十二月丁亥,河間王以「四方乖離,禍難不已」爲由,使惠帝下詔和解司馬越與其他反對成都王的勢力。[註22]詔書中首先說明了儲君問題的處置,河間王回應司馬虓廢黜皇太弟的呼籲,以成都王「政績虧損,四海失望,不可承重」,剝奪其皇太弟身份,以藩王還第,另立豫章王司馬熾(即懷帝)爲皇太弟。[註23]詔書又以反對勢力的中心人物司馬越爲太傅,與太宰河間王「夾輔」惠帝。此外,又以當時不在長安、並無實權的司徒王戎「參錄朝政」,以王戎從弟王衍爲尚書左僕射。[註24]而詔書中另一個重要的內容,就是安置「東海王集團」及其他反對成都王的州鎮官長。詔書云:

〔註21〕《晉書》,卷4〈惠帝紀〉,頁103、104;卷37〈宗室傳〉,頁1096。按,司馬騰爲司馬越之弟,與成都王政治立場不同是可以理解的;王浚因與成都王爭奪幽州刺史之位而不睦,與司馬騰聯兵攻破鄴城;見《晉書》,卷39〈王浚傳〉,頁1147。

〔註22〕《通鑑》卷86,頁2705;詔書原文出處,在《晉書》,卷4〈惠帝紀〉,頁104。

〔註23〕《晉書》,卷37〈范陽王虓傳〉,頁1101。

〔註24〕疑成都王南奔洛陽之後,王衍便由成都王幕下投向司馬越,因此河間王才在詔書中以其參與尚書政務;見《晉書》,卷43〈王戎傳附王衍傳〉,頁1235。

安南將軍虓、安北將軍浚、平北將軍騰各守本鎮。高密王簡（即司
馬略）爲鎮南將軍，領司隸校尉，權鎮洛陽；東中郎將模爲寧北將
軍、都督冀州，鎮于鄴；〔註25〕鎮南大將軍劉弘領荊州，以鎮南土。
周馥、繆胤各還本部。

河間王使豫、并、幽三州都督司馬虓、司馬騰和王浚，分別返回本鎮；又欲
使司馬略自青州徙鎮洛陽，並由司馬模出鎮成都王原有勢力範圍的冀州；使
攝河南尹周馥、魏郡太守繆胤等各還治所。〔註26〕這些人事異動，形同承認
反對成都王立場的正當性；從另一個角度而言，河間王的政治措施，其實也
反映出是時山東州鎮在政治立場上趨於一致的實態。

　　由後來的發展來看，上述河間王攏絡山東州鎮勢力的作爲，主要在遂行
其專斷朝政的企圖。於是，河間王自行選置西遷朝廷的百官公卿，而繼鄴城
之後，長安遂成爲西晉的權力與政治中心。〔註27〕河間王和解之意，在司馬
越尚未完成整合山東州鎮的背景之下，獲得「東海王集團」的默許。〔註28〕
這份詔書的內容，更透露出河間王無法有效統治山東州鎮的事實。因此，河
間王將山東之地輕易授予反對成都王的「東海王集團」，藉此換取「東海王
集團」承認河間王「挾天子而號令諸侯」的權力，儼然形成兩個新的政治中
心。

　　惠帝和解詔頒布後，司馬越使司馬模代替王浚鎮守鄴城，至是，幽、并、
冀三州的「東海王集團」勢力連成一氣。〔註29〕永興元年十二月至二年七月，
約半年的時間內，「東海王集團」事實上已然形成，聲勢與實力日漸壯大，孫

〔註25〕　胡三省據《晉書》司馬模本傳，以爲「東中郎將」應改「北中郎將」，「寧北
　　　　　將軍」應爲「安北將軍」；見胡三省注，在《通鑑》卷86，頁2705。
〔註26〕　周馥反對擁立司馬覃的上官巳失敗，爲張方所救而恢復攝守河南尹；繆胤在
　　　　　成都王兵敗之後，自魏郡投奔司馬越；由兩人的經歷來判斷，河間王恢復兩
　　　　　人的郡尹之職，頗有平衡二王力量的考慮；見《晉書》，卷61〈周浚傳附周馥〉，
　　　　　頁1663；卷60〈繆播傳附繆胤〉，頁1637。
〔註27〕　《晉書》，卷4〈惠帝紀〉，頁104；卷39〈河間王顒傳〉，頁1621。
〔註28〕　秦州刺史皇甫重爲河間王所攻，遣養子向司馬越求救；司馬越以河間王廢皇
　　　　　太弟成都王，有心「與山東連和」，因此不肯出兵。真正的原因，可能是司馬
　　　　　越受阻於徐州都督東平王楙，不得收兵於徐州下邳，沒有實力與河間王決裂，
　　　　　因此默許和解，但是仍不受太傅；見《晉書》，卷60〈皇甫重傳〉，頁1639；
　　　　　卷59〈東海王越傳〉，頁1623。又，河間王廢成都王、立豫章王爲皇太弟，
　　　　　可能是與司馬越和解的條件之一，詳後。
〔註29〕　《通鑑》卷86，頁2705。

惠結合山東州鎮的方略即將完全實現。永興二年（305）七月，司馬越於東海國起兵，聲討劫遷惠帝至長安的張方，再次傳檄「山東征、鎮、州、郡」，仍以「奉迎天子，還復舊都」之名，進一步結合山東州鎮勢力的活動。〔註30〕「東海王集團」的成員一一浮上檯面。司馬虓與司馬越之弟司馬模、馮嵩等人率先刑白馬啑血結盟，推舉司馬越爲盟主，遠在幽州等地的州鎮官長王浚等人同時遙奉盟主，「東海王集團」正式宣告組成。〔註31〕反觀以州鎮職位換取「東海王集團」支持的河間王一方，其圖謀則隨著山東敵對勢力的結聚而終告失敗。值得注意的是，成敗的關鍵仍在於州鎮官長與州鎮勢力。

　　「東海王集團」形成之初，「與山東諸侯剋期奉迎惠帝」成爲政治號召。司馬越以「盟主」之名，行使「承制」之權，對山東州鎮進行易置官長的政治措施，同時對不服者進行軍事征討，並藉此壯大以山東爲根據的集團勢力。〔註32〕承平時期，州鎮官長本應由朝廷任命，一切政務和軍事行動，均秉承朝廷的意旨。但「盟主」司馬越及其諸弟，卻以盟命和「承制」的方式，自行易置刺史守相，積極進行重整州鎮勢力的政治活動，形成朝廷以外的政治中心。〔註33〕司馬越先自領徐州都督，使原都督司馬楙改領兗州刺史；〔註34〕以弟司馬模都督冀州，鎮鄴；〔註35〕以豫州都督司馬虓領豫州刺史，鎮許昌，都督河北諸軍事；〔註36〕使司馬睿爲平東將軍，監徐州諸軍事，代其留守下邳。〔註37〕司馬越兩個弟弟青州刺史司馬略、并州刺史司馬騰和幽州刺史王浚等也都共奉盟命，甚至未與盟的冀州刺史溫羨也以避位的方式表達不反對集團的政治立場。

〔註30〕　司馬越奔下邳，爲徐州都督司馬楙所拒而徑還東海國，後來接受王國中尉劉洽建議而起兵；起兵之後，司馬楙才讓出徐州，故知司馬越起兵於東海國；見《晉書》，卷59〈東海王越傳〉，頁1623；《通鑑》卷86，頁2709。

〔註31〕　《晉書》，卷37〈范陽王虓傳〉，頁1101；然不見王浚在與盟之列，其本傳也不載與盟之語，此據《通鑑》卷86，頁2709。又，由司馬越二弟司馬略、騰均與其採取一致行動，推知二人也奉承司馬越盟主號令。

〔註32〕　豫州刺史劉喬原參與「諸州郡舉兵迎大駕」，卻因司馬越以盟命承制，以司馬虓代劉喬爲州將，劉喬以非天子之命，轉而受河間王指揮抗拒司馬越；見《晉書》，卷61〈劉喬傳〉，頁1673。

〔註33〕　《晉書》，卷59〈東海王越傳〉，頁1623；《通鑑》卷86，頁2709。。

〔註34〕　《晉書》，卷59〈東海王越傳〉，頁1623。

〔註35〕　《晉書》，卷37〈南陽王保傳〉，頁1097。

〔註36〕　《晉書》，卷37〈范陽王虓傳〉，頁1101；又，司馬越同時以劉蕃爲淮北護軍、豫州刺史；見同書，卷62〈劉琨傳〉，頁1680。司馬越任命兩位豫州刺史之事，未詳其究。

〔註37〕　《通鑑》卷86，頁2710。

〔註38〕司馬虓又爲集團分張勢力，以苟晞爲兗州刺史。〔註39〕「東海王集團」旗下的各州鎮官長，多以都督兼任刺史，改變了曹魏以來都督、刺史分別用人以相制衡的慣例，使州鎮官長兼領民事和軍政，擴大了地方的力量。〔註40〕

在「東海王集團」形成後，一時之間號召了「朝士多赴」，〔註41〕未隨惠帝西遷的百官如繆胤、繆播兄弟，〔註42〕以及其他州鎮官長如荆州刺史劉弘，〔註43〕在奉迎惠帝的政治名義下，紛紛加入「東海王集團」，他們甚至遊說其他州鎮「共戴盟主」；朝廷內外群臣期望司馬越「率齊內外，以康王室」，更加壯大了集團的聲勢與力量。〔註44〕

司馬越以諸弟、宗室和黨羽爲爪牙，形成了結合幽、冀、幷、兗、青、徐等山東州鎮的集體力量，構成了號令諸侯、分割天下的事實。具宗室身份的司馬越，他一面身兼朝廷宰輔的司空，同時兼具山東州鎮盟主的地位，於名在實都取得了易置地方官長的便宜權力；就這點而言，頗合於「二伯述職，周召分陝」的古誼。〔註45〕永興元年十二月丁亥和解之詔後，司馬越再次藉口和解，派遣繆播、繆胤兄弟爲使者，赴長安勸說河間王奉惠帝返回洛陽，二王相約「分陝爲伯」，分居東西二方；換言之，只要惠帝不在河間王的掌握中，司馬越願與河間王分據山東與關中之地。〔註46〕當時保全江、漢地域的荆州刺史劉弘，他以爲「權柄隆於朝廷，逆順效於成敗」，河間王與司馬越或挾天子號令、或恃實力以角逐，使兵禍不斷，因此請撥越在外的朝廷，「宜速發明詔，詔越等令兩釋猜嫌，各保分局」。〔註47〕在劉弘看來，承認有兩個政治中心的政治現實並「各

〔註38〕劉琨說溫羨讓位，同時王浚上表，才使司馬虓得領冀州；見《晉書》，卷 37〈范陽王虓傳〉，頁 1101：卷 62〈劉琨傳〉，頁 1680。

〔註39〕《晉書》，卷 61〈苟晞傳〉，頁 1666。

〔註40〕《南齊書・百官志》。

〔註41〕胡三省注：「朝士赴越者，不從帝在長安者也」；見《通鑑》卷 86，頁 2709。

〔註42〕《晉書》，卷 60〈繆播傳〉，頁 1636～1637：卷 66〈劉弘傳〉，頁 1766。

〔註43〕《晉諸公贊》稱，劉弘有割據荆州的企圖，不服從司馬越，此說不確；裴松之注引，在《三國志・魏志》，卷 15〈劉馥傳〉，頁 465；劉弘便曾要求豫州刺史劉喬，共奉「盟主」司馬越；見《晉書》，卷 61〈劉喬傳〉。

〔註44〕劉弘說豫州刺史劉喬、司馬越之語；見《晉書》，卷 61〈劉喬傳〉，頁 1674～1675。

〔註45〕《晉書》，卷 37〈范陽王虓傳〉，頁 1100。

〔註46〕司馬越主動約河間王「分陝而居」，可能因晉人爲司馬越隱諱此事，約定的內容不詳，僅見兩條記載；見《晉書》，卷 59〈河間王顒傳〉，頁 1621：卷 60〈繆播傳〉，頁 1636。

〔註47〕《晉書》，卷 61〈劉喬傳〉，頁 1675。

保分局」，以解決二王東西對峙的現實局勢，似為可行的解決之道，也頗有呼應「分陝為伯」之意。不過，挾持朝廷的河間王對此卻猶豫不決。

在此情勢之下，是否接受「分陝而居」，河間王可能有兩方面的考慮：司馬越欲藉「分陝」與關中和解，卻又在山東進行大規模的軍事活動，令河間王不禁質疑司馬越的真正目的；另一方面，若與司馬越「分陝」而居，必須奉惠帝返回洛陽，如此可能喪失「奉天子而令諸侯」的政治籌碼，難保不會遭到山東州鎮奉惠帝而西征，使自己正坐逆臣之惡名。事實上，惠帝中葉以來，朝廷先後有以齊王與成都王、長沙王與成都王「分陝」而居的政治權宜之計，只不過未待施行而諸王相繼敗亡；甚至在司馬越推動「分陝」之前，朝廷一度還曾欲以河間王「分陝」於關中。最後，由於河間王部將張方極力主張「挾天子以令諸侯」，不欲河間王與司馬越「分陝」，遂使二王分治天下的政治格局無法實現。〔註48〕

最後，「東海王集團」終於破壞了河間王藉惠帝名義所下的和解詔（永興元年十二月丁亥）；「東海王集團」持續的擴張勢力，更使河間王放棄和解山東的企圖。河間王轉而透過天子詔令，要求司馬越兄弟等「東海王集團」的核心成員一概罷職，並各返封國；換言之，河間王要求司馬越兄弟，以及司馬虓、司馬睿和司馬楙等宗王放棄既有的州鎮武力，完全放棄對抗河間王的立場，各自返回封國。〔註49〕河間王意在藉由天子之名迫令「東海王集團」中的宗室諸王服從自己；宗室諸王倘若不服從就是違背詔令、背叛天子，違背了集團以遵奉天子為號召的精神。如此說來，河間王頗有造成集團內諸王與州鎮政治立場的對立，以瓦解「東海王集團」，進而破壞司馬越聯合州鎮的政軍格局，粉碎司馬越自立政治中心、割據山東的企圖。然而，以司馬越為首的「東海王集團」羽翼已豐，在山東的政治和軍事力量均足與關中的朝廷抗衡，拒絕服從出自名為「朝廷」、實為權臣的政治號令。分別以河間王與司馬越為首的兩個政治中心於是展開全面的對抗；不久，「東海王集團」攻入關中並大敗河間王，順利迎奉惠帝返回洛陽。

由孫惠上書中的「要結藩方」，到司馬越與州鎮結盟、聯合地方勢力，形成了專制山東的「東海王集團」，終於使齊王司馬冏以來分割天下而治的「分陝」政治成為事實。司馬越以「分陝二伯」之姿，形成號令山東的政治中心，

〔註48〕《晉書》，卷60〈張方傳〉。
〔註49〕《晉書》，卷59〈東海王越傳〉，頁1623。

西向爭奪天子，並繼成都、河間二王之後，終使自立的政治中心與朝廷結合，掌握了專制西晉政柄的機會。

二、晉懷帝、司馬越之爭和晉末州鎮——司馬睿出鎮江東的背景

　　東海王司馬越領導以山東州鎮爲基礎的「東海王集團」，高舉「奉迎天子」的政治正當性，擊敗河間王之後，似乎結束了所謂的「八王之亂」。但是，相較過去分據冀州的成都王及關中的河間王，「東海王集團」結合了更爲廣泛的州鎮力量。集團的中心人物司馬越，挾著這一股力量由「二伯」兼任「宰輔」。繼立的懷帝企圖力振皇權，與司馬越產生權力政爭的場合也由州鎮轉爲朝廷。雖然此時不再有身爲州鎮官長的宗王侵奪皇權的問題，朝權的角力者卻由宗王一變而爲「天子」與「宰輔」，也就是懷帝與具備「分陝」之實的司馬越。由於權力的性質早已轉變，握有實力者方有權力，懷帝與司馬越間的政爭關鍵在於爭取各種形式的實際權力。主要的焦點之一仍在爭奪地方州鎮。

（一）司馬越專權與懷帝之立

　　永嘉元年（307），西晉政治中心的洛陽，因爲皇儲問題，宮廷之內發生了一次不流血的政變。政變中的兩造，分別以惠帝羊皇后與司馬越爲首。雙方分別掌握了具有繼位爲帝的儲君：前皇太子清河王司馬覃，和皇太弟豫章王司馬熾（後爲懷帝）。

　　清河王司馬覃爲武帝之孫，太安元年（302）五月，惠帝太子司馬遹及二子司馬臧、司馬尚，三位儲位繼承人相繼去世、儲位虛懸的情形下，由於時年十歲的司馬覃在武帝「眾孫之中，於今爲嫡」，因此執掌朝柄的齊王司馬冏上表惠帝立其爲皇太子。〔註50〕成都王司馬穎，爲惠帝十六弟，永興元年（304）三月，在其與河間王司馬顒專制朝廷的情形下，河間王上表廢司馬覃，改立司馬穎爲皇太弟。〔註51〕司馬覃被立之後，永興元年三月被成都、河間二王所廢；同年七月，又爲右衛將軍陳眕等人復立；同年八月，又爲河間王所廢。〔註52〕司馬穎的皇太弟身份也僅僅保持不到九個月，永興元年十二月，爲河間王所廢。〔註53〕

〔註50〕《晉書》，卷64〈武十三王傳〉，頁1723；卷4〈惠帝紀〉，頁99。
〔註51〕《晉書》，卷59〈成都王穎傳〉，頁1615；卷4〈惠帝紀〉，頁102。
〔註52〕司馬覃兩次見廢與復立，羊皇后也受到同樣待遇；見《晉書》，卷4〈惠帝紀〉，頁102、103；卷31〈后妃傳上〉，頁966。
〔註53〕《晉書》，卷4〈惠帝紀〉，頁104。

　　根據禮法與立儲故事，帝位繼承的傳統以傳嫡不傳賢、傳子不傳兄弟爲原則。惠帝無嗣，當時諸王子孫之中以司馬覃年齡最長，具有武帝嫡孫的地位，順理成章地成爲儲君的優先人選。由於司馬越欲藉定計、策立的大功以謀取專制朝政的權力，因此拒絕復立曾爲政敵的司馬穎；又因支持司馬覃的政治勢力與司馬越政治立場不同，也排除了復立司馬覃的可能。最後，司馬越擁立缺乏政治勢力支持的司馬熾繼位，排除了其他可能的皇位繼承人，並先後於光熙元年（306）十月、永嘉二年（308）二月，使人殺害了前皇太弟司馬穎與前皇太子司馬覃，徹底消除了扶立司馬熾所可能引起的爭議。〔註54〕

　　在此之前，永興元年（304）十二月丁亥，惠帝下詔和解山東州鎮勢力，廢司馬穎皇太弟之位，改立豫章王司馬熾爲皇太弟，做爲河間王與山東州鎮和解的條件之一。〔註55〕當時，司馬越鑒於河間王新廢司馬穎，有意與山東州鎮和解，因此暫停軍事活動，顯示他接受了司馬熾爲儲君的政治安排。〔註56〕原來，司馬熾顧慮具有前皇太子身份的司馬覃，並不願意接受二王推立爲皇太弟。典書令脩肅勸司馬熾接受推立，所持理由爲：復立「幼弱」的司馬覃爲皇太子，與「二相」協和皇室、安定天下的本心不符。〔註57〕所謂「二相」即指河間王與司馬越，二王在永興元年（304）十二月丁亥受惠帝下詔分別進位爲太宰、太傅以夾輔朝廷。〔註58〕脩肅勸司馬熾接受推立以順應「二相」之心，透露了司馬熾被立爲儲君乃是當時對立的河間王與司馬越雙方妥協的政治結果。〔註59〕

　　司馬覃不復立爲皇太子，「二相」的眞正企圖，可能是爲了避免惠帝的未亡人羊皇后干預朝政；若是「幼弱」的司馬覃繼位，羊皇后便躍居爲皇太后得以干政。〔註60〕惠帝駕崩後，羊皇后果然以「於太弟爲嫂，不得爲太后」

〔註54〕《晉書》，卷4〈惠帝紀〉，頁107；卷5〈懷帝紀〉，頁118。

〔註55〕《通鑑》卷85，頁2705。

〔註56〕《晉書》，卷60〈皇甫重傳〉，頁1639。

〔註57〕《晉書》，卷5〈懷帝紀〉，頁115。

〔註58〕《晉書》，卷4〈惠帝紀〉，頁104。

〔註59〕永興元年至光熙元年（304～306）間，惠帝諸弟在世者計有：成都王司馬穎、吳王司馬晏、豫章王司馬熾；司馬晏排行不詳，然永嘉五年卒時三十一歲，得知其行輩在司馬穎、司馬熾之間；據《晉書》，卷64〈武十三王傳〉，頁1725。

〔註60〕參見陳蘇鎮，〈司馬越與永嘉之亂〉，《北京大學學報（哲學社會科學版）》1989：1，頁117～123。

的理由排拒司馬熾，而遣使引接司馬覃入宮繼位，然而司馬越先使司馬熾即位，羊皇后僅被尊爲「惠皇后」。〔註61〕司馬越不但免去了另一場后妃干政的風波，更有策定懷帝之功，可效法「伊、霍故事」脅迫懷帝、專制朝廷。

控制了皇帝，司馬越又誅除宗王之中的對手。當時保據長安的河間王本爲宗室之賢，對於擁立懷帝一事曾與司馬越採取同一立場，對關中地域仍有相當影響力，因此司馬越藉詔令徵其至洛陽，使人於途中暗殺其家人。〔註62〕如今，朝廷內外似乎再無足以妨礙司馬越專政的因素了。

然而，司馬越所掌握的，是一個內外局勢更加複雜、惡化的朝廷。朝廷之外，胡族入侵、州郡叛亂迭起，烽火燎原，留下的是四野荒梗；朝廷之內，以頗思振作的懷帝爲首，與一批維護皇帝的公卿百官，又形成了阻礙司馬越專制朝政的力量。特別是這一批阻礙司馬越專制朝政的勢力，造成了晉末權力與政治中心的分裂，削弱了西晉對抗胡族的力量。

懷帝於光熙元年（306）十一月爲司馬越擁立，至永嘉元年（307）正月以其爲太傅輔政，懷帝一直「委政」於司馬越，任其「威權自己」。〔註63〕不久，懷帝「始遵舊制」親自臨朝，聽政東堂、留心庶務，退朝又與群官「考經籍」，群臣普遍以懷帝爲「佳主」，足可擁戴以澄清政治亂象。〔註64〕懷帝在公卿群臣心目中日漸增長的聲望，及其欲依憑制度力量恢復皇權的抱負，均加深了主相間的猜嫌。此外，司馬越處理廢太子司馬覃一事，造成他與懷帝終於在政治上分道揚鑣，進而形成朝廷與州鎮上兩股政治勢力的對立。

懷帝忌惡司馬越「威權自己」，尤其是司馬越因廢太子司馬覃而擅殺諸葛玫與周穆一事。二人出身門第士族，司馬越爲避免誅連擴大，而使司馬越擁立懷帝、專制朝廷的本圖洩漏，因此廢除三族族坐之法以爲安撫兩家的小惠。〔註65〕然而，懷帝最初並不願奪司馬覃皇嫡的身份，因「二相」司馬越與河間王欲藉此達成和解，在「安寧社稷」的前提下才勉強接受。〔註66〕懷帝本人對一度曾經可能奪得皇位的司馬覃，並不視其爲威脅；司馬越擔心懷帝終

〔註61〕《晉書》，卷5〈懷帝紀〉，頁116。
〔註62〕《晉書》，卷59〈河間王顒傳〉，頁1620、1622。
〔註63〕《晉書》，卷59〈東海王越傳〉，頁1623；卷60〈繆播傳〉，頁1637。
〔註64〕《晉書》，卷5〈懷帝紀〉，頁125。
〔註65〕吏部郎周穆、御史中丞諸葛玫，前者與司馬越有表兄弟關係，後者爲周穆之妹夫；二人因勸司馬越廢懷帝、立清河王，而遭其殺害；見《晉書》，卷5〈懷帝紀〉，頁11；卷59〈東海王越傳〉，頁1623。
〔註66〕《晉書》，卷5〈懷帝紀〉，頁115～116。

究會以司馬覃爲儲君，因此矯詔殺害司馬覃。〔註67〕司馬覃死後，懷帝更寵重司馬覃的兩位兄弟，以自己的本封豫章王，先後改封司馬覃二弟司馬銓與司馬端，並以司馬銓爲皇太子，遣司馬端之國、都督江州。〔註68〕司馬越擅殺廢太子在前，懷帝接著重用廢太子兄弟在後，反映出懷帝與司馬越之不和，並造成朝廷內外情勢的緊繃。

儲君問題之外，朝廷實際政務的決策與執行，是懷帝與司馬越衝突的另一個焦點。懷帝頗思自振威權，因此拔擢一批人物「委以心膂」。以懷帝爲中心的這一批大臣，人數並不算多，約有十餘人左右，卻在朝廷之內發揮了積極維護天子威權的政治作用，形成一股制衡司馬越的政治力量。於是，永嘉三年（309）三月，司馬越自兗州返回洛陽，藉故殺害了這一批大臣。〔註69〕這群大臣中可考者有六人，分別爲：懷帝母弟王延、尚書何綏、中書令繆播、太僕繆胤、太史令高堂沖、黃門侍郎應紹。

何綏，爲何劭庶兄之子，「自以繼世名貴」，又「性既輕物，翰札簡傲」，處理朝廷公務依舊憑恃門第與位望，因而得罪了司馬越安排在朝廷內的腹心劉輿、潘滔等人；〔註70〕何綏爲尚書，依晉武帝時代威權集於皇帝一身的「舊制」，也就是依故事、慣例來處理東海王集團「選用表請」的人事案，觸怒了在州鎮遙執權柄的司馬越。〔註71〕繆播、繆胤從兄弟更因尊崇皇帝的立場，而由司馬越的「心膂」轉而成爲懷帝的腹心；惠帝西遷長安，司馬越以繆播爲其父司馬泰故史，因此「委以心膂」。〔註72〕懷帝即位後，繆播遷爲侍中「專管詔命」，與繆胤受懷帝賞識而倚爲腹心，因懷帝並無軍事力量對抗司馬越，又惡其「威權自己」，因此以「盡忠於國」的大臣負責朝廷內外詔命的傳達，使司馬越無從置掾於皇帝的詔書。〔註73〕其他「並參機密」者，還有黃門侍郎應紹，爲應詹的從兄弟。〔註74〕由上述詔命的傳達、尚書處理官員人事異動案所依「舊制」，因而可知，懷帝與司馬越君臣雙方，政治上

〔註67〕《晉書》，卷59〈東海王越傳〉，頁1624。
〔註68〕《晉書》，卷64〈武十三王傳〉，頁1724。
〔註69〕《晉書》，卷5〈懷帝紀〉，頁119。
〔註70〕《晉諸公贊》：裴松之注引，在《三國志・魏志》，卷12〈何夔傳〉頁382；《晉書》，卷33〈何曾傳附何綏〉，頁1000。
〔註71〕《晉書》，卷98〈王敦傳〉，頁2554。
〔註72〕《晉書》，卷60〈繆播傳〉，頁1636。
〔註73〕《晉書》，卷60〈繆播傳〉，頁1637。
〔註74〕《文章敘錄》：裴松之注引，在《三國志・魏志》，卷21〈應貞傳〉頁604。

最初的角力場是在朝廷之內，特別是在政務的運作模式方面。不過，懷帝藉由制度的力量，企圖使權柄重歸掌握，欲使象徵性的政治中心洛陽，成為實質的權力中心；最後仍舊是失敗的，原因在於，司馬越掌握了多數州鎮，控制了洛陽以外的軍事與經濟資源，懷帝自振無由，缺乏具有實力的州鎮以為奧援。

（二）司馬越與州鎮官長的安排

朝廷之內有懷帝固權的舉動，朝廷之外則須面對民變與胡族南侵的嚴苛考驗，司馬越為謀求內外局勢的應對之策，再度將目光移至政治中心以外的州鎮。推考其因，一方面可能基於擊敗二王的經驗；此外，作為政治中心的洛陽及其周圍地區，由於飽經烽火，軍事上已不堪再受兵燹，因此這也可能是他重施分張州鎮勢力的另一個原因。

司馬越於永嘉元年（307）三月強求「出藩」，意欲鎮守許昌以脅制洛陽；〔註75〕同一時間，再度安排諸弟出鎮地方，掌握了州鎮力量。他使司馬略由青州都督，轉為征南大將軍、都督荊州諸軍事，鎮襄陽；司馬騰由并州都督、刺史，轉為安北將軍、都督司冀二州諸軍事，鎮鄴；司馬模由北中郎將，轉為征西大將軍、都督秦雍梁益四州諸軍事，鎮長安。〔註76〕七月，又使司馬睿自平東將軍、監徐州諸軍事，轉為安東將軍、都督揚州江南諸軍事、假節，自下邳遷鎮建鄴。〔註77〕

司馬越除了分遣諸弟與宗室，並擴大了都督的轄境範圍外，更增加參與的成員，擴大了政爭的基礎；尤其是與世家大族建立了密切的政治合作關係，最為其中之顯著者，乃是其妻族及東海王國的地域人士，亦即河東裴氏與琅邪王氏。自裴秀、王祥以來，「裴、王二族盛於魏晉之世」，時人以裴氏八兄弟與王氏八兄弟並舉，以為美談。〔註78〕受到社會風俗崇尚名士的影響，司馬越安排這批在社會上享有高度名望，地方上又擁有眾多成員的大家族子弟，為其分張勢力。值得一提的是，司馬越再次分張勢力的政治安排並非全

〔註75〕 東海王於永嘉元年正月，以太傅輔政；同年三月，自行離京出鎮許昌；見《晉書》，卷59〈東海王越傳〉，頁1623～1624；卷5〈懷帝紀〉，頁116。
〔註76〕 《晉書》，卷5〈懷帝紀〉，頁116。
〔註77〕 《晉書》，卷5〈懷帝紀〉，頁116；卷6〈元帝紀〉，頁144。
〔註78〕 《晉書》，卷35〈裴秀傳〉，頁1052。又見《世說新語箋疏·品藻第九》，頁505。八裴指：裴徽、裴楷、裴康、裴綽、裴瓚、裴遐、裴頠和裴邈；八王指：王祥、王衍、王綏、王澄、王敦、王導、王戎和王玄。

憑己意、無端而發，當時士族階層的代表王衍（字夷甫），便與這政策的產生有密不可分的關係。

惠帝末年，官僚社群中興起一股自保的風氣。〔註79〕居「三公」之重的司徒王衍，官位與名望均為家族之最，不憂心朝廷的安危存廢，竟然「思自全之計」。由於政治中心的洛陽迭遭兵燹洗禮，王衍因此向司馬越進言：「中國已亂，當賴方伯，宜得文武兼資以任之」。〔註80〕「中國」特指政治中心洛陽及其周圍地域。〔註81〕而所謂「文武兼資」，本指兼具文武幹才之人，王衍此處用來指喻具有社會公認名望的士族，由後來的發展而言，也就是指裴、王兩家的成員。

東海王妃出身裴氏家族，司馬越藉此姻親關係引用裴氏子弟為其腹心，分遣於山東州郡：用其妻兄裴盾為徐州刺史，鎮守根據地下邳；〔註82〕用裴盾之弟裴邵為使持節、都督揚州江西、淮北諸軍事、東中郎將；〔註83〕又用其從兄弟裴憲，為豫州刺史。〔註84〕引用其妻從兄弟裴邈，先為太傅從事中郎，假節監中外營諸軍事，後隨司馬越離開洛陽，為滎陽太守；又用裴遐為太傅主簿。〔註85〕司馬越合作的另一對象，即東海國鄰近地域的琅邪臨沂王氏，更在司馬越與家族領導人物王衍的安排下，以王衍弟王澄出為荊州刺史、

〔註79〕 參見宮川尚志，《六朝史研究・政治社會篇》（京都：平樂寺書店，1985年），頁62，〈西晉貴族の自己保全と東晉初の軍閥〉一節。

〔註80〕 《晉書》，卷43〈王衍傳〉，頁1237～1238。《通鑑》卷86（頁2732年），繫此事於永嘉元年（307）。

〔註81〕 李輔謂其弟李特云：「中國方亂，不足復還。」以「中國」泛指秦、雍二州；時人以「中國」代稱北方或魏晉故土，取其相對於三國吳蜀舊地而言；見《晉書》，卷120〈李特載記〉，頁3025。

〔註82〕 裴盾於永嘉五年遇害，又據其本傳，裴盾為徐州刺史，在任三年，則推算其上任應在永嘉三年；見《晉書》，卷5〈懷帝紀〉，頁121；卷35〈裴秀傳附裴盾〉，頁1052。其家世見《晉諸公贊》：裴松之注引，在《三國志・魏志》，卷23〈裴潛傳〉，頁674。

〔註83〕 裴邵都督揚州江北諸軍事，應在原都督周馥覆敗之後，估計約在永嘉五年；見《晉書》，卷35〈裴秀傳附裴邵〉，頁1052。又，裴邵又作「裴郃」；見裴松之注引《晉諸公贊》，在《三國志・魏志》，卷23〈裴潛傳〉，頁674。

〔註84〕 《晉書》，卷35〈裴秀傳〉，頁1050。

〔註85〕 《三國志・魏志》，卷23〈裴潛傳〉，頁674，引《惠帝起居注》。裴邈在永嘉四年五月，因石勒越過黃河，遂棄郡南奔建鄴；見《晉書》，卷5〈懷帝紀〉，頁120。裴邈一度為監東海王軍事，據此推測，司馬越自滎陽返回洛陽之際，以裴邈代其留守，委以重任；見《晉諸公贊》，劉孝標注引用，在《世說新語箋疏・雅量篇》。

持節、都督,領南蠻校尉;族弟王敦出爲廣武將軍、青州刺史。〔註86〕其他爲司馬越安排於州鎮者,尚有東海國地域人士的王隆,替補司馬睿爲徐州監軍。〔註87〕司馬越爲奪苟晞之位,以太傅從事中郎楊瑁出爲兗州刺史。〔註88〕

　　據上述可知,司馬越四兄弟與司馬睿等五王都督的州鎮,不僅重新掌握了永興二年(305)起兵勤王時的山東地域,更將本爲成都和河間二王的河北與關中納爲勢力範圍。五王所在州鎮的治所,許昌、襄陽、鄴、長安和建鄴五城,包含了魏晉時期北方的主要軍鎮以及東吳舊都,五城也控制了政治中心洛陽四面交通的要津,戰略地位重要,軍事上可爲政治中心防禦胡族入侵,並使洛陽的朝廷承受沈重的政治壓力。五王分鎮五城,形成了對政治中心既鞏衛、又包圍的態勢。〔註89〕以宗王爲出鎮核心,又使裴、王兩大家族出據州鎮,則塡補了司馬越諸弟與宗室遷鎮後留下的遺缺,如青、徐、豫州;或是遞補反對司馬越者留下的州鎮遺缺,如揚州江西都督、荊州刺史。諸王與裴、王二氏,於所謂「山東」地域建構了一張相互聯繫的州鎮勢力網絡,如同昔年司馬越爲奉迎惠帝所經營的州鎮。而這個山東州鎮勢力的網絡與成員,也透露了司馬越頗有在洛陽以外,另行經營山東州鎮以爲政治資本的企圖。

　　懷帝也曾企圖掌握部份州鎮,一方面是爲了伸張皇權,另一方面則是鞏固與支持洛陽政治中心的地位。永嘉元年(307),王澄代劉弘出鎮荊州之後,朝廷割荊、江二州八郡,另外新立湘州,並以司徒司史溫畿爲刺史。〔註90〕由文獻記載,溫畿不曾受司馬越徵辟,更曾爲東海國兵攻劫而未受禮遇;洛陽陷沒後,又出奔苟晞。〔註91〕據此推測,溫畿出鎮湘州,當爲懷帝分張勢力於州鎮的表現之一。永嘉三年(309),懷帝以山簡出爲征南將軍、都督荊

〔註86〕　司馬略由青州都督、刺史遷爲鎮南大將軍、荊州都督,王敦應在其之後出鎮青州,故知任命時間在永嘉元年;見《晉書》,卷43〈王衍傳〉,頁1237;卷43〈王澄傳〉,頁1239;卷98〈王敦傳〉,頁2554。又,魏晉荊州常有兩都督,司馬略鎮江北的襄陽,王澄則應鎮江南的南郡。

〔註87〕　王隆,東海郯人,永嘉五年之前爲徐州監軍,父爲王肅,孫爲王雅;見《晉書》,卷5〈懷帝紀〉,頁120;卷83〈王雅傳〉,頁2179。

〔註88〕　楊瑁,永嘉五年爲司馬越遣爲兗州刺史;見《晉書》,卷5〈懷帝紀〉,頁121;卷61〈苟晞傳〉,頁1670。

〔註89〕　參見唐長孺,〈西晉分封與宗王出鎮〉,《魏晉南北朝史論拾遺》。

〔註90〕　《世說新語箋疏·賞譽第八》,頁442,劉注引《晉諸公贊》;參考吳廷燮,《晉方鎮年表》,《二十五史補編》第3冊,頁3447。

〔註91〕　溫畿後爲御史中丞,懷帝被擄前爲太子左衛率,出奔小平津,後爲苟晞部將;見《晉書》,卷6〈懷帝紀〉,頁123;卷61〈苟晞傳〉,頁1760~1761。

湘交廣四州諸軍事、假節，居鎮荊州北面的襄陽。〔註92〕永嘉五年（310），懷帝更下詔苟晞，使其爲大將軍、大都督，都督「關東」青、徐、兗、豫、荊、揚六州諸軍事。〔註93〕苟晞所獲名位如同「分陝二伯」，而且欲循司馬越結合州鎮勢力的方式，移檄諸征鎮州郡，欲結爲「同盟」，以自己爲「盟主」；〔註94〕事實上，僅爲虛號而無節度州鎮的實權。至永嘉五年（311），洛陽陷落之前，揚州都督周馥曾企圖與前北中郎將裴憲等，一共迎接懷帝移幸壽春，卻遭司馬睿派遣甘卓等人率軍擊走；〔註95〕苟晞移至倉垣欲迎懷帝，卻不幸兵敗身亡。〔註96〕最後，懷帝安排的州鎮勢力不僅無一人能與司馬越抗衡，更無一人起到藩衛洛陽的成效，懷帝的企圖可謂完全失敗。

做爲西晉政治權力中心的洛陽，自從趙王司馬倫亂政以來，歷經齊王、長沙王兵禍，特別是張方兩次對洛陽的破壞，不僅民人離散，糧食更早已無法自給。太安二年（303）十一月至永興元年（304）正月間，河間王使部將張方破壞洛陽和許昌間的運道千金堨（按，即千金堰，在洛陽以西三十五里，與司馬越後來另修於許昌的千金堨爲兩地），並包圍洛陽，使城內「公私窮蹙，米石萬錢」；破城後，又大掠洛陽「官私奴婢萬餘人」西還長安。〔註97〕永興二年（305）成都王司馬穎挾惠帝自鄴城逃回洛陽後，又受到張方挾持惠帝，使其兵士「亂入宮闈」，「妻略後宮，分爭府藏」，於是「魏晉已來之積，掃地無遺矣」。〔註98〕洛陽的糧食供應仰給於來自江南的漕運，一旦運道被斷，洛陽的經濟便難以維持。〔註99〕

此外，司馬懿父子以來建立起強大的洛陽中軍，歷經諸王之亂之後，實力與地位已大不如前，甚至欲以中軍守洛陽都成爲不可能之事。成都、河間二王圍攻洛陽，長沙王司馬乂率領殿中兵及三部司馬等禁軍頑抗；兵敗後，

〔註92〕《晉書》，卷43〈山簡傳〉，頁1229。
〔註93〕見苟晞移檄，根據檄中提及河內太守裴整被擄之事，知其事在永嘉四年九月以後；見《晉書》，卷61〈苟晞傳〉，頁1667～1668，1670。
〔註94〕《晉書》，卷61〈苟晞傳〉，頁1668。
〔註95〕見《晉書》，卷61〈周馥傳〉，頁1664；卷61〈苟晞傳〉，頁1669。
〔註96〕《晉書》，卷6〈懷帝紀〉，頁122～123。
〔註97〕《晉書》，卷4〈惠帝紀〉，頁101～102；卷60〈張方傳〉，頁1644。
〔註98〕《晉書》，卷4〈惠帝紀〉，頁103；卷60〈張方傳〉，頁1645。
〔註99〕參考王鑫義，〈東晉南北朝時期的淮河流域漕運〉，《安徽史學》1999：1，頁13～15。文中討論汴水、汴渠，和蒗蕩渠、潁水至淮河流域的壽春間的水路交通，及這兩條水路的軍事與經濟價值。

成都王以河北都督兵五萬人分守洛陽的十二個城門，殺害大批殿中兵將，並以成都王國三部司馬領國兵代行禁衛，分別代行內外軍的職務。〔註100〕長沙王遇害之後，禁軍兵將更號召收兵北討成都王，卻大敗於蕩陰；侍衛惠帝的禁兵，「左右皆奔散」。〔註101〕司馬越殺害王延等人之後，爲進一步控制皇帝居處與朝廷議政之所，於是罷去所有殿中禁軍將領，改以東海國上軍將軍何倫、王景爲右、左二衛將軍，領國兵數百人代爲宿衛。〔註102〕懷帝即位後，司馬越出鎮豫州，因此使世子司馬毗與東海國上軍將軍何倫留鎮洛陽，爲司馬越心腹以「訪察宮省」，懷帝與竟陵王司馬楙合兵攻擊何倫，竟不克成功。〔註103〕而石勒、王彌等變亂勢力陸續南侵，逐步蠶食衛衛洛陽的周邊郡縣，並以游擊的方式威脅洛陽周圍的廣大區域，使洛陽僅爲一個軍事據點，事實上近乎孤城。以上這些原因，可能均爲影響洛陽政治地位的因素。

在政治、經濟和軍事等現實考量之下，司馬越離開政治中心的洛陽，重新經營地方上的州鎮。然而，隨著戰禍人亂，原來東海王集團的核心成員，司馬越諸弟和司馬虓等人相繼凋零，僅存的成員也不足爲司馬越廣植勢力於各地州鎮，因此司馬越尋求其他的合作對象。在當時社會習尚的影響下，他以名士爲目標，終於以妻族與地域人士爲主，成爲集團的新成員。不久，司馬越所安排的裴氏子弟，敗亡相尋；然而，王氏子弟卻得以陸續渡江，並在江東延續了司馬越與家族的合作關係。琅邪王氏的領導人物王衍，爲司馬越畫策，一如王導爲司馬睿畫策，集團的重心遂由宗室司馬氏轉爲琅邪王氏，下開王導輔佐司馬睿，於江東建立政治基礎之先聲。

成都、河間和東海三王爭奪朝廷大權，由原先成都（方岳）與東海（宰輔）二王的對立，演變到後來成爲河間與東海二王之間以州鎮官長之姿，展開全面的軍事對抗。成都與河間二王先後都曾各守本鎮，而遙執朝權，形成朝廷以外、實際的權力中心；政爭的過程中，三王又分別擁據河北、關中和徐州，以州鎮做爲爭權的根據地，形成朝廷以外的政治中心，使政爭的範圍由朝廷所在擴及四方州鎮。東海王司馬越藉勤王之名，糾結各地州鎮長官，

〔註100〕《晉書》，卷4〈惠帝紀〉，頁102。

〔註101〕長沙王兵敗被執，殿中兵諸將猶思再戰；北討之役則是由左衛將軍陳眕及殿中中郎、前長沙國將一同發起，大體上以宿衛禁軍爲北討軍事的主力；見《晉書》，卷59〈長沙王乂傳〉，頁1614；卷59〈成都王穎傳〉，頁1618。

〔註102〕《晉書》，卷59〈東海王越傳〉，頁1624。

〔註103〕《晉書》，卷37〈竟陵王楙傳〉，頁1089。

同時分張集團成員於州鎮，逐漸形成一個事實上以其爲首的政治集團。

二王敗滅、惠帝反正洛陽之後，司馬越成爲唯一足以左右朝政的政治人物。司馬越的成功，肇因於採取了結合州鎮、形成集團的方略。司馬越面對晉末內外政爭、異族入侵和叛亂四起的局勢，循著過去的經驗，依舊採取了擊敗二王的既有方略，欲糾集州鎮勢力以爲因應之道。在這種情形下，琅邪王司馬睿爲司馬越安排於出鎮江東，做爲東海王集團在地方上的奧援之一；司馬睿藉著爲集團分張勢力之由，在王導爲其劃策之下，因緣際會地達成了以江東建立「分陝」的事實，下開東晉建國之先聲。

晉惠帝以後，司馬越最終取得西晉政權，其間他的政治活動過程對於東晉南朝存廢至關重要的「都督」制，影響極爲深遠。《南齊書・百官志》云：「晉太康中，都督知軍事，刺史治民，各用人。惠帝末，乃並任。非要州，則單爲刺史」。〔註104〕自魏至西晉初年，依據慣例，都督與刺史向來都各自任命，不得以一人兼領；惠帝末年，都督兼領刺史成爲制度，此後至東晉南北朝凡爲都督者必兼領所在州刺史一職，幾無例外。〔註105〕這種制度上的鉅大變化，肇因於東海王司馬越結合山東州鎮，形成集體力量以利政治活動的進行，影響深遠。此外，都督兼督數州，形成權力過度集中的現象，也出現在東海王掌握西晉政權之際，而這個現象同樣也延續到東晉南北朝，成爲都督制度中最重要的組成之一。〔註106〕而結合州鎮的政治運作模式，以及跨州都督的產生，都成爲東晉以至南北朝影響地方權重的關鍵因素。

三、「分陝」江左到東晉建國──司馬睿與王導的「分陝之計」

由幕府到朝廷，東晉建立於江東的主要因素，包含了居藩時期的琅玡王司馬睿與王導的交誼，琅邪王氏的家族之計，以及東海王司馬越賦予司馬睿的州鎮要務；簡言之，除了政治的淵緣以及遭逢際會，事實上乃是宗室和一群具有鮮明地域社會背景的士族的相互結合，出於他們避禍的自保意識所造成的政治結果。

西晉末年，作爲政治中心的洛陽，由於屢遭兵燹而殘敗，朝廷所需完全仰賴於各地州鎮給予的支持。在此情形下，「東海王集團」企圖掌握地方，再

〔註104〕《南齊書》卷16〈百官志〉，頁328。
〔註105〕嚴耕望，《魏晉南北朝地方行政制度》上冊，頁88～89。
〔註106〕陳琳國，〈論魏晉南朝都督制〉，《北京師範大學學報（社科版）》1986：4，頁75。

次於州鎮分張勢力，司馬睿即爲「東海王集團」於江東分張勢力的代表人物。司馬越於軍中病薨之後，接著發生了洛陽淪陷、懷帝被擄，朝廷公卿百官或戰歿身亡，或顛沛流離，原來的政治中心瓦解後幾成無政府狀態。以地方爲基礎的州鎮勢力乘時而起，競逐晉末權力樞柄。在洛陽陷沒、州鎮競起之間，出鎮江東的司馬睿及其幕府，在王導等人的傾力翼戴之下，於江東建立起粗具朝廷規模的州鎮幕府，並統率江南各個州鎮，成爲朝廷以外具有實質力量的政治中心，如同總領諸侯的「分陝二伯」，從而獲得朝野推奉，愍帝朝廷授予「分陝」名位，遂使司馬睿及幕府「分陝」江東的政治名實相符，奠定了東晉立國的基礎。

（一）司馬睿出鎮江左的淵緣：司馬越經營江東

司馬睿與司馬越的政治淵緣，最早可推至惠帝永興元年（304）。在朝廷權柄爲諸王把持的背景下，司馬越與遙執朝權的成都王司馬穎決裂，率領朝廷揮軍北討成都王，當時司馬睿參與了司馬越率領的北討軍隊。北討成都王的軍事失敗之後，司馬越、司馬睿相繼回到位於徐州境內的東海國與琅邪國。〔註107〕二王居留徐州期間，司馬越於下邳收兵，可能是基於曾共同北討成都王的經歷，加上二王封國接壤的地緣因素，故依然重用司馬睿以爲輔國將軍。永興二年（305）七月，司馬越與河間王司馬顒和解失敗，於是傳檄山東州鎮，聲言「將西迎大駕」；在此同時，司馬越更以司馬睿爲平東將軍、監徐州諸軍事，代替司馬越本人鎮守下邳，維持根據地徐州。〔註108〕參與「東海王集團」的諸王之中，司馬略、司馬騰和司馬模三王爲司馬越同父兄弟以外，其他宗室僅有司馬睿與范陽王司馬虓二人作爲代表人物。諸王之中，司馬睿未曾有過出居州鎮的經歷，又無父兄，沒有私樹黨援的問題；加以司馬睿輩份較低，司馬越爲其從叔，人單力孤、政治背景單純，正是司馬睿可爲人利用的價值，這些可能就是他獲得司馬越重用的原因。

西晉諸王的政爭，在司馬越成功地「西迎大駕」，相繼誅除成都、河間二王之後，暫告休止。隨之而來的，是趁著西晉內亂的時機，繼起不斷的胡族

〔註107〕永興元年七月，司馬越爲大都督，奉惠帝北討成都王，司馬睿也在其列；不幸敗於蕩陰。司馬越先奔下邳之後歸國，司馬睿更是倉惶歸國；見《晉書》，卷4〈惠帝紀〉，頁102～103；卷6〈元帝紀〉，頁143～144；卷59〈東海王越傳〉，頁1623。

〔註108〕事見《晉書》，卷4〈惠帝紀〉，頁105；卷6〈元帝紀〉，頁144；又，時間據《通鑑》卷86，頁2710。

入侵與人民變亂。對於掌握了政權的司馬越而言，此時他面臨的政治困境：在朝廷之內，得著手收拾諸王政爭留下的殘局，包含政治的、經濟的和軍事的種種問題；另一方面，更須面對來自朝廷之外的變局，試法安輯流民諸胡，以紓平變亂。然而，司馬越無法自擅威權，因為繼位的懷帝並非闇昧的惠帝之流，頗有重振皇帝威權之心，為爭奪權柄兩人形成主相之爭。甫經諸王政爭，顯現澄清有望的西晉政局，因司馬越與懷帝的對立儼然成形，而再度陷入政治動亂之中。

惠帝末年以來，西晉政治的權力，受到都督諸王的挑戰，而諸王所憑恃的力量，即源自政治中心洛陽以外的地方州鎮。洛陽自魏至晉初均為朝廷所在，是權力集中的政治中心，惠帝即位以來經歷外戚之禍與諸王亂政，積儲散失、運道廢棄；更由於西晉以華北為政治中心的廣大腹地，禍亂相仍，兵燹、天災遍及整個北方，導致洛陽政治中心的地位難以為繼。但是，洛陽自東漢以來便為首都，數百年來做為一統王朝的政治中心，象徵著統治的正統性。司馬越奉迎滯留長安的惠帝，策略上須需以洛陽為號召；而在諸王之亂暫告結束之後，仍未因經濟基礎受到破壞而遷都，仍企圖將政治中心置於洛陽。事實上，洛陽已喪失做為政治中心的經濟基礎，原有的糧食乃至各類物資的積儲，以及南北之間的糧食運輸系統，都在諸王亂政的期間被破壞殆盡。司馬越與懷帝間的主相之爭，除了爭奪朝廷的議政與人事任命權力，更由於州鎮成為軍事和經濟資源的淵藪，因而主相之爭的焦點之一便是對州鎮的爭奪。諸州之中，控扼南北漕運的江表諸州，成為爭奪的主要對象；或者可以如此推測，晉末政爭主要戰場之外、相對安定的荊、揚諸州，其地漸受北方政治人物給予相當重視。

司馬越欲鞏固「東海王集團」根據地的山東州鎮，更以全盤的局勢為考量，以便安排形援州鎮的官長，因此調整山東乃至其他州鎮官長的人事安排。司馬越分遣諸弟與宗室出居政治中心周圍的重要州鎮，不僅有藩屏的作用，更含有司馬越勢逼洛陽朝廷的用意。依從司馬越的安排，司馬睿離開集團的根據地徐州下邳，遷鎮江東的揚州建鄴。就位置而言，司馬睿所鎮的建鄴，位置辟處東南，距離政治中心洛陽較遠，此一安排似與司馬越於北方建立抵禦胡族的軍事藩衛，或是以州鎮包圍脅制政治中心均無直接關聯。從司馬越奉迎惠帝期間重視江東的經歷看來，司馬睿出鎮建鄴，應是司馬越著眼於擴大徐州腹地、確保南北漕運暢通的一項重要安排，司馬越遣司馬睿出鎮江東

的另一個原因，吾能是其父祖曾擔當代吳軍事的統帥，餘威猶存。

司馬越領導山東州鎮，對抗關中的河間王之時，原本便曾計劃連和江東，運用當地豐富的物產與人力資源。最初，司馬越受孫惠上書所獻方略中建議他「東命勁吳銳卒之富」的啓發，加上徐州與揚州接壤的地緣關係，開始積極地引用江東俊望人物。〔註109〕

司馬越收兵於徐州，爲擴大反對河間王的力量，就近召用與徐州有地緣關係的江東人物。當時號稱江東「五俊」的丹陽薛兼和吳郡顧榮，司馬越曾引爲參軍、軍諮祭酒。〔註110〕懷帝即位以後，司馬越又引用「五俊」中的另外兩人，丹楊紀瞻和會稽賀循；召拜前者與顧榮入北爲尙書郎，引後者爲太傅參軍。〔註111〕顯見司馬越援引江東物力之心。此外，司馬越原本計劃重用陳敏，以爲分張勢力於江東的代理人物，曾「承制」命陳敏爲右將軍、假節、前鋒都督，並以個人名義致書陳敏，要求他承擔運輸江東「米布軍資」支援山東州鎮的重任。〔註112〕司馬越結合山東州鎮奉迎惠帝，陳敏曾率領揚州「運兵」北上與司馬越會師，合眾約得三萬人，因而「山東兵盛」，「東海王集團」的軍事力量獲得振作，雖然不如討伐趙王司馬倫時義軍動輒數十萬人，但已足夠威脅關中的河間王了。〔註113〕

不過，司馬越引用江東士族的企圖，卻遭到江東人士普遍的消極抵抗。最初，「五俊」之中僅有「首望」的顧榮和薛兼兩人，曾應徵入司馬越幕下。而在陳敏擁據揚州之後，與江東士人甘卓結爲姻親，並假授「江東首望」四十餘人爲將軍、郡守，另起奉迎天子之義旗。〔註114〕顧榮甚至爲其謀議「大事」，認爲司馬越「今日不能復振華夏」，欲陳敏仿「孫（權）、劉（備）之主」的故事，於江東立「鼎峙之計」。〔註115〕司馬越欲援引的江東士族多半投向陳

〔註109〕《晉書》，卷71〈孫惠傳〉，頁1882。
〔註110〕《晉書》，卷68〈薛兼傳〉，頁1832；卷68〈顧榮傳〉，頁1812。
〔註111〕《晉書》，卷68〈紀瞻傳〉，頁1821～1822；卷68〈賀循傳〉，頁1826。
〔註112〕《晉書》，卷100〈陳敏傳〉，頁2614～2615。參見金民壽，〈東晉政權の成立過程－司馬睿（元帝）の府僚を中心として〉，《東洋史研究》48：2（1989.9），頁265。
〔註113〕《晉書》，卷100〈陳敏傳〉，頁2614～2615；，卷59〈東海王越傳〉，頁1623。
〔註114〕《晉書》，卷100〈陳敏傳〉，頁2615～2616。
〔註115〕《晉書》，卷68〈顧榮傳〉，頁1812～1813；「孫、劉之主」，原作「竇氏、孫、劉之策」，此據《通鑑》卷86，頁2715。

敏，司馬越欲使陳敏爲江東奧援的安排形同失敗。然而，這些挫敗並未使司馬越就此打消召用江東人士，進而使江東資實爲己所用的企圖。

光熙元年（306）江東發生陳敏之亂，提供司馬越連結江東士族的機會。最初，司馬越用吳國大臣之後、廣陵華譚爲其軍諮祭酒，陳敏亂起，司馬越使華譚爲其致書江東士族「首望」顧榮等人，書中貶抑陳敏爲「七第頑冗，六品下才」，並責難顧榮等人有辱士族之名，「何顏見中州之士邪！」〔註116〕陳敏並非士族出身，司馬越利用士族鄙薄單家的社會風氣，促使江東士人與「東海王集團」處於同一陣營，平定陳敏之亂。以超越地域界限的士族意識進行政治遊說，使顧榮等人不願爲北方士人目爲「逆賊」，而辱及門戶，於是毅然背棄同爲江東人的陳敏，與周玘、甘卓和紀瞻等共同起兵攻滅陳敏，時間在永嘉元年（307）的年初。〔註117〕

陳敏亂平之後，朝廷隨即詔徵顧榮爲侍中，紀瞻爲尚書郎；司馬越辟周玘及其弟周札、陶侃爲太傅參軍，陸玩爲太傅掾。〔註118〕司馬越又命一同討伐陳敏的吳興錢璯爲建武將軍，率領義軍北上洛陽；又收陳敏餘眾爲己所用，命錢端以爲將軍。〔註119〕周玘爲周處之子，先後率領江東義兵討平揚州石冰、陳敏之亂，周氏爲吳興豪族，宗族強盛，兩晉之間與吳興沈氏並爲江東豪強之最。〔註120〕吳興、吳郡等地，如同後來東晉南朝北府兵所出的京口，當地土民「號爲天下精兵」，至隋代風氣仍舊未歇。〔註121〕司馬越收用陳敏留下的

〔註116〕 華譚與顧榮書，書中所謂「朝廷」云云，實指司馬越：《晉書》，卷100〈陳敏傳〉，頁2617。又，華譚本傳稱，華譚時爲綏遠將軍、廬江內史，與此書署名「東海王軍諮祭酒」不符；然而甘卓於陳敏敗亡後，因爲亂首而遭到追捕，司馬越甚至「下令敢有匿者誅之」；甘卓後因華譚收留而得免，據此推測，司馬越可能因華譚爲其遺書顧榮，而使陳敏陣營自亂有功，所以才免其與甘卓兩人之誅：《晉書》，卷52〈華譚傳〉，頁1453。

〔註117〕 《晉書》，卷68〈顧榮傳〉，頁1813；《通鑑》卷86，頁2726～2727。

〔註118〕 見《通鑑》，卷86，頁2727；周札與陶侃之辟，分見《晉書》，卷58〈周札傳〉，頁1574；卷〈陶侃傳〉，頁16。

〔註119〕 錢璯，見《晉書》，卷58〈周札傳〉，頁1573；錢端，曾爲陳敏攻略江州，後隨司馬越爲將軍，隨軍戰歿：見《晉書》，卷5〈懷帝紀〉，頁122；卷59〈東海王越傳〉，頁1625。

〔註120〕 見《晉書》，卷58〈周札傳〉，頁1572，1573，1575。

〔註121〕 「三吳」之說有三，其中之一以丹陽、吳和吳興合稱，較接近魏晉的情形：見王鳴盛，《十七史商榷》卷45，頁282。西晉末，司馬睿自吳興析出義興一郡，隋朝平陳後省吳興、義興郡，分別併入吳郡和毗陵郡；見《隋書》，卷31〈地理志下〉，頁877，887。

兵眾，以及提拔大批江東豪族以收為己用，合於孫惠建議「東命勁吳銳卒之富」的精神，更說明了此時江東的重要性已大大提昇。

永嘉元年（307）七月，司馬越安排司馬睿遷為安東將軍、都督揚州江南諸軍事、假節，徙鎮建康。〔註122〕同年（307）九月，司馬睿到鎮之後，司馬越即於許昌著手整修千金堨，以便進行南方食糧北輸的漕運，維持政治中心洛陽的糧食無虞。〔註123〕另一個可能的目的，在使漕運洛陽必須經過許昌，司馬越鎮守許昌也就意謂著掌握洛陽糧運之鑰，迫使洛陽朝廷須仰息於司馬越。洛陽、許昌和建鄴三地間的糧運之道，壽春是一個重要的必經之地。運道周圍常設陂堨積儲水源，使漕運四季均能保持暢通，但是陂堨往往潰決，淹沒四周良田，早在咸寧元年（275），應遵、杜預便曾先後上疏，要求改變壽春、宋縣間的運道路線，使漕運改取漢代「舊渠」為運道。〔註124〕當時，壽春其地不但有漢、晉以來陸續修建、溝通南北的新舊運道，更是當時江東揚、江、荊、湘四州米租北運的集散地。〔註125〕西晉揚州都督鎮守江北的壽春，壽春位處長江和淮水之間的平原地區，該地不僅控南北漕運的集散，魏晉以來該地的軍事位置更為重要。然而，此時的都督周馥，卻採取反對司馬越、尊崇懷帝的政治立場，〔註126〕成為東海王集團向江東擴張勢力的一個政治阻礙。

相對於東海王集團於州鎮分張的勢力之外，另有一批反對司馬越、「維正朝廷」的大臣布在朝廷內外。在朝廷之內者，則盡心輔翼懷帝，如中書令繆播等人；在州鎮者盡力支援政治中心，周馥是其中的一份子。永嘉四年（310），周馥直接上書朝廷，認為只有東南之地的揚州，可以做為因應天下變亂的根據地，因此欲迎懷帝遷都壽春。〔註127〕周馥當時的官銜是「鎮東將軍、都督揚州諸軍事」，鎮守揚州江北地區的壽春。因此，司馬越出司馬睿為「安東將軍、都督揚州江南諸軍事」，另一個企圖是削減周馥轄境與權力，使揚州分屬

〔註122〕《晉書》，卷5〈懷帝紀〉，頁117。至於卷6〈元帝紀〉（頁144）與卷65〈王導傳〉（頁1745）記載司馬睿為安東將軍卻仍鎮下邳，與此處記載不同。司馬光《考異》以為應據〈懷帝紀〉；見《通鑑》，卷86，頁2710。

〔註123〕司馬睿於九月戊申才到達建鄴；見《通鑑》卷86，頁2730；千金堨始重修於九月辛亥；見《晉書》，卷5〈懷帝紀〉，頁117。

〔註124〕《晉書》，卷26〈食貨志〉，頁789。

〔註125〕《晉書》，卷61〈周馥傳〉，頁1664。

〔註126〕《晉書》，卷61〈周馥傳〉，頁1663。

〔註127〕《晉書》，卷61〈周馥傳〉，頁1664。

「江北」和「江南」二都督。〔註128〕

（二）司馬睿「分陝」江左與琅邪王氏的關係

司馬睿與琅邪王氏關係密切，對王導的倚重，和兩人的地域關係、社會名望及政治經歷有關；如同司馬越和王衍的關係，兩人爲求提升社會聲望，與鞏固政治勢位，因而相互爲用。〔註129〕

司馬睿配合司馬越針對晉末形勢的安排，但仍在有限的範圍內，計劃自己未來的政治前途。司馬睿政治前途計劃的形成與實現，王導發揮了關鍵的作用。司馬睿曾經自稱，與王導的情誼可比「管鮑之交」。〔註130〕早年的王導，眼見西晉外戚與諸王之亂，「潛有復興之志」，因此「傾心推奉」具有宗室身份的司馬睿，而司馬睿也與王導深交，「契同友執」。〔註131〕兩人素相親善的因素，部份受到地緣關係的影響，因爲王氏家族的鄉里在琅邪國臨沂縣，正是司馬睿封國的所在地；更重要的是，司馬睿與王導各自具有的政治條件，適足以互補兩人在政治上求發展的不足之處。司馬睿爲身份尊貴的宗室，具有政治發展的潛力，而王導則是士族的「佳子弟」，擁有較高的社會聲望與雄厚的家族奧援，這些足以影響政治前途的條件，才是決定兩人交往乃至友善的因素。〔註132〕

最初，王導爲司馬睿所謀劃的第一件大事，便是要使他遠離政治中心的洛陽，返回封國。王導約在永興元年、二年（304～305）間轉入司馬睿幕府；在此之前，王導爲東海王參議軍事，參與司馬越軍謀要略。〔註133〕永興元年（304）七月，司馬越北討成都王兵敗於蕩陰，司馬睿與多數王公大臣一般，被迫留滯河北；在河北期間，仍爲司馬越僚屬的王導便經常「勸令（司馬睿）之國」。〔註134〕據此推測，王導所以轉入司馬睿府，可能出自他個人主動的意

〔註128〕金民壽，〈東晉政權の成立過程－司馬睿（元帝）の府僚を中心として〉《東洋史研究》48：2（1989.9），頁268。

〔註129〕參見田餘慶，〈釋"王與馬，共天下"〉，《東晉門閥政治》，頁8，10，12。

〔註130〕王敦於上元帝司馬睿疏，疏中的追憶之語；見《晉書》，卷98〈王敦傳〉，頁2556。王導於惠帝末年入仕東海王國、參議軍事，可能也是地域因素，因爲東海王國鄰近琅邪王國。

〔註131〕《晉書》，卷65〈王導傳〉，頁1745。

〔註132〕西晉諸王因地域關係，交遊封國境內的士人社群，以獲取社會聲名，是當時盛行的風氣；參考田餘慶，〈釋"王與馬，共天下"〉，《東晉門閥政治》。

〔註133〕《晉書》，卷65〈王導傳〉，頁1745。

〔註134〕《晉書》，卷6〈元帝紀〉，頁143。

願。〔註135〕「之國」的目的地,當然是指司馬睿的封國、王導的本鄉琅邪國。
同一時間,司馬越因戰敗已先返回東海國,目的是收募兵員做為再次參與政
爭的基礎。王導勸司馬睿「之國」應該也是著眼於培植政治實力。促司馬睿
「之國」的因素,首先是王導的影響;另一個因素,則與司馬越的佈局有關。
自從司馬睿參與北討成都王之役,便與司馬越站在同一陣營。因此,司馬睿
返回封國意在積極配合返回東海國的司馬越,以利進行結合山東州鎮、起兵
奉迎惠帝的政治活動。

　　王導原為司馬越幕僚,自東海王幕府轉入琅邪王幕府之後,舉凡「軍謀
密策」都是「知無不為」,全心全意地為司馬睿的每個政治舉措劃策圖謀。永
嘉元年(307),司馬睿「用王導計,始鎮建鄴」。〔註136〕事實上,司馬睿南渡
遷鎮建鄴,主要是通過東海王集團成員之間的商討與促成;〔註137〕其中,王
導與其家族成員,不但促成此「計」,更實際參與,與司馬睿一同來實現這個
計劃。《語林》記載:

> 大將軍、丞相諸人在此時閉戶,共為謀身之計。王曠世弘來,在戶
> 外,諸人不容之。曠乃剔別壁闚之,曰:「天下大亂,諸君欲何所圖謀!
> 將欲告官。」遽而內之,遂建江左之策。〔註138〕

此處的「大將軍」、「丞相」是以東晉建立以後的官歷,分別代稱王敦和王導;
王曠也屬於琅邪王氏,為王羲之的父親。《語林》的作者據稱是裴啓,其人亦
屬東海王集團的成員之一。這一段記載的細節,其真實性雖不無可商榷之處,
但是卻揭示司馬睿南渡一事,實屬琅邪王氏家族計劃的「謀身之計」脈絡下
的產物。《晉書》取用了這段記載所反映的事實,稱「元帝之過江也,(王)
曠首創其議。」〔註139〕而事實上,王曠在西晉末年的職官經歷,也可看出他

〔註135〕司馬睿至下邳,「請導為安東司馬」,可能即出於王導自願:見《晉書》,卷
　　　　65〈王導傳〉,頁1745。
〔註136〕《晉書》,卷65〈王導傳〉,頁1745。
〔註137〕關於司馬睿南渡、遷鎮建鄴的謀議,始倡議者除了王導之外,尚有王曠、東
　　　　海王妃裴氏和顧榮三種不同說法,此事的倡議與贊成其事者都絕非一人所
　　　　為,可視此議為東海王集團的集體性意見;東海王司馬越身後,大體上由王
　　　　導據此議謀輔佐司馬睿,繼續在江東發展。見田餘慶,《東晉門閥政治》,頁
　　　　17～19。
〔註138〕引自《太平御覽》(北京:中華書局景印本,1985年),卷184〈居處部十二‧
　　　　戶〉,頁892～893。
〔註139〕《晉書》,卷80〈王羲之傳〉,頁2093。

與建立「江左之策」一事實有相當程度的關聯。原來，孫惠上書司馬越籲請重用江東的物資人力，爲此司馬越重用陳敏，試圖實現此一政治方略，遂使江東一度成爲東海王集團的勢力範圍。但是，永興元年（304）十二月，陳敏背離了東海王集團，進一步欲驅逐司馬越安排在江東的代表人物—時爲丹楊內史、琅邪王氏家族成員的王曠。〔註140〕陳敏之亂平定後，王曠再次爲司馬越擔負聯絡江東的重任，出爲淮南內史。〔註141〕可能王曠以其長期經營江東的經驗，故倡議王氏諸人安身於江左；在司馬睿徙鎮建鄴之後，王曠依舊保持對安東將軍府政務的高度關心。〔註142〕

王導輔佐司馬睿目的是在江東培植實力，建立統治的基礎；首要之務，在於「廣收俊乂」，辟召更多知名與有才幹的人才。這個舉措的用意，一方面借重他們以推動幕府對江東統治的實際事務，另一方面則是藉著其中享有「重名」或早有威名的士人，以提昇司馬睿的聲望與幕府的政治地位。藉由延攬具社會聲名的士人，以達到提昇領導者的政治聲名和地位，這是西晉以來的社會風氣。

司馬睿幕府所徵辟的俊乂人才，主要還是從士族門第中選取，但是被選取士族的出身地域卻有兩種明顯的分別：其一是所謂的「北人」，乃是因喪亂而南渡的北方魏晉士族，特別是與東海王司馬越有關的公卿、僚佐。其二是所謂「南士」、「吳人」，也就是孫吳以來的江東士族和豪族。江東士人社群之中，最具社會地位與影響力者，首推所謂的「五俊」；「五俊」之中除了廣陵閔鴻之外，其餘顧榮、紀瞻、賀循和薛兼或應司馬越辟召、或者推辭不就。南渡的北方士族與江東士族，除少部份人，泰半曾與西晉末年的東海王司馬越集團有過政治聯繫。以下臚列爲表：

〔註140〕 王曠被逐時的官職，或作丹楊內史，或作丹楊太守，筆者以爲「丹楊內史」較合於當時司馬越欲重視江東的背景；見《晉書》，卷4〈惠帝紀〉，頁106；卷68〈顧榮傳〉，頁1812。〈陳敏傳〉則以「王曠」爲「王廣」。

〔註141〕 王曠爲淮南內史，僅見的材料，時間已在永嘉三年（309）七月；見《晉書》，卷5〈懷帝紀〉，頁119。又，「淮南內史」或作「淮南太守」，筆者以爲司馬越用王曠爲「淮南內史」，用意在加重其職；見《晉書》，卷80〈王羲之傳〉，頁2093。不過，根據筆者檢閱《晉書》發現，經常有同一郡國官長，在列傳與本紀中卻有「內史」與「太守」的相異記載；推測可能是唐人修撰《晉書》，列傳與本紀出自不同編撰者之手，又未進行精審的考校，才造成這樣的結果。

〔註142〕 見《三國志・魏志》，卷23〈裴潛傳〉，頁2674，裴注引《晉諸公贊》。

表 一

姓 名	出身地域	與司馬越關係	南渡後初仕	資料出處
王 導	琅邪臨沂	參東海王軍事	安東司馬	晉書 65
王 廙	琅邪臨沂	太傅掾，轉參軍	安東司馬	晉書 76
裴 邵	河東聞喜	司馬越妻兄弟	安東長史	晉書 35
王 承	太原晉陽	太傅記室參軍，本州大中正	鎮東從事中郎	晉書 75
傅 敷	北地泥陽	太傅參軍	鎮東從事中郎	晉書 47
周 顗	汝南安成	太傅參軍，東海王世子鎮軍長史	安東軍諮祭酒	臧榮緒晉書，北堂書鈔引 晉書 69
阮 孚	陳留尉氏	太傅騎兵屬	安東參軍	晉書 49
謝 鯤	陳國陽夏	太傅掾，轉參軍	左將軍王敦長史	晉書 49
胡毋輔之	泰山奉高	太傅右司馬	安東軍諮祭酒	晉書 49
鄧 攸	平陽襄陵	東海王參軍，轉世子文學	太子中庶子	晉書 90
顏 含	琅邪臨沂	太傅參軍	安東參軍	晉書 88
卞 敦	濟陰冤句	曾為太傅主簿，出補汝南內史	鎮東祭酒，不就；後為王敦鎮東軍司	晉書 70
鍾 雅	潁川長社	東海王參軍	丞相記室參軍	晉書 70
光 逸	樂 安	太傅辟	補軍諮祭酒	晉書 49
趙 穆	汲 郡	太傅參軍	晉明帝師	世說新語賞譽第八，劉注引趙吳郡行狀
杜 軫	蜀郡成都	參太傅軍事	王敦表為益州刺史	晉書 90
顧 榮	吳國吳縣	東海王軍諮祭酒	安東軍司	晉書 68
薛 兼	丹 陽	東海王參軍，轉祭酒	安東軍諮祭酒	晉書 68
甘 卓	丹 陽	曾為太傅參軍	前鋒都督，揚威將軍，歷陽內史	晉書 70
戴 淵	廣 陵	曾轉東海王軍諮祭酒	鎮東右司馬	晉書 69
沈 陵	吳興武康	太傅從事	鎮東參軍	宋書 100
陶 侃	廬江尋陽	曾參東海王軍事	加奮威將軍	晉書 66

　　而未就司馬越辟召，後來卻投赴司馬睿者，此處也視為與司馬越曾有某種聯繫者，見下表：

表 二

姓　名	出身地域	與司馬越關係	南渡後初仕	資料出處
羊　曼	泰山南城	太傅辟，不就	鎮東參軍	晉書49
祖　逖	范陽遒縣	太傅典兵參軍，濟陰太守，未就	徐州刺史，徵軍諮祭酒	晉書62
郗　鑒	高平金鄉	太傅辟爲主簿，舉賢良，不行	假授龍驤將軍，兗州刺史	晉書67
庾　亮	穎川鄢陵	辟太傅掾，不就	鎮東西曹掾	晉書73
賀　循	會稽山陰	太傅參軍，不起	鎮東軍司，不起;丞相軍諮祭酒	晉書68
周　玘	義興陽羡	太傅參軍，不行	倉曹屬	晉書58
周　札	義興陽羡	太傅參軍，不就	寧遠將軍，歷陽內史，不就；轉丞相從事中郎	晉書58

　　琅邪王氏家族是南渡的北方士族中，規模較大而具有相當影響力者。司馬睿徙鎮建鄴後，王敦從弟王舒「因與諸父兄弟俱渡江委質焉」，〔註143〕南渡建鄴的王氏家族人數，相當可觀。〔註144〕宗室南渡者有司馬睿及其六子司馬紹、司馬裒、司馬沖、司馬晞、司馬煥、司馬昱，〔註145〕以及其他四位宗王：汝南王司馬祐、西陽王司馬羕、南頓王司馬宗、彭城王司馬雄，以及譙王司馬承，總共十二人。宗室成員的人數即便納入宗室諸子，聲望上依舊不敵人多勢眾的王氏家族。司馬睿爲安東、鎮東將軍期間（307～311），也就是南渡初期，特別重用原琅邪王國的地域人士，此時便已安排王氏掌握兵權：

　　　　于時王氏爲將軍，而〔諸葛〕恢兄弟及顏含並居顯要，劉超以忠謹
　　　　掌書命，時人以帝善任一國之才。〔註146〕

王氏子弟南渡，司馬睿初鎮江東時入仕幕府，可考者如下：〔註147〕

〔註143〕《晉書》，卷76〈王舒傳〉，頁1999。
〔註144〕王敦反叛，司馬睿欲盡誅「諸王」，王導曾囑託周顗「以百口累卿」，司馬睿所能誅除諸王僅限於居住下游揚州者，隨王敦在上流者則非其能力所及；見《晉書》，卷69〈周顗傳〉，頁1853。
〔註145〕《晉書》，卷64〈元四王傳〉，頁1725。
〔註146〕《晉書》，卷77〈諸葛恢傳〉，頁2042。
〔註147〕另收王敦、王導弟爲僧人者二人。

表 三

姓　名	家族關係	南渡後初仕職官	資料出處
王　澄	王衍弟	荊州刺史、都督、持節，領南蠻校尉	晉書卷 43
王　敦	王衍族弟	揚州刺史，加建武將軍	晉書卷 98
王　含	王敦兄	豫章太守	晉書卷 98
王　應	王含子	不詳	晉書卷 98
王　導	王敦從弟	安東司馬	晉書卷 76
釋道寶	王導弟	未出仕	高僧傳卷 4・義解一
王　廙	王敦從弟	安東司馬，守廬江、鄱陽二郡太守	晉書卷 76
王　彬	王廙弟	鎮東賊曹參軍，轉典兵參軍	晉書卷 76
王　棱	王敦從弟	丞相從事中郎	晉書卷 76
王　舒	王敦從弟	鎮東參軍，補溧陽令	晉書卷 76
王　邃	王敦弟	徐州刺史、都督	世說新語・賞鑒第八，劉注引王邃別傳
王季仲	王敦弟	不詳	晉書卷 98
竺法潛	王敦弟	未出仕	高僧傳卷 4・義解一

　　在南北士族之中，代表王氏家族積極參與司馬睿幕府政務的王導，早年便與司馬睿素相友善。而司馬睿離開洛陽返回封國，以及遷鎮建鄴，這些重要大事的決定無一不受王導影響。鑒於西晉政爭之亂，王導早有匡復朝政的心志，因此藉著司馬睿的身份條件，王導一步步地具體實現其「復興之志」。南渡江東後，隨著政治環境的改變，遂奠立王導輔佐司馬睿「分陝」江東的事業。

　　司馬睿徙鎮建鄴以後，江東「吳人不附」，無論士族、豪族，及至平民百姓「莫有至者」，王導擔心這樣的情形不利於司馬睿和幕府立足江左，因爲司馬睿「名論猶輕」，在北方名士和宗室諸王之中名素不著，地位顯得並不特別貴重；加上江東經歷石冰、陳敏之亂不久，吳人政治效忠動向未明，才造成這種情形。

　　王導似乎安排了一場，甚至是一系列盛大的政治造勢活動。此一政治活動的重點，在借重王導、王敦群從兄弟以及各個北方「名勝」的士族，使司馬睿在名望上獲得他們的支持進而提昇；尤其塑造出司馬睿爲北方士女歸心的政治領袖，具備王者之儀。簡言之，王導的目的在於突顯司馬睿的名望與地位，均高於王氏等北方著名士族人物。受到王導爲司馬睿政治造勢活動的影響，江東士族「首望」的紀瞻、顧榮等人因此逐一投入司馬睿幕下，王導更向司馬睿舉荐「江南之望」的顧榮、賀循，進一步運用二人的名德號召江

東人士爲效命幕府。於是，司馬睿先後辟召顧榮、賀循二人，「由是吳會風靡，百姓歸心焉」，江東士族遂對司馬睿「漸相崇奉」，司馬睿與幕府乃至江東士族之間的「君臣之禮始定」。〔註148〕王導所安排的南渡士族尊崇司馬睿的政治故事，反映了南渡之初，司馬睿及幕府與江東士族之間的疑慮之心，在王導確定了司馬睿與江南士族的「君臣」關係，也因而才能確立司馬睿成爲江左最高政治人物的地位。

《晉書・元帝紀》載王導所促成的這個轉戾點後的情勢：「以顧榮爲軍司馬，賀循爲參佐，王敦、王導、周顗、刁協並爲腹心股肱，賓禮名賢，存問風俗，江東歸心焉。」〔註149〕在擊滅不服幕府之命的江州刺史華軼，這一件東晉立國以前關係江東發展的重要大事之後，司馬睿以「豫討華軼」之功，廣封參議其事者。今所見者有王導、庾亮、庾冰、王彬、紀瞻、賀循、顧眾、陸曄、孔愉十人，十人中除了王導以下四人，其餘紀瞻以下六人都是「吳人」，超過封侯者的一半。這個比例顯示了吳姓士族在討伐華軼的過程中，占有舉足輕重的地位。而江州爲江東地域的一部，勢居揚州上游，司馬睿幕府重視江州事務，更重視吳人對幕府處理江東地域內的政治問題的態度；而此諸人又都名列「百六掾」。〔註150〕換言之，在南渡北士與江東吳人的合作下，幕府才得以逐漸建立統治江東的基礎。幕府在事實政權稍有基礎而得以粗立，在事實上形成「分陝」於洛陽、長安以外的政治中心。

政治上結好江東地域人士的同時，司馬睿及幕府也展開了「遣諸將分定江東」的軍事行動。所謂「定江東」並非全爲殺平叛亂，實爲翦除江左與東海王集團立場不同者，也就是可能危害司馬睿及其幕府者。

永嘉四年（311），東海王率眾出許昌，立「行臺」——臨時性的政治中心以自隨。同年十一月，揚州都督周馥等上請表迎懷帝遷都壽春。次年正月，司馬睿遣揚威將軍甘卓等敗揚州都督周馥於壽春。〔註151〕永嘉六年復遣揚州

〔註148〕參見《晉書》，卷65〈王導傳〉，頁1745～1746。
〔註149〕《晉書》，卷6〈元帝紀〉，頁144。
〔註150〕分見《晉書》卷65，頁1749；卷73，頁1915、1927；卷76，頁2005；卷68，頁1820；卷68，頁1828；卷76，頁2015；卷77，頁2023；卷78，頁2051。
〔註151〕聯名上表者，除了周馥尚有裴憲、祖納、華譚、孫惠等三十人，欲使王浚、苟晞爲懷帝遷都前導。然而，周馥直接上書苟晞而未知會遙執朝權於外的司馬越，加以當時司馬越與苟晞不睦，因此司馬越使淮南太守裴碩攻周馥；爾後司馬睿又遣甘卓等將領攻走周馥。周馥上疏時間，根據《晉書》，卷5〈懷

刺史王敦都督甘卓、周訪等擊斬江州刺史華軼，同時不受司馬睿之命的前北中郎將裴憲則北奔幽州。〔註152〕周馥、華軼等人，在司馬越棄洛陽而去之後，均與東海王集團採取不合作的態度。司馬睿既爲東海王集團的成員之一，又受王導輔佐在江東培植政治實力，遂逐一排除江左的政治異己。

（三）「分陝」江左的實現：由幕府到朝廷

永嘉五年（311）三月，東海王司馬越病薨於軍中，西晉王公十餘萬人戰歿於軍中，宗室諸王四十八人沒於石勒；接著政治中心的洛陽於六月淪陷，王官士庶三萬多人遭到殺害，懷帝被擄往平陽。〔註153〕一時之間，晉末政檀呈現中樞無主的狀態。逃出洛陽的司空荀藩、司隸校尉荀組等人爲免晉人的政治秩序就此瓦解而造成西晉的立即滅亡，於是移檄各地州鎮共同推立宗室、都督揚州江南的琅邪王司馬睿爲「盟主」。〔註154〕司馬越號召山東州鎮以奉迎惠帝，被推爲「盟主」而獲得「分陝」於朝廷之外，進而取得西晉實質最高的權位，在此之後，司馬睿是第一個獲得晉人普遍承認的「盟主」，此一身份意謂著司馬睿取得了一人之下、萬人之上的專制權力與地位，得以代行皇帝的權力，而建康幕府也由地方政府性質的州鎮，成爲居於諸州鎮之上的「盟府」，躍升成爲全國性的政治中心。於是司馬睿挾此地位與權力，「承制署置百官、改易長史」，在江東地域積極建立以其爲中心的政治新秩序。〔註155〕

洛陽陷沒後，具備號召晉人的望實人物，有機會成爲政治中心的州鎮，除了司馬睿所在的揚州以外，尚有王浚所在的幽州、太子司馬詮與荀晞所在的兗州、南陽王司馬保所在的秦州、張寔所在的涼州和秦王司馬鄴所在的長安。太子司馬詮本應在懷帝之後即位，但是司馬詮爲懷帝所立，此時由司馬越的政敵荀晞所輔翼，因此未能獲得原東海王集團在各地州鎮勢力的擁戴，

　　帝紀〉，頁 121；其內容與經過，見同書，卷 61〈周馥傳〉，頁 1664。
〔註152〕《通鑑》繫於永嘉五年，見該書卷 87，頁 2766。華軼在江州仍不斷向洛陽貢獻，懷帝曾向江州使者表示若洛陽道斷，可貢獻於琅邪王。華軼以己爲懷帝所命，受壽春的周馥都督，況且洛陽尚存，故不奉元帝教令；後因不受元帝承制之盟命，而爲王敦等攻滅，其事當在永嘉六年六月洛陽失守、元帝被推爲盟主之後；見《晉書》，卷 61〈華軼傳〉，頁 1672。
〔註153〕《晉書》，卷 5〈懷帝紀〉，頁 122～123。
〔註154〕《晉書》，卷 5〈懷帝紀〉，頁 12；卷 6〈元帝紀〉，頁 144。
〔註155〕「署置百官、改易長史」，《魏書》作「輒改郡縣，假置名號」，說明司馬睿以更動州鎮僚屬，甚至更動郡縣官長，以達成控制地方之目的；見該書，卷 96〈僭晉司馬叡傳〉，頁 2092。

不久為石勒俘擄，遂失去成為政治中心的可能性。同時，關西地域人士排擠關東人士，擁秦王司馬鄴至長安，秦王隨後即位為愍帝。〔註156〕

愍帝並非司馬睿和司馬保、王浚、劉琨、張軌等各方州鎮勢力所一同推立的共主，而是少數關西地域人士所脅立的傀儡。〔註157〕就握有的實際權力和地位而言，司馬睿於江東主盟號令南北，遠遠甚過侷促於長安的愍帝。愍帝朝廷的政治聲望，威令不出關中，不足以使長安成為全國的政治中心；長安的經濟條件和軍事力量，不僅不足以支持愍帝朝廷，更無據長安以匡復西晉的可能。《晉書》描述愍帝朝廷的窘境：

> 永嘉之亂，天下崩離，長安城中戶不盈百，牆宇積毀，蒿棘成林。
> 朝廷無車馬章服，唯桑版署號而已。眾唯一旅，公私有車四乘，器
> 械多闕，運饋不繼。〔註158〕

儘管長安朝廷屢遭兵禍，但是「諸侯無釋位之志，征鎮闕勤王之舉」，〔註159〕根本原因在於，愍帝並非四方同心推戴的共主；長安朝廷與其說是全國性的政治中心，反倒更具有地方政權的色彩。

司馬睿及南陽王司馬保二王不僅是當時掌握一方、望實兼隆的宗王，而且，二王均屬於原東海王集團的核心人物，在司馬越死後，順理成章地成為集團中地位與聲望最高者。愍帝借周、召二公「分陝」故實，授二王以「分陝」之任，除了表達團結宗室之意，更寓有藉二王以號召州鎮勢力以共濟長安朝廷的企圖。於是建興元年（313），愍帝於長安即位不久，便加司馬睿為「侍中、左丞相、大都督陝東諸軍事」，同時居鎮上邽的南陽王司馬保為「右丞相、大都督陝西諸軍事」；一年後的建興二年（314），又進司馬睿位為丞相、大都督中外諸軍事。〔註160〕

愍帝即位後，一年內先後兩度下詔給司馬睿，不僅顯示長安朝廷力量微弱，更反映出司馬睿幕府力量與江東地位的提升。其一云：

> 朕以幼沖，纂承洪緒，庶憑祖宗之靈，群公義士之力，蕩滅凶寇，
> 拯拔幽宮……昔周邵分陝，姬氏以隆；平王東遷，晉鄭為輔。今左
> 右丞相茂德齊聖，國之昵屬，當恃二公，掃除鯨鯢，奉迎梓宮（懷

〔註156〕
〔註157〕參見《晉書》，卷5〈愍帝紀〉；卷61〈索綝傳〉、〈賈疋傳〉。
〔註158〕《晉書》，卷5〈愍帝紀〉，頁132。
〔註159〕《晉書》，卷5〈愍帝紀〉，頁132。
〔註160〕《晉書》，卷6〈元帝紀〉，頁144。

帝），克復中興。

愍帝以行輩晚於司馬睿故自居「幼沖」，以司馬睿和南陽王二王比爲「二公」，而且強調二王爲「國之昵屬」，如同周代的「周邵（召）」及「晉鄭」諸公，以宗室身份翼戴王室。〔註161〕另一僅授予司馬睿一人的詔書中則云：「公宜鎮撫〔洛陽〕，以綏山東，右丞相當入輔弼。追蹤周邵，以隆中興也。」特別提到司馬睿：「公茂德昵屬，宣隆東夏，恢融六合，非公而誰！」〔註162〕所謂「東夏」實指山東，與司馬睿所督的「陝東」所指的地域是約略相當的。這兩份詔書一方面表示了長安朝廷未獲普遍公認，愍帝「其爲天子也，非諸王之所共戴」，繼位的程序問題使愍帝無法號令州鎮；另一方面長安朝廷虛弱，軍實人力都不足以抗衡劉氏，也無法不承認司馬睿「分陝」於江左的地位與形勢。因此，愍帝連下詔書，以皇帝握有的名位企圖換取州鎮諸王支持，故請求南陽王與司馬睿率師分向長安和洛陽，正如船山所云「此危急存亡相須以濟之時也」，長安朝廷無法獨撐大局，極需司馬睿等晉臣在江左等地人物資力的援助。〔註163〕

建興元年八月癸亥（313），愍帝所派遣的使者劉蜀、蘇馬等人攜帶這兩份詔書到達建鄴，司馬睿接到詔書的當時立即「改建鄴爲建康」以避愍帝諱。〔註164〕愍帝和司馬睿之間的互動，愍帝以名位授以司馬睿，意謂承認了司馬睿幕府於江左近乎自立的「分陝」之實，司馬睿則回應愍帝，承認愍帝與長安朝廷的共主地位。長安、建康兩處政治中心相互承認，確立政治上的主從關係之後，建興三年（315）二月丙子，司馬睿更接受了愍帝所授丞相、大都督中外諸軍事的職務，進一步確立專權於朝廷之外的「分陝」地位。〔註165〕

〔註161〕《晉書》，卷5〈愍帝紀〉，頁126。在愍帝詔書中，同時籲請幽州的王浚、隴右的南陽王和江左的元帝，三路分別出兵，此三人都是原東海王集團的組成分子；由此可見晉末僅存的方鎮實力人物與格局，都與東海王的安排有密切關係。

〔註162〕《晉書》，卷5〈愍帝紀〉，頁127。

〔註163〕由於愍帝並非原來的東海王集團直接擁立者，懷帝因爲東海王棄於洛陽而遭禍。愍帝恐怕是鑒於懷帝與東海王間君相不協，故特別發詔予東海王集團的元帝和南陽王。王夫之以愍帝並非諸王共立，見《讀通鑑論》（長沙：嶽麓書社，1988年，船山全書本）卷12，頁461。元帝和南陽二王原先並未承認愍帝，意謂愍帝未獲東海王集團支持，故其下詔使二王擬周二公之分陝，不僅寵以虛名，實求換取二王的支持。

〔註164〕《晉書》，卷5〈愍帝紀〉，頁127。

〔註165〕《晉書》，卷5〈愍帝紀〉，頁129。

司馬睿之外的宗室南陽王保，其父司馬模爲東海王越四弟，永嘉初出鎮
關中，爲晉末專制政局的東海王集團中的重要人物。模兵敗遇害，保於上邽
繼父爲南陽王，保全秦州。他與司馬睿都可視爲原東海王集團的成員，而且
是僅有的一二「宗室之望」，故愍帝詔命其爲右丞相、侍中、都督陝西諸軍事，
後進位相國，形式上也具有「分陝」之名。然而司馬保的力量有限，且與割
據涼州、物力厚實的張寔不協。司馬保於愍帝遇害後也自稱晉王，並遣使拜
張寔爲征西大將軍，終爲其所拒而敗亡。〔註166〕

當時，除了司馬保、司馬睿曾受「分陝」之任，尙有涼州刺史張寔，愍
帝曾委以「都督陝西諸軍事」。事在劉曜侵逼長安之際，已在司馬睿與南陽王
「分陝」之後。當時涼州資實尙充，地理位置又在長安以西，愍帝原意在司
馬保「當入輔弼」之後，由張寔承擔長安以西的藩屏重任。但是由現存文獻
來看，司馬睿因其所在、實力及其與司馬越的關係，「分陝」之任應有使其維
繫司馬氏天下之意。建興四年（317），長安陷落前愍帝下詔張寔，稱「朕以
詔王（司馬睿），時攝大位」，要求其輔佐司馬睿重建晉室。〔註167〕

對司馬睿而言，在立足江東的事實基礎上，掌握實質權力割據一方，又
取得了朝廷正式授予的名位，既有專制的事實又獲得專制之名位，名實相互
配合，於是司馬睿積極展開「遣諸將分定江東」，擴張「分陝」於江東的地域
基礎。司馬睿江東政權由粗立到積極發展，正是所謂的「王茂弘爲分陝之計」，
王導對江左之功厥偉。〔註168〕這就是兩晉之間以宗王進行的最後一次「分陝」
政治，皇帝將治理天下的權力授予「二伯」，治理一方軍國之務。

結　論

晉惠帝即位以來發生的諸王之亂，造成惠帝與朝廷經常播遷於外，受到

〔註166〕《晉書》，卷37〈南陽王模傳附保傳〉，頁1098～1099；同書，卷86〈張寔
　　　　傳〉，頁2229～2230。
〔註167〕愍帝付元帝和南陽王詔，冀徵「右丞相當入輔弼」，雖然《晉書》並未記載南
　　　　陽王保就入徵一事的取決，陝西之任是不可能分寄二人的。而愍帝於出降前
　　　　詔元帝將攝帝位，反映了愍帝早已認識到元帝立足於江左的實質意義。而懷
　　　　帝亦曾表示，洛陽若受困，江州貢賦可獻於建鄴的元帝。二帝均不爲一人之
　　　　天下，而爲司馬氏之天下，故屬意元帝。分見《晉書》，卷86〈張寔傳〉，頁
　　　　2227～2228；卷61〈苹軼傳〉，頁1672。
〔註168〕《晉書》，卷6〈元帝紀〉，頁144。又，見《晉書》，卷86，頁2228～2230。

都督州鎮的宗王挾持以號令天下，不受號令或具有攘奪朝權野心的宗王，遂奮起與之相抗。因此形成惠帝末年成都王司馬穎、河間王司馬顒和東海王司馬越，各自擁據地方州鎮，並結合州鎮的形成集體勢力，分別形成朝廷以外的政治中心而相互對峙，專擅於地方竊奪天子之權，竭天下之資傾力爭奪權柄。

司馬越在三王相爭之中，原本全無州鎮勢力作為基礎而居於劣勢；後來，積極採取聯合州鎮勢力的方略，形成以其為中心的同盟，以「二伯」之姿，造成分裂西晉天下而分治的局面。司馬越於西晉末年的政爭之中，最終挾著擁據一方的實力成功擊敗成都、河間二王，卻也吞食了諸王亂政的惡果。司馬越結合州鎮形成集體勢力，也就是本文所謂的「東海王集團」。此一集團乃是州鎮勢力的結合體，以宗室諸王為集團的核心成員，進而結合其他士族的力量，以聯合各個州鎮的政治實力為基礎，取得了與朝廷並列為政治中心的地位，形成了「分陝」政治。

司馬睿憑借與司馬越的政治關係，取得了出鎮江東的機會；進一步在琅邪王氏家族的協助，逐漸取得實質的權力基礎，於朝廷之外、另立政治中心。最終，以擁據一方的實力，獲得了西晉最後一個朝廷授予「分陝」之名，在西晉滅亡之後由分享權力的地方州鎮，一躍而為新的政治中心，建立了東晉。司馬睿由出鎮江東的「幕府」，經過同盟共推的「盟府」，再到晉王「王府」，終於成為東晉「朝廷」的一連串政治過程，反映了司馬睿勢力的擴大。而司馬睿由司馬越分張於外的眾多州鎮官長之一，脫穎而出，形成以其為首的政治集團，進而「分陝江東」，獲得了愍帝朝廷的承認為朝廷以外的政治中心。由司馬越到司馬睿的「分陝」政治，體現了所謂「分陝」政治所具有的分權傾向，二王先後以總統地方州鎮官長的姿態，獲得專制地方、兼統諸州郡的名位，並以幾乎同於皇帝的專制權力統治地方，成為日後東晉南朝憑藉州鎮勢力與朝廷抗衡的政治運作模式－即本文所稱的「分陝」政治的主要形式。

第三章　東晉初年「分陝」政治的形成與發展

前　言

　　西晉末年司馬睿「分陝」於江東，建立外於懷、愍二帝朝廷的政治中心，在此之後，於東晉政權之下與所轄地域之內，雙重範圍內形成了不同於西晉時期的「分陝」政治。本章的主旨之一，在於論述此一「分陝」政治的形成，以及初期「分陝」政治的實態與受任「分陝」的政治人物。它有別於西晉後期乃至末年的「分陝」，而以士族代表人物爲地方州鎮都督、干預東晉政治中心爲其運作的主要形態，與司馬睿以宗王身份，都督州鎮、受命西晉政治中心的形態略有所別；就實質而言，獲得「分陝」名實之人，從王敦乃至劉裕，幾乎均有專制朝權乃至僭越之心。本章的另一個主旨，著重討論明帝的集權政策、經過，以及「分陝」政治與地方分權趨勢的變化。

一、王敦與東晉「分陝」政治的形成

　　晉元帝司馬睿於江左建立東晉政權，逐漸穩定地發展，主要是獲得了王敦、王導及其家族，在政治和軍事方面的傾力支持。相對而言，王氏家族藉由司馬睿的正統地位和號召力而位極人臣；尤有甚之者，更獲得了有過之而無不及的權力。時人稱這種政治關係爲「王與馬，共天下」。〔註1〕換言之，這句話反映了司馬睿尊爲天子，象徵著政治意義的不可動搖的正統性；而王

〔註1〕　《晉書》，卷98〈王敦傳〉，頁2554。

氏家族則藉著司馬睿的政治身份，獲致了關鍵性的實質權力。〔註 2〕君臣之間的關係固然是一種權力和名位的安排，更涉及權力的來源及其性質；東晉君臣間的權力之爭與爭奪的方式，追溯其源始於兩晉之交，以當時非常的政治形勢爲背景，司馬睿與王氏家族的互動，形成了特殊的君臣關係。

西晉末年，東海王司馬越、愍帝與兩人所在的州鎮，先後成爲西晉的最高政治人物與政治中心。司馬越安排司馬睿都督揚州、出鎮建鄴，以及愍帝特授其「分陝」權力與相應名位，都是積極分張勢力於地方州鎮的表現，以取得地方輔翼政權爲目的。司馬睿及其幕府，實爲當時政權分張於地方的勢力之一。

相對地，作爲江東地域最高政治人物與政治中心，司馬睿及其幕府立足於揚州的建鄴，如同司馬越與愍帝一般必需分張勢力，以獲得江東其它地域在政治、經濟等各方面對幕府的支持。所謂「遣諸將分定江東」，以軍事和政治的手段討伐或降服叛亂與不從，亦即幕府分張勢力於江東州鎮的方式。〔註 31〕司馬睿幕府爲了戡定並分張勢力於江東，需要代理幕府以總統在外軍事與政治的代表人物，由幕府最高官長的司馬睿，授予其人在外所需的權力和相應名位，一如君主將地方軍民大權委授大臣。當時這種內外軍政分離的政治安排，普遍見於西晉末年的各地州鎮。〔註 4〕就江東的揚州幕府而言，司馬睿鎮守政治中心爲「君」，王敦則爲在外受爪牙託付之「闈外之臣」。

（一）琅邪王氏的「霸業」與王敦出居方鎮

永嘉元年（307），司馬越使王衍之弟王澄與族弟王敦，分別出爲荊州、青州刺史。〔註 5〕原本，王敦等人出鎮荊、青州，和司馬越出司馬睿居鎮揚州，各爲東海王集團分張勢力的方略之一。當時，此一方略既受司馬越結合山東州

〔註 2〕 田餘慶以爲「王與馬，共天下」一語反映的元帝與王氏，君臣之間「不再是指裂土分封關係；而是指在權力分配和尊卑名分上與一般君臣不同的關係」；見氏著，《東晉門閥政治》，頁 3。

〔註 31〕 《晉書》，卷 6〈元帝紀〉，頁 144。

〔註 4〕 如益州刺史趙廞割據益州，以己鎮守益州的地方政治中心成都，使流民帥李庠爲威寇將軍，鎮守於外；其長史杜淑便曾議論這種政軍分別之不當：「將軍起兵始爾，便遣李庠握強兵於外……倒戈授人，竊以爲不可」；見《晉書》，卷 120〈李特載記〉，頁 3023。

〔註 5〕 永嘉元年（307），司馬略由青州都督、刺史遷爲鎮南大將軍、荊州都督，王敦應繼其之後出鎮青州；見《晉書》，卷 43〈王衍傳〉，頁 1237；卷 98〈王敦傳〉，頁 2554。

鎮、奉迎惠帝的經驗影響，更與琅邪王氏的代表人物王衍，有密不可分的關聯。東海王集團掌握州鎮的方略，主要目的在使集團成員爲集團取得控制人力物資所出的州鎮，並且從地方包圍朝廷，對政治中心施予政治壓力。〔註6〕

　　然而，就王衍及其家族而言，此一方略又可爲家族分張勢力，建立「霸業」的基礎。王衍久處政治中心，又親身經歷了諸王之亂，最後成爲司馬越的腹心而留守洛陽，對朝廷的最新形勢必然有所瞭解，即使他向來「不以經國爲念」，〔註7〕都明顯地發覺到「王室將卑」的一天即將來臨。出於深切的憂慮，王衍向王澄、王敦表示自己爲家族發展的考慮：

　　　今王室將卑，故使弟等居齊、楚之地，外可以建霸業，內足以匡帝
　　　室，所望於二弟也。〔註8〕

雖然「齊、楚之地」的青、荊二州，重要性不如曹魏以來的鄴城、長安和許昌等主要軍鎮，但是「荊州有江漢之固，青州有負海之險」，並爲形勝之地；二州的位置，更與司馬越的根據地徐州及司馬略所督荊州北部接壤，並有形援之勢。二州當時並無集團成員居鎮，於是王衍得使二弟出鎮，自己則爲司馬越留守政治中心的洛陽，欲使三地均有成爲家族勢力根據地的可能性，因此將三地喻爲王氏的「三窟」。〔註9〕由琅邪王氏家族的角度而言，王敦出鎮青州是所謂的「門戶大計」（語出《晉書・衛玠傳》），負有謀求發展家族勢力的任務，正是王衍所謂的「霸業」。

　　與王敦同樣負有王氏「門戶大計」的王澄，雖爲王衍親弟，在荊州卻不見王氏家族來奔。王澄在荊州不親理政務，甚至對「寇戎急務」也是如此，既與荊州土民不睦，又無法妥善解決境內巴蜀流民的問題。劉曜與石勒率軍圍攻洛陽之際，王澄又藉口洛陽之圍非荊州「一州所能匡禦」，造成荊州州府與士民上下離心，素有美名的王澄「望實俱損」。〔註10〕王澄在荊州不能和輯上下，既無法成就「霸業」，又怯於率軍勤王，不能建立「匡濟帝室」的大功，遂使家族成員不敢奔赴，而使王衍以荊州爲「三窟」之一的企圖完全失敗。

〔註6〕　參見本章第二節。

〔註7〕　《晉書》，卷43〈王衍傳〉，頁12。

〔註8〕　見余嘉錫撰，《世說新語箋疏（修訂本）・簡傲第二十四》，頁770，劉孝標注引《晉陽秋》。王敦先鎮青州或揚州，說法不一。根據《晉書》記載，以先爲青州刺史，後遷揚州刺史；參見《通鑑》卷86，頁2732，司馬光《考異》；田餘慶《東晉門閥政治》，頁13，註1。

〔註9〕　《晉書》，卷43〈王衍傳〉，頁1237～1238。

〔註10〕　《晉書》，卷43〈王舒傳〉，頁1240～1241。

反觀王衍安排於青州的王敦，卻逐漸與東海王集團中的核心成員－司馬睿親
近，開展仕途，從而達到了王衍「門戶大計」之目的。以下述論王敦在永嘉
年間的經歷。

（二）王敦崛起的條件：「資名」官場經歷與名望

王敦於光熙元年（306）受命爲刺史，永嘉元年（307）被徵入洛陽，在
青州爲時甚短。〔註11〕由於青州與徐州接壤，治所臨淄緊鄰王氏鄉里所在的
琅邪國，許多王氏家族的親友，例如王敦的從弟王舒，都在這個時期奔赴青
州；後來王敦徵赴洛陽時，遺留下來的輜重珍寶遭到「親賓無不競取」，「親
賓」中的「親」包括了王舒一輩的王氏家族成員，可以作爲證明。〔註12〕不
久，永嘉三年（309），王衍又進說司馬越，使王敦出爲揚州刺史。〔註13〕揚
州刺史受揚州都督的節制，制度上王敦從此受命於司馬睿，兩人政治關係的
緣淵從此展開。

王敦初任揚州刺史之後，可能便已遷居建鄴，繼任的刺史劉陶其治所卻
與都督周馥同在壽春。〔註14〕王、劉二人與司馬睿及周馥的政治關係並不相
同；王敦兩度爲揚州刺史，先後承司馬越和司馬睿之命，而且王敦爲司馬越
腹心之臣王衍的族弟，又是司馬睿南渡計劃的主要參與者；劉陶出爲揚州，
任命者及始末時間史未詳言，劉陶承奉江北都督周馥之命，而有挾私怨釋放
華譚一事，但是未見其承奉時爲江南都督的司馬睿任何教令。〔註15〕由此推
測，劉陶與周馥關係較近，王敦則與司馬睿較親近，刺史駐紮的治所，實有
隨著都督與刺史關係和洽與否而決定的可能性。永嘉五年（311），朝廷徵王敦
入爲尚書，與吳興人錢璯應從廣陵渡江「俱西」，王敦鑒於洛陽已亂而不願赴
任，又藉錢璯叛變起兵的機會返回建鄴，將錢璯叛變的消息「奔告」司馬睿。

〔註11〕 王敦青州刺史的任命，是在惠帝返回洛陽後，也就是光熙元年（306）；又在
「永嘉初」被徵爲中書監，原中書監溫羨已於光熙元年十二月，遷爲司徒，
王敦之任當在其後：；見《晉書》，卷98〈王敦傳〉，頁2554：卷5〈懷帝紀〉，
頁116。

〔註12〕 王舒不取珍寶輜重，爲王敦另眼看待：見《晉書》，卷76〈王舒傳〉，頁1999。

〔註13〕 王敦出爲揚州刺史，時間在司馬越殺害中書令繆播等人之後，時間在永嘉三
年（309）三月乙丑以後；見《晉書》，卷98〈王敦傳〉，頁2554；卷5〈懷帝
紀〉，頁118～119。又，王衍說司馬越「轉」王敦爲青州刺史；見《世說新語
箋疏・識鑒第七》，頁，劉孝標注引習鑿齒《漢晉春秋》。

〔註14〕 《晉書》，卷52〈華譚傳〉，頁1453。

〔註15〕 《晉書》，卷52〈華譚傳〉，頁1453。

〔註16〕從廣陵渡江「俱西」的記載，又反映了王敦當時身在江東；當時江東地域，只有幕府所在的建鄴一地是王敦可能的留居之處。據前所述，說明了王敦可能早已追隨家族成員的腳步，而遷居建鄴。〔註17〕

王敦拒絕北上，又向司馬睿傳達錢璯叛變消息，使幕府遣軍平定其亂，於是司馬睿辟其爲安東將軍府的軍諮祭酒；不久揚州刺史劉陶病卒，司馬睿以其補刺史，並加拜廣武將軍。〔註18〕至此，王敦再度出任揚州刺史。故唐人云：「王敦歷官中朝，威名夙著，作牧淮海，望實逾隆，遂能託魚水之深期，定金蘭之密契」。〔註19〕王敦在北方享有的名聲，在其獲得舉足輕重的揚州刺史職位，以及廣武軍號之後「望實俱隆」；影響王敦社會地位的關鍵因素－名聲與實質，兩者相得益彰，尤其是其名聲更因實際的功勳和權位而爲人推重。

王敦早年擁有的崇高名聲，是影響司馬睿重用他的主要因素之一。〔註20〕王敦的從兄王衍，素有「重名於世，時人許以人倫之鑒」，經由他所品題的人物，無一不爲時人所見許；〔註21〕卻獨獨看重王澄、王敦和庾敳，又以王敦、謝鯤、庾敳和阮脩爲其狎暱的「四友」，王敦因此獲得「重名」而聞名當世。〔註22〕魏晉以來，琅邪王氏與河東裴氏，因人物眾多與勢位灼然並爲當時的大家族。在裴、王兩家眾多的子弟中，又以「八裴」與「八王」等十六人獲得當時最高的賞譽，王敦也名躋十六人之列。〔註23〕由上述可知，王敦早年在北方政治社會的社交圈，躋身最活躍、聲名最高的名士社群。因此，《晉書》記載：王敦「素有重名」，

〔註16〕《晉書》，卷58〈周　傳〉，頁1572；卷5〈懷帝紀〉，頁120。

〔註17〕永嘉元年，司馬睿遷鎮建鄴，原來隨王敦遷居洛陽的王舒，「因與諸父兄弟俱渡江委質」；見《晉書》，卷76〈王舒傳〉，頁1999。

〔註18〕王敦初召爲安東軍諮祭酒，遇上揚州刺史劉陶卒，於是用爲揚州刺史；見《晉書》，卷98〈王敦傳〉，頁2554。司馬光繫此事於永嘉五年正月；見《通鑑》卷87，頁2759。按，周馥敗亡於永嘉五年正月，當時劉陶仍爲揚州刺史，鎮壽陽；見《晉書》，卷91〈杜夷傳〉，頁2353。

〔註19〕《晉書》，卷98〈王敦傳〉，頁2567。

〔註20〕唐人史臣曰：「王敦歷官中朝，威名夙著」；見《晉書》，卷98〈王敦傳〉，頁2567。

〔註21〕《晉書》，卷43〈王衍傳〉，頁1239。

〔註22〕《晉書》，卷43〈王衍傳〉，頁1239；「四友」異說，又見同書，卷49〈胡毋輔之傳〉，頁1379。

〔註23〕《世說新語箋疏·品藻第九》記載，時人以河東裴氏「八裴」與琅邪王氏的「八王」相提並論，王敦爲其中之一；又見《晉書》卷35，頁1052。

（王敦）既素有重名，又立大功於江左，專任閫外，手控強兵。
〔註24〕

王敦以「重名」而獲用於司馬睿幕府，專受軍事力量的總指揮權，爲幕府戡定江東而建立「大功」。

原在北方，司馬睿素爲「時人未之識」，名望不高；渡江後，名望不高的他，「初鎮江東，威名未著」，遂使江東人士心疑幕府威信而不附從，影響所及，使得幕府無法順利建立新的政治秩序。〔註25〕爲求順利建立起統治江東的基礎，幕府的決策幕僚感到需要提振府主司馬睿的名望。在此考慮之下，曾參與謀議司馬睿南渡大計的「腹心股肱」、擁有「重名」，又曾擔任揚州刺史的王敦，於是成爲申張司馬睿名望的不二人選。〔註26〕王夫之認爲，王敦與王導，同爲司馬睿的「俱起之臣」，交誼不比尋常，因此才受到司馬睿「厚信而專任之」。〔註27〕《晉書》曾記載王導與王敦的一段對話，其云：「琅邪王（司馬睿）仁德雖厚，而名論猶輕。兄（按，王敦，《晉書》記載其時爲揚州刺史）威風已振，宜有以匡濟者。」〔註28〕此事發生的時間與經過容有可再商榷之處，但是關於王敦「威風」的記載，卻眞實地反映出王敦足以匡濟司馬睿之所在。

（三）王敦「分陝」上游與東晉軍事

東晉建立前後，掌握軍事力量往往也就握有了建立「大功」的關鍵因素。司馬睿幕府以江東地區爲主，將擴張勢力範圍的軍事權力幾乎完全授予王敦；自王敦開始，士族專制東晉軍事力量的現象從此展開。〔註29〕王敦憑著統領州鎮軍事力量，爲朝廷驅馳爪牙於外，因此獲得朝廷授與相應的職官位號；又藉著朝廷所授職官，向州郡發號施令，逐漸控制江東的主要軍事力量，進而發揮以地方軍事爲基礎的政治影響力。王敦所掌握的聲名和軍事力量，正是司馬睿欲統治江東、建立政治新秩序，最爲缺乏的社會與政治條件。〔註30〕然而，王

〔註24〕《晉書》，卷98〈王敦傳〉，頁2557。
〔註25〕分見《晉書》，卷6〈元帝紀〉，頁143；卷98〈王敦傳〉，頁2554。
〔註26〕《晉書》，卷98〈王敦傳〉，頁2554；卷6〈元帝紀〉，頁144。
〔註27〕見《讀通鑑論》，卷12〈晉懷帝〉，頁461。
〔註28〕《晉書》，卷65〈王導傳〉，頁1745；司馬光的《考異》以爲，此事在永嘉元年九月，王敦出任揚州刺史在永嘉三年，認爲王敦並無騎從司馬睿之可能；見《通鑑》，卷86，頁2730。
〔註29〕田餘慶，《東晉門閥政治》，頁40。
〔註30〕金民壽，〈東晉政權の成立過程－司馬睿（元帝）の府僚を中心として〉，《東洋史研究》48：2（1989.9），頁77。

敦領導的軍事行動，其主要活動範圍全在江東境內，所建「大功」更與抵禦、討伐南侵的胡族全無關聯。〔註31〕這就不禁令人質疑，爲何王敦執掌江東的軍事大權，卻不討伐晉人之深仇大敵？反而是翦除原本同爲晉人的勢力，卻獲得了「大功」？如此特殊的現象，與王敦「匡濟」司馬睿的方式和目標有密不可分的關係。

1. 軍事活動的性質

　　王敦總統諸軍征討的對象，文獻上所見者，全都位在廣義的江東地域，或屬於幕府節制的範圍，王敦全不參與討伐北方變亂，或是北伐「胡虜」之事。換言之，王敦軍事行動的對象均屬江東地域的「內亂」，凡足以妨害幕府統治江東者，都屬於他的討伐對象。〔註32〕因此王敦透過討伐「內亂」，爲幕府建立了「大功」。當時，幕府未能完全掌握的地方勢力，可分爲兩類：一類是同爲晉朝命官，但是政治立場與司馬睿相異者；另一類則是來自地方的各股反叛勢力。

　　王敦獲命爲都督征討諸軍事之後，先後指揮諸將平定華軼、杜弢和杜曾等內亂。〔註33〕西晉的政治中心洛陽淪陷之後，司馬睿爲四方晉臣推爲盟主，爲求控制江東地區，藉承制之權而改易軍鎮長史僚佐。此舉，導致江州刺史華軼的極度不滿。〔註34〕華軼原爲懷帝親授的江州刺史，又受鎮守於壽春的鎮東將軍周馥的都督，就君臣關係和制度而言，原本就與江南都督司馬睿毫無關係；卻因不顧近在咫尺的司馬睿，及其號令江東之企圖，因而形成兩人不睦，造成江州與揚州間產生對立。〔註35〕

　　自從華軼於永嘉年間出鎮江州，以「友道」對待江州豪族，在當地「甚有威惠」，並收容了大批自北南渡的流民，因此甚得「江表之歡心」。〔註36〕華軼

〔註31〕周一良，〈晉書札記・王敦桓溫與南北民族矛盾〉，《魏晉南北朝札記》（瀋陽：遼寧教育出版社，1998年），頁157。

〔註32〕王夫之云：「王氏雖有翼戴之功，而北拒石勒於壽春者……相從渡江之人，未有尺寸之效也」；見《讀通鑑論》，卷12〈晉懷帝〉，頁461。

〔註33〕《晉書》，卷98〈王敦傳〉，頁2555～2556。關於王敦與平定杜曾軍事行動的關係，詳下。

〔註34〕《晉書》，卷6〈元帝紀〉，頁144。

〔註35〕華軼自以爲「受洛京所遣，而爲壽春所督，時洛京尚存，不能祗承元帝教命」；按，華軼於永嘉中，由東海王留府長史，出爲振威將軍、江州刺史，當時鎮東將軍、都督揚州諸軍事爲周馥；見《晉書》，卷61〈華軼傳〉，頁1672；卷66〈陶侃傳〉，頁1770。

〔註36〕《晉書》，卷61〈華軼傳〉，頁1671～1672。

既有威望於江州，又因容納大量流民而擴增實力，遵守洛陽朝廷的制度，承奉懷帝與其上級官長揚州都督周馥的號令，堅拒來自司馬睿的「教令」。同時，周馥與華軼分別鎮守壽春和江州，兩地分處揚州北面與西面上游之地，控扼北方民人南渡投奔司馬睿的交通要道，限制了司馬睿向長江中上游的發展。〔註37〕華軼懷柔江州土豪及種種作為，對建康幕府而言，形同欲建立相抗衡的地方政權－亦即另一個江南的政治中心，這是司馬睿及幕府所不能容忍的。於是在永嘉五年（311）正月至六月的短短半年間，司馬睿主動遣將擊走揚州都督周馥；緊接著發生了洛陽陷沒、懷帝被擄的重大政治事件。至此，華軼不遵教令的理由，一一不復存在。王敦討伐華軼，時間在加左將軍、都督征討諸軍事等官職之後。〔註38〕在此之後，司馬睿派遣王敦都督諸軍征討江州，成功地消滅了華軼。〔註39〕這是王敦首度為司馬睿及幕府在軍事上建立的「大功」。在此之後，王敦又陸續為幕府指揮軍事、平定「內亂」而建立了「大功」。

在華軼之後，王敦指揮長江上游州鎮平定的「內亂」，其概要根據《晉書》、《通鑑》記載，整理如下表：〔註40〕

表一　王敦所平諸「亂」

領導人物	身份性質	起事地域／地點	時　　間
王如、侯脫等	秦、雍二州流民	荊州，宛	永嘉四年～六年（310～312）
杜弢、汝班、蹇撫	梁、益二州流民	湘州，長沙	永嘉五年～建興三年（311～315）
胡亢、杜曾	新野王司馬歆故將、司馬	荊州，竟陵	永嘉六年～建興元年（312～313）
杜曾、第五猗	新野王司馬、愍帝所署荊州刺史	荊　州	建興元年～太興二年（313～319）

〔註37〕華軼對建康幕府的敵意，具體表現為江州對揚州的軍事封鎖；參見註52。

〔註38〕見《晉書》，卷98〈王敦傳〉，頁2554；《通鑑》卷87，頁2766。

〔註39〕《晉書》，卷61〈華軼傳〉，頁1672。永嘉五年六月，原北中郎將裴憲也不從盟命，甚至「自稱鎮東將軍、都督江北五郡軍事」，而與華軼連和。司馬睿派遣「左將軍王敦」等人擊斬華軼，裴憲北奔。可知王敦在本年六月間，以左將軍、都督征討諸軍事、假節、揚州刺史之身份，指揮諸軍進擊華軼。此據《魏書》，卷96〈僭晉司馬叡傳〉，頁2092；《通鑑》卷87，頁2766。

〔註40〕大略經過，請參見呂思勉，《兩晉南北朝史》（臺北：臺灣開明書店，1969年）上冊，第三章〈西晉亂亡〉，第九節〈荊揚喪亂〉，頁102～106。

　　王敦所討伐的「亂事」，起事者王如、侯脫以及杜弢、蹇撫等人，分別來自荊州西、北兩面的秦、雍、梁、益四州的流民，為首的王如與杜弢原本更具有官吏的身份。〔註41〕胡亢、杜曾兩人可能均為荊州土民，並且也都曾為地方官長的故將僚佐。〔註42〕綜合上述，王敦全權負責的荊、湘等州討伐軍事對象，若非流民便屬於當地土民的變亂，同時他們都曾具有官方身份，嚴格來說是可以視為「內亂」的。

　　但是，值得特別注意的是杜曾推奉為主的第五猗，他是由愍帝任命的荊州刺史、監荊、梁、益、寧四州諸軍事，本非起事地方的流民，或是謀亂州郡的官吏之屬。〔註43〕出任荊州刺史的時間，約在建興三年（313）。〔註44〕當時的江東州郡官長，多半承受司馬睿幕府節制，未受節令者便遭到幕府排擠。例如本與司馬睿同屬「東海王集團」的孫惠，司馬越遷其為安豐內史，司馬睿卻置其不顧引用他人代其為太守，孫惠擔心自己並非「南朝」所授，於是殺害太守而奔竄；所謂「南朝」，實即司馬睿幕府；「南朝」之語若屬實錄，顯見時人已察覺司馬睿幕府的政治目的，並反映出幕府的政治地位竟與朝廷相當；然而，卻未發現時人以「北朝」代稱北方朝廷的例子。〔註45〕第五猗應為接替陶侃荊州之任，但是幕府則派遣王廙接任。〔註46〕由於第五猗為愍帝派遣的州鎮長官，又兼具「時望」，因此荊州地方人士甚至包括寓居荊州的流民，都歸心於其人，接受他的號令。〔註47〕周訪收捕第五猗等人並送往武昌，他曾向王敦表示第五猗為愍帝所遣，受逼於杜曾，不應該殺害；

〔註41〕《晉書》，卷100〈王如傳〉，頁2618；卷100〈杜弢傳〉，頁2621。

〔註42〕杜曾為荊州新野人，與胡亢共事新野王司馬歆，疑胡亢與杜曾同樣是荊州人士；見《晉書》，卷100〈杜曾傳〉，頁2619。

〔註43〕第五猗本為愍帝侍中，自武關赴鎮，一作其為「安南將軍、荊州刺史」，一作「征南大將軍」，監四州軍事；見《晉書》，卷57〈周訪傳〉，頁1580；卷100〈杜曾傳〉，頁2620。

〔註44〕第五猗南下赴鎮，當時杜曾與陶侃戰於石城，此事發生在杜弢敗亡之後，〈愍帝紀〉卻繫於建興元年，疑誤；見《晉書》，卷100〈杜曾傳〉，頁2610；卷5〈愍帝紀〉，頁129；此據《通鑑》卷89，頁2824。

〔註45〕不久，孫惠病卒，「朝廷明其本心」而追加弔賻；此時，司馬睿幕府已然被視為「朝廷」；見《晉書》，卷71〈孫惠傳〉，頁1884。

〔註46〕王敦執意左遷陶侃，上表啓以從弟王廙為荊州；《晉書》，卷66〈陶侃傳〉，頁1772；卷76〈王廙傳〉，頁2003；吳廷燮，《晉方鎮年表》，《二十五史補編》第3冊，頁3447。

〔註47〕《晉書》，卷57〈趙胤傳〉，頁1566。

〔註48〕王敦不聽從周訪的勸阻，承司馬睿之意而斬殺第五猗。〔註49〕周訪之意，應是顧及第五猗爲名正言順的朝廷命官，又以時望而爲荊州民心所歸，若視其人爲賊而加以殺害，無論就王敦或司馬睿幕府而言，都損及名實。此事反映了幕府授予王敦重任的用意，在於誅除一切危及司馬睿與幕府權力和威望的政治異己，包括東海王與愍帝派遣者；也透露了司馬睿「分陝」江東的眞實企圖，在於建立以其爲中心的政治權力與名位的新秩序。

由上述可知，王敦的軍事討伐對象均爲「內亂」；至於「外患」性質的石勒、劉曜等勢力，顯然不在王敦的軍事討伐的範圍之內。

2. 軍事活動的地域特徵

王敦所受重任，除了專責討伐「內亂」的特徵，還帶有地域性色彩，此一特徵又可分爲兩點：其一，王敦軍事行動的範圍，主要以揚州以外的長江中上流，爲主要活動區域；其二，王敦倚重的軍事人物，大多爲「將門」之後，而且出身江東地域。以下先討論王敦幕下的軍事人物。

自從討伐華軼之後，王敦經常統轄甘卓、陶侃、周訪和趙誘爲麾下將領。甘卓爲丹楊人，曾祖爲吳國名將甘寧，曾參與平定陳敏、周馥諸軍事。〔註50〕陶侃爲廬江人，其父陶丹爲吳國揚武將軍，陶侃以「戎政齊肅」而獲得荊州刺史劉弘、江州刺史華軼先後起用爲將領，鎮守號稱荊州「東門」的夏口。〔註51〕周訪本籍爲汝南郡安成縣，自其祖父周纂遷家江南，四代人物均以軍事才能見長，可謂「將門」子弟。〔註52〕趙誘爲淮南人，家族「世以將顯」，因爲軍事才能而召爲左將軍參軍。〔註53〕上述諸人，均與江東地域有較深的歷史或地緣關係，或者兼有兩種關係。此外，王敦的主要軍事參謀，沈充與錢鳳均爲吳興人，其中，沈充更與義興周氏並爲江東豪族之最。〔註54〕再由沈充「雄豪聞於鄉里」

〔註48〕《晉書》，卷58〈周訪傳〉，頁1581。

〔註49〕蔡謨曾追述此事云：「王平子、第五猗皆元帝所誅」，均出自元帝之意；見《晉書》，卷69〈刁協傳〉，頁1884。

〔註50〕《晉書》，卷70〈甘卓傳〉，頁1862。

〔註51〕《晉書》，卷66〈陶侃傳〉，頁1768～1769。按，陶侃先後鎮守夏口之目的不同；劉弘時期在防備長江中下游的變亂，華軼時期則旨在防禦位在下游建康的司馬睿幕府。

〔註52〕其祖爲吳國威遠將軍，其父周敏爲左中郎將；見《晉書》，卷58〈周訪傳〉，頁1578～1579。

〔註53〕《晉書》，卷57〈趙誘傳〉，頁1566。

〔註54〕《晉書》，卷58〈周札傳〉，頁1575。

的名聲來看，更可窺見其豪族性格。〔註55〕

除了原吳國的將門子弟與三吳豪族之外，王敦還吸收其他尚未賓服的地方勢力，如江州何欽聚集數千人，王敦擅自加給四品軍號，以換取他的支持。〔註56〕此外，吸納降服的叛軍如杜弢將領杜弘，以及王如。〔註57〕這些人物除了部份具有流民身份，其他可知者則多半出身江東地域。

由此可知，王敦軍事力量的基礎實以江東地域人士為主，由此一特徵也可得知，委授王敦軍權的司馬睿幕府原本並無甚為強大的軍事力量；因此，委授王敦軍權，其實授予政治名號的意義較大，使王敦持有名號來為幕府摶聚軍事力量。

3. 制度名位與實質權力

永嘉五年（311），司馬睿使王敦由揚州刺史、廣武將軍進位左將軍，又加「都督征討諸軍事、假節」，授予江東征討軍事的權力。所謂的「都督征討諸軍事」，任命事例首見於西晉的王衍，以本官司空「都督征討諸軍事、持節、假黃鉞」，總統諸軍抵禦石勒的入侵。東晉在王敦之後，任命的事例較多，相似職務還有其它名稱：征討都督、征討大都督，或都督中外征討諸軍事，監、督某州某地征討諸軍事，都督東征、監北征諸軍事等；事後省去其職，屬臨時性的任命。簡言之，「都督征討諸軍事」是一種臨時性的軍事總指揮權，遇有內亂或對外大規模的軍事行動時，由朝廷授予此一特殊的權力。〔註58〕

司馬睿在登極為帝之前，先後為東海王司馬越及懷帝授與州鎮都督，提昇其政治地位；提昇的方式便是職官方面的遷轉。因此，司馬睿以「推轂閫外」的軍事重任委授王敦，並且回饋他為幕府建立的「大功」，均透過授予職官的方式，以顯現王敦貴極人臣的政治地位與軍事實權。司馬睿於永嘉元年（307）七月為安東將軍、都督揚州江南諸軍事，至永嘉五年（311）五月，遷為鎮東大將軍、都督揚、江、湘、交、廣五州諸軍事；同一年，司馬睿以王敦為廣武將軍、揚州刺史，不久進為左將軍、都督征討諸軍事、假節。司馬睿為丞相之後，又

〔註55〕《晉書》，卷98〈王敦傳附沈充〉，頁2566。

〔註56〕南康，江州豫章郡屬縣；《晉書》，卷98〈王敦傳〉，頁2555。

〔註57〕《晉書》，卷98〈王敦傳〉，頁2555；卷100〈王如傳〉，頁2619。

〔註58〕此處列舉的事例，參考小尾孟夫，〈東晉における「征討都督」と「前鋒都督」〉，《史學研究》200（1993.3），頁67～85。小尾氏另有〈東晉における「征討都督」と「州都督」〉收入氏著，《六朝都督制研究》（廣島：溪水社，2001年）。

於建興三年（315）以鎮東大將軍轉授王敦，並加開府儀同三司、都督江、揚、荊、湘、交、廣六州諸軍事、江州刺史，封漢安侯。〔註59〕建武元年（317），司馬睿即位稱晉王，更進王敦爲征南大將軍，開府如故。太興元年（318），司馬睿即位之後，更拜王敦爲侍中、大將軍、江州牧，並加領荊州刺史。〔註60〕僑置於襄陽的梁州，也受到王敦節度，因此王敦事實上都督七州，這就是所謂的「閫外之任」實施的地域範圍。〔註61〕

值得注意的是，在官職方面，鎮東、征南原爲西晉授予江東州鎮的最高職官，司馬睿在即位前也僅止於鎮東大將軍。〔註62〕而在司馬睿即位前後，相繼以鎮東、征南二軍號授予王敦，最後更授與象徵最高軍事長官的「大將軍」之號。在實質的都督權力方面，早在愍帝年間王敦便已得到「征討都督」，同時獲得「假節」的權力。加督六州之後，王敦更「始自選置，兼統州郡」，乃至「將相嶽牧悉出其門」。〔註63〕《宋書・百官志上》稱「假節，唯軍事得殺犯軍令者」；換言之，王敦開始獲得便宜的軍事處分權，得以藉由軍事之名而行擅殺的權力。因此，王敦先後殺害兩任荊州刺史，均爲時人視作司馬睿意志的表現。〔註64〕總而言之，王敦自行選置佐吏、擅加軍號，乃至自操生殺大權、干預朝政，不僅超越了前此以往的魏晉都督權力，甚至於侵越了皇帝的權力。〔註65〕凡此種種，都是因爲王敦以軍事力量爲基礎，並且總督長江上游，以朝廷授予的職官權位建立了實質的政治中心，

最初，司馬睿受西晉朝廷之命，都督揚、江、湘、交、廣五州，已是西晉都督兼統地域最廣的事例。相較之下，王敦所督諸州，不但都督地域更爲擴大，更獲得了資力豐厚的荊州作爲根據地。也就是說，司馬睿即位之後，王敦獲得

〔註59〕《晉書》，卷98〈王敦傳〉，頁2554～2555，此處未載王敦都督六州事爲何年；茲據《通鑑》卷89，頁2822，繫此事始於建興三年。

〔註60〕《晉書》，卷98〈王敦傳〉，頁2554～2555。

〔註61〕周訪爲梁州刺史之後，事實上仍接受王敦節度：見《晉書》，卷58〈周訪傳〉，頁1581。

〔註62〕西晉末年，懷帝朝廷高密王司馬略、山簡先後爲征南將軍，都督荊州等軍事；以劉機、周馥先後爲鎮東將軍都督揚州軍事，茲不贅考。

〔註63〕《晉書》，卷98〈王敦傳〉，頁2554，2560。

〔註64〕成帝時，蔡謨與庾冰書云：「王平子、第五猗皆元帝所誅」，王平子即王澄；見《晉書》，卷69〈刁協傳〉，頁1884。

〔註65〕魏晉都督不得自行辟除僚屬，不得擅自發兵；參見陳琳國，〈論魏晉南朝都督制〉，《北京師範大學學報（社科版）》1986：4，頁75。

了江南最高的軍事權力與地位，都督地域幾乎與「天下」的範圍完全重疊。〔註
66〕兼爲「宰輔」的王敦，與皇帝司馬睿君臣上下間的統治權力和地域，產生了
嚴重的重疊問題，就如同唐代經學者整理經籍，對於擁有「專征五侯九伯」權
力的「分陝二伯」，幾與天子相同層級的權力，認爲「若然，與天子何殊，而爲
夾輔乎？」〔註67〕王敦在上游諸州逾越分局，安排私人、擴張勢力，著眼於鞏
固「分陝」於朝廷之外的實力基礎，甚至產生了「問鼎之心」。都源自於君臣之
間統治權力與控制地域的重疊，種下君臣分際不清的惡果。

表二　王敦江左州鎮官歷表〔註68〕

永嘉三年　309	揚州刺史。
永嘉四年　310	揚州刺史。
永嘉五年　311	揚州刺史、加廣武將軍。
永嘉六年　312	廣武、揚州刺史；進左將軍、都督征討諸軍事、假節。
建興元年　313	左將軍、都督征討諸軍事、假節、揚州刺史。
建興二年　314	左將軍、都督征討諸軍事、假節、揚州刺史。
建興三年　315	左將軍、都督征討諸軍事、假節、揚州刺史；進鎮東大將軍、開府儀同三司、加都督江揚荊湘交廣六州諸軍事、江州刺史，封漢安侯。
建興四年　316	鎮東、開府、都督六州諸軍事、揚州刺史、江州刺史。
建武元年　317	遷征南、開府如故、都督六州諸軍事、揚州刺史、江州刺史；三月，進侍中、大將軍、江州牧；辭州牧仍爲刺史。
太興元年　318	大將軍、都督六州諸軍事、江州刺史；四月，進爲江州牧；十一月，加領荊州牧、辭州牧爲刺史。
太興二年　319	大將軍、都督六州諸軍事、江州牧、荊州刺史。
太興三年　320	大將軍、都督六州諸軍事、江州牧、荊州刺史。
太興四年　321	大將軍、都督六州諸軍事、江州牧、荊州刺史。
永昌元年　322	大將軍、都督六州諸軍事、江州牧、荊州刺史。四月，自進爲丞相，都督中外諸軍事，進爵武昌公。
太寧元年　323	丞相、都督中外諸軍事、江州牧；四月，自領揚州牧。
太寧二年　324	丞相，都督中外諸軍事，揚州牧；七月卒。

〔註66〕王敦甚至兼督寄名之州，自督時非東晉所有的寧、益二州：見《晉書》，卷98
〈王敦傳〉，頁2560。
〔註67〕〔唐〕賈公彥語：見《周禮正義》，卷18〈春官・大宗伯〉，《十三經注疏》上
冊，頁761。《詩・邶風疏》引《鄭志》云，因張逸受《春秋異讀》，亦質疑二
伯主「五侯九伯」說：「若主五等之侯，九州之伯，是天子何異？何夾輔之有
也？」
〔註68〕據吳廷燮撰兩晉《方鎮年表》及《晉書》、《通鑑》製成。

（四）下游揚州朝廷與上游荊州軍府的對抗與失敗

司馬睿所擁有的軍事力量，原來以本封琅邪國兵為主力，但是實力並不堅強，〔註69〕而且，在惠帝末年司馬睿更曾因為兵少力弱，而延遲了幕府南渡的時間。〔註70〕因此，司馬睿起用當時深受信賴的琅邪王氏家族子弟為諸將軍，為幕府招募軍事力量，其中更以王敦獲得了司馬睿完全的授權。〔註71〕

王敦的「不臣之心」，早於永嘉末年（312）已為人周知。名士衛玠南渡豫章，投奔王敦，卻因察覺其行跡「非純臣」所為，因此再東下建康。〔註72〕其他如祖逖，乃至王敦親舊的王棱、周訪等人均知其不臣之心。〔註73〕司馬睿本人對此也有所察覺，而對王敦藉由軍事活動建立的「大功」，產生的逼主之勢，心中有所嫌忌。建興三年（315），由於王敦久久無法平定蜀人杜弢之亂，使得江、湘等州普受兵災、民生蕭條。琅邪國侍郎王鑒藉機上疏，勸說司馬睿應親自指揮陶侃、甘卓等將領征討杜弢。王鑒勸說所持理由為「大功必親致」，他認為自古以來不曾有過「大功坐就」的「撥亂之主」，因此籲請司馬睿要親自建立「大功」，才能「威服天下」。〔註74〕事實證明，王鑒說動了司馬睿，而持反對立場者也不得不承認，親征確能達成「隆大勳」－立「大功」，也就是建立軍功。〔註75〕當時，司馬睿召戴淵為鎮東將軍右司馬，準備親征杜弢。〔註76〕儘管後來因為杜弢亂平，來不及實現親征，但是王鑒疏中強調親征意在立「大功」以威服江東「天下」，反映了司馬睿頗有壓抑王敦權勢的考慮，更反映了王敦藉由軍功建立威信、產生勢逼司馬睿政治地位的事實。

司馬睿即位之後為人稱元帝，王敦陸續擴權，先後兼領荊、江二州刺史、都督六州之職，總綰諸州軍民之政，在長江中上游建立起與下游朝廷抗擷的政治力量。然而，王敦猶有顧忌的是包夾荊、江二州的南北兩面的州鎮官長，以

〔註69〕 參見川勝義雄，〈東晉貴族制の確立過程──軍事的基礎の問題と關連して〉，《六朝貴族制社會の研究》，頁214～215。
〔註70〕 《魏書》，卷96〈僭晉司馬叡傳〉，頁2091。
〔註71〕 《晉書》，卷77〈諸葛恢傳〉，頁2042。川勝義雄，〈東晉貴族制の確立過程──軍事的基礎の問題と關連して〉，《六朝貴族制社會の研究》，頁217。
〔註72〕 《晉書》，卷36〈衛玠傳〉，頁1067～1068；《建康實錄》卷5，頁125。
〔註73〕 見《晉書》卷62，頁1697；卷76，頁2012；卷58，頁1581。
〔註74〕 《晉書》，卷71〈王鑒傳〉，頁1889～1891。
〔註75〕 《晉書》，卷71〈熊遠傳〉，頁1886。
〔註76〕 《晉書》，卷69〈戴若思傳〉，頁1874。

及他們對王敦勢逼下游朝廷的政治態度。鎮守襄陽，居於荊州北面的梁州刺史周訪，聞說王敦懷有「不臣之心」，「恒切齒」。〔註77〕對於南面的江州有上游之勢的豫州，居鎮此地的刺史祖逖，是王敦顧忌的另一個州鎮勢力。〔註78〕

　　然而，周訪與祖逖相繼於太興三年、四年（320～321）之間去世，解除了王敦腹背之患。〔註79〕元帝未雨綢繆，用丹陽尹劉隗之議，出諸腹心大臣為州鎮官長，以與抗衡勢逼下游的王敦。〔註80〕太興三年（320），關於長江上游的州鎮，元帝首先以吳人甘卓代周訪為梁州刺史，同時起用宗室譙王司馬承代替甘卓為湘州刺史。〔註81〕隔年（321）五月，又用尚書令刁協之議，「以奴為兵，取將吏客使轉運」，因此下詔放免「中州良人遭難為揚州諸郡僮客者」，將放免「僮客」的地域界定在朝廷直接控制的揚州一地，「以備征役」。〔註82〕表面上，此事「以討胡」為目的，真正目的是在建立下游的軍事力量，以抵禦上游王敦的軍事力量。〔註83〕接著在同年七月，元帝更任命戴淵出為「征西將軍、都督司兗豫并冀雍六州諸軍事、司州刺史」，劉隗為「鎮北將軍、都督青徐幽平四州諸軍事、青州刺史」，分別鎮守合肥與淮陰；〔註84〕戴淵「發投刺王官千人為軍吏，調揚州百姓家奴萬人為兵配之」，劉隗則率兵萬人出鎮。〔註85〕湘州在荊州以南，合肥、淮陰兩地則分處建康西面與北面，有「順流」入援京邑之勢，司馬承、戴淵和劉隗成為元帝安排在政治中心以外的軍事形援，欲恃眾力以抵禦王敦。元帝朝廷與王敦幕府之間的政治緊張情勢，至此演變為上下游州鎮的全面軍事對抗。

　　永昌元年（322），王敦上疏請誅劉隗，疏中藉罪責劉隗以為起事的理由，實為責難下游軍事準備的內容如下：

〔註77〕《晉書》，卷58〈周訪傳〉，頁1581。
〔註78〕《晉書》，卷62〈祖逖傳〉，頁1697。祖逖曾令王敦使者怒言，若王敦犯逆下都，他將率兵迫使王敦返回上游；見《世說新語箋疏・豪爽第十三》，頁598。
〔註79〕《晉書》，卷6〈元帝紀〉，頁154，155。
〔註80〕《晉書》，卷69〈劉隗傳〉，頁1838。
〔註81〕《通鑑》卷91，頁2883，2885。
〔註82〕《晉書》，卷69〈刁協傳〉，頁1842；卷6〈元帝紀〉，頁154。
〔註83〕《晉書》，卷98〈王敦傳〉，頁2558。
〔註84〕《晉書》，卷6〈元帝紀〉，頁154。
〔註85〕《晉書》，卷69〈戴若思傳〉，頁1874；劉隗出鎮「泗口」，即當時泗水入淮水之口，又名「清口」、「淮泗口」，即淮陰之地；卷69〈劉隗傳〉，頁1838，參見譚其驤主編，《中國歷史大辭典・歷史地理卷》（上海：上海辭書出版社，1996年），頁562。

1. 「免良人奴，自爲惠澤……今便割配，皆充隗軍」。
2. 「徐州流人辛苦經載，家計始立，隗悉驅逼，以實己府」。
3. 「投刺王官，本以非常之慶，使豫蒙榮分，而更充征役」。
4. 「復依舊名，普取出客……或死亡滅絕，或自贖得免，或見放遣，或父兄時事身所不及，有所不得，輒罪本主，百姓哀憤，怨聲盈路」。〔註86〕

據上述可知，元帝招募的軍事力量的性質，實以揚州奴客與流民爲主；也可明白，王敦聲討劉隗之罪，均藉口劉隗、戴淵出鎮，設立鎮北、征西軍鎮及運糧。王敦之論誠爲事實，元帝卻因此導致下游揚州的南北士族，一致對朝廷心生怨憤，而使王敦獲得必要的政治支持。〔註87〕終於造成元帝戰敗，王敦取得了朝廷權柄，使上下游政治中心均歸於一人號令之下。〔註88〕

元帝與下游軍事的失敗，並非由於上游的軍事力量強盛於下游，而是因爲元帝與劉隗、刁協等人處理揚州的社會、經濟問題，造成了朝廷與世族之間的矛盾，從而引起了世族的政治立場傾向支持王敦，從而使得王敦在荊、揚上下游之爭中取得勝利。〔註89〕

西晉後期，朝廷數度將行「分陝」，以勢位等夷的諸王爲對象，欲使他們以朝廷宰輔的身份，統率地方上的王官諸侯及一切地方事務，並得過問中央朝政，目的在以「大位」安撫有「大功」之臣。王敦以軍事崛起，總領中上游的一切軍事，爲司馬睿及幕府掃除江東境內的反對勢力，因此建立「大功」而獲得大權。《晉書》記載，平定華軼、杜弢之後，王敦「既素有重名，又立大功於江左，專任閫外，手控強兵。」〔註90〕原本掌握總統江東州鎮軍事的指揮權，進而統領長江中上游之地，所督州郡的範圍幾與元帝統治的「天下」完全重疊的，造成君臣上下不分的局面。王敦藉都督職務，掌握了政治中心以外的主要軍事力量，超越州鎮官長的分局，進而「位兼將相」干預屬於朝廷所轄的政務。〔註91〕因此，居守朝廷之外的王敦，與處於朝廷之外的王導，並爲時人呼作「二相」。

〔註86〕《晉書》，卷98〈王敦傳〉，頁2558。
〔註87〕參見唐長孺，〈王敦之亂與所謂刻碎之政〉，《魏晉南北朝史論拾遺》，頁158～163。
〔註88〕王敦叛亂通論性研究，可參見高須國臣，〈王敦の叛亂について〉，《愛知大學文學論叢》第36輯（1968.3），頁57～78。
〔註89〕參見唐長孺，〈王敦之亂與所謂刻碎之政〉，《魏晉南北朝史論拾遺》，頁156～157。
〔註90〕《晉書》，卷98〈王敦傳〉，頁2557。
〔註91〕《魏書》，卷96〈僭晉司馬叡傳〉，頁2102。

〔註92〕王敦既立大功，又總督長江上游的軍事力量，「威權莫貳」，追隨王敦者無不「貴顯」，於是王敦「欲專制朝廷，有問鼎之心」。〔註93〕唐人評論「中宗失馭強臣，自亡齊斧」，責元帝舉軍權甚至是上游州鎮的都督權力全部委授王敦，〔註94〕此即時人虞悝所認識的「分陝之任」。〔註95〕王敦由代表幕府轉變為代表家族利益據有荊、江諸州以後，確立了長江上游諸州，在整個江南地區的軍事地位及經濟資實，並且因此奠定了上游州鎮尤其是荊州的政治地位。王敦故事遂為成帝以下「分陝」政治的歷史經驗。

二、明帝集權與「分陝」政治的變化

王敦成為六州都督、擁據長江中上游之地，先後在永昌元年（322）和太寧二年（324），兩度自上游舉兵犯闕。儘管中上游沿岸的州鎮官長莫非王氏親黨，但是政治情勢卻未見得使王敦居於有利地位。明帝（299～325）即位之後意圖集權朝廷，因此積極培植政治勢力，導致王敦藉口「清君側」而再度進犯建康。但是，王敦此次軍事行動寓有篡晉的企圖，不僅破壞長江上下游原有的政治安排，也將擾亂逐漸形成的帝室與世族共治天下的格局。因此，王敦遭到南北士族的普遍反對，甚至王氏家族也表達了強烈的反對意見。王敦雖居「分陝之重」總督上游州鎮而專擅軍事征伐大權，並且擁據形勝之地而擁有地理優勢，在各方面均取得與朝廷抗頡的地位，但是終究未能實現篡晉的企圖。

王敦以家族利益為目的，並且引用家族力量為爪牙，分布於長江上游的州鎮，與下游的朝廷進行政治對抗，成為東晉政治最初的歷史經驗。此後，無論出於何種動機，企圖掌握政權者無一不曾干預上游州鎮官長的人事任命，甚至以家族的集體力量，分張於上游州鎮。但是，此種政治運作的方式卻在明帝時期暫告停歇，原因之一在於朝廷積極地集中實質權力並同逐漸恢復權威。然而，明帝在位時間短促，他不得不將集權朝廷的遺規交由顧命大臣繼續發展，這些大臣以庾亮為首繼續推動明帝的政策。

（一）庾氏家族興起於江東的背景

東晉初年的政壇上，穎川庾氏諸房之中僅見庾琛一家。今存關於庾琛生

〔註92〕《晉書》，卷 73〈庾亮傳〉，頁 1917。
〔註93〕《晉書》，卷 98〈王敦傳〉，頁 2557。
〔註94〕《晉書》，卷 6〈元帝紀〉，頁 158。
〔註95〕《晉書》，卷 37〈譙閔王承傳〉，頁 1104；另見，《通鑑》卷 92，頁 2894～2895。

平行跡的記錄不多，推測他約在永嘉元年、二年（307～308）間自北南渡，並出任會稽太守，或可能是隨著元帝司馬睿出鎮江東而南遷；建興三年（315）之後受元帝辟爲丞相軍諮祭酒，並卒於任內。〔註96〕庾琛身後別無戚屬可託付其家，由此看來，南渡長江下游的穎川庾氏似乎僅有庾琛一家，因此在其身後便無人營護家計，在不得已的情形下，才由庾琛長子庾亮（289～340）一肩負起家計門戶。庾亮與父親約在建興年間，同時接受元帝召爲府佐，又應元帝聘其妹庾文君（306～337）爲時爲太子的明帝司馬紹之妃，使庾氏得託身於東晉創業之主，具有「外戚」的身份。〔註97〕元帝爲儲君擇妃，未從琅邪王氏等當時炙手可熱的門第士族中選擇對象，卻和子弟寡弱、門戶近乎衰落的庾氏結親，顯然有其深刻的考慮。推測其可能的考量因素，似爲庾氏家族成員和家風，以及當時的政治情勢。

　　元帝爲明帝聘庾亮之妹的時間失載，根據明帝長子成帝出生於太興四年（321），〔註98〕庾文君之聘當在這一年以前，可能在建興之末及至太興元年（316～318）。〔註99〕成帝司馬衍出生的這一年，東晉發生了幾件牽涉長江上下游政爭的大事：一爲元帝下詔「免中州良人遭難爲揚州諸郡僮客者，以備征役」；另一件大事，則是以戴淵爲「征西將軍、都督司兗豫并冀雍六州諸軍事、司州刺史」，以劉隗爲「鎮北將軍、都督青徐幽平四州諸軍事、青州刺史」，分別鎮守合肥與淮陰。〔註100〕兩地分別在建康西面與北面，有「順流」入援京邑之勢，成爲元帝安排在政治中心以外的軍事形援。這些州鎮人事的安排，反映了元帝與王敦對立的形勢日漸昇高，這就是庾氏與帝室聯姻時的政治背景。換言之，庾亮家族乃是在元帝與王氏猜嫌漸生之際，而與帝室締結姻戚，頗有排抑王氏的意思。

　　如前所述，南渡之初，出仕建康幕府的穎川庾氏似僅有庾琛一家，家族成

〔註96〕《晉書》，卷93〈庾琛傳〉，頁2416。

〔註97〕《晉書》，卷73〈庾亮傳〉，頁1915。

〔註98〕成帝崩於咸康八年（341）；見《晉書》，卷7〈成帝紀〉，頁183。

〔註99〕根據庾琛、庾亮父子受元帝之徵辟，分別爲丞相軍諮祭酒、參軍，時間當在建興三年（315）之後，庾琛卒於建武元年（317）以前；〈庾亮傳〉云元帝爲鎮東將軍（永嘉五年，311）時，辟庾亮爲西曹掾，因此聘庾文君爲「皇太子妃」，然而代表庾家謙拒之人卻是庾亮，據此推斷，元帝之聘當在庾琛卒後、元帝即位（316～318）之間；見《晉書》，卷93〈庾琛傳〉，頁2414；卷73〈庾亮傳〉，頁1915。

〔註100〕《晉書》，卷6〈元帝紀〉，頁154。

員自父親庾琛以下，僅見諸子庾亮、庾懌（約 293～342）、庾冰（296～344）、
庾條（生卒年不詳）、庾翼（305～345）和庾文君（297～328），共計六人。庾
琛家族南渡時間若以永嘉元年（317）爲準，當時長子庾亮年僅十八歲。〔註101〕
庾亮的伯父庾袞僅知有一子庾蔑南渡，曾於元帝初年入仕。〔註102〕其他東晉初
年可知的穎川庾氏子弟，則僅見庾怡一人他對政治抱持消極態度不願入仕，因
此名不顯於史傳。〔註103〕由此可知，東晉初期，庾亮兄弟雖然在政治上代表穎
川庾氏家族，但是人數既不比其他南渡大家族爲多，又缺乏官場的經歷，名望
與實力均遠遜於當時權貴家族的子弟。庾琛諸子中最早出仕的庾亮，既乏門資
的助力，「雖爲望族，無異於孤寒」，〔註104〕只有獲得皇帝的拔擢之後，方才得
以提昇政治勢位。以元帝的立場而言，庾亮的政治地位既爲其所賜，庾氏家族
又人單勢孤，不致成爲另一個人多勢眾的琅邪王氏家族，似乎可以免除勢逼帝
室的猜嫌。

　　元帝結引庾亮，別有其積極的因素，特別與晉末穎川庾氏的家風有關。晉
末社會一片談玄放蕩之風，在此風氣下，庾亮的伯父庾袞卻以禮持家而知名當
世，甚至「非法不言，非道不行」，將禮的規範提高到如同「法」一般嚴格的境
地。〔註105〕咸寧年間（275～279）北方發生饑荒，庾袞率群從子弟與邑人入就
食，眾人受其指揮號令，「禮無違者」；庾袞又曾經會集諸子，依禮使諸子「男
女以班」；惠帝末年，庾袞率領同族與鄉人入禹山避亂，以塢主身份指揮塢民，
如同軍伍「號令不二，上下有禮」。〔註106〕南渡之前，庾琛是否和兄長庾袞同
居因史無明文而難以確知，但是庾袞之姪的庾亮卻頗有伯父之風。《晉書》記述
庾亮「風格峻整，動由禮節，閨門之內不肅而成」，庾亮依禮而行，遂使家人動
靜皆由禮，井然有序；隨父南渡之後，庾亮又「嶷然自守」－高傲自居，當時

〔註101〕依據《晉書》及《建康實錄》庾氏傳記，永嘉元年（307）時，庾亮十八歲，
　　　　庾懌十四歲（此據《建康實錄》卷 8，卒於咸康八年，時年五十歲），庾冰十
　　　　二歲，庾文君十歲（此據《晉書·后妃傳下》，卒於咸和三年，時年三十二），
　　　　庾翼一歲，庾條年歲不詳。
〔註102〕《晉書》，卷 88〈孝友·庾袞傳〉，頁 2284。
〔註103〕按，卞壺稱庾怡爲庾珉「後嗣」，知爲其子，見《晉書》，卷 70〈卞壺傳〉，
　　　　頁 1870；王伊同，《五朝門第》（香港：中文大學出版社，1978 年）下冊，〈高
　　　　門權門婚姻世系表〉十三，失錄庾怡。
〔註104〕王夫之，《讀通鑑論》卷 14，頁 510。
〔註105〕《晉書》，卷 88〈孝友·庾袞傳〉，頁 2283。
〔註106〕以上庾袞行跡，分見《晉書》，卷 88〈孝友·庾袞傳〉，頁 2281～2283。

人物都畏懼其「方儼」的態度，致使庾家鮮有訪客。〔註107〕庾琛卒後，長兄如父的庾亮代父成爲家長，特重以禮治家，遂使「諸弟相率莫不好禮，爲世論所重」。〔註108〕

庾亮以禮持家，使元帝「聞其名」而辟召其人；親自引見之後，更發覺庾亮「風情都雅，過於所望」，發覺庾亮也頗具「風情」，超過了元帝原本的期望，顯示元帝原本聽聞的是庾亮以禮治家的態度。〔註109〕如前所述，庾氏自庾袞乃至庾亮均謹守禮法，尤其注重長幼尊卑的倫理秩序。《禮記・喪服》所謂「資以事父以事君而敬同」，「貴貴，尊尊，義之大者也」，說明了維持長幼尊卑與界分君臣上下的原則是一致的，而此正是晉末庾氏表現出來的家風。庾亮於家門之內重視禮法，於朝廷之內自然注重君臣分際，恐怕這才是元帝器重庾亮的眞正原因，因此時人以「端委廟堂，使百僚準則」，稱許庾亮之才。〔註110〕

出於重視禮法秩序的態度，顯露了庾亮家族在學術上採取儒家立場，因而有別於一般偏重談說務虛的名士，亦即因此，庾亮於政治上較爲重視實務。王敦初次兵下建康後，還曾稱讚庾亮「賢於裴頠遠矣！」〔註111〕裴頠（267～300），出自河東裴氏，既爲西晉名士「言談之林藪」，但是他卻更留心於「儒術」，政治上主張「設官分職，制其分局」、「選賢與善，以守其位」，以及「刑賞相稱，輕重不二」等所謂儒家的實務，憂慮「時俗放蕩，不尊儒術」，反對當時「口說浮虛，不遵禮法」的風氣。〔註112〕由此看來，庾亮獲得讚賞的理由，除了善於論談，還應有注重「儒術」實務之處。元帝曾賜《韓非子》給時爲皇太子的明帝司馬紹，欲使他注重可提振皇權的法家治術，庾亮卻以「申韓刻薄傷化」，勸戒明帝勿以此書爲念。〔註113〕根據庾亮前後行跡推測，此一舉措，可能寓有勸使明帝潛避元帝與王氏間的政治衝突之意。當時，正是元

〔註107〕均見《晉書》，卷73〈庾亮傳〉，頁1915。
〔註108〕《晉書》，卷73〈庾冰傳〉，頁1927。
〔註109〕《晉書》，卷73〈庾亮傳〉，頁1915。田餘慶稱之爲「出入玄儒」，「具有玄學表現和儒學內涵」；見氏著，《東晉門閥政治》，頁108。
〔註110〕昔明帝爲太子時，謝鯤回答之語；見《世說新語箋疏・品藻第九》，頁512。
〔註111〕《晉書》，卷73〈庾亮傳〉，頁1914～1915。
〔註112〕裴頠注重的「儒術」，就事實而言寓有法家治術的精神，較一般名士更偏重實務；《晉書》，卷35〈裴頠傳〉，頁1044；參考許抗生等著，《魏晉玄學史》（西安：陝西師範大學出版社，1989年），頁271～273。
〔註113〕《晉書》，卷73〈庾亮傳〉，頁1915。

帝欲藉刑法提振聲威之際，因而與宰輔王導在政策上產生衝突；簡言之，即元帝「以法御下」和王導「務在清靜」兩種政策方向的衝突，正是王敦初次兵犯建康的藉口之一。〔註114〕

元帝即位之初曾欲恢復肉刑，下令朝廷內外百官通議其事，時爲中書郎的庾亮附名王導之下，贊成恢復肉刑。〔註115〕庾亮當時以中書郎侍講東宮，勸戒明帝不要留意「申韓」法家之術。〔註116〕由上述兩件關於刑法之事而言，庾亮的立場似乎均與王導並無不同，其實庾亮當時並無舉足輕重的地位，故對朝廷的政策之爭沒有關鍵性的影響力；他對刑法態度傾向寬和，並以此態度勸說明帝的原因，可能是爲了保護「布衣之好」、〔註117〕又爲其妹夫的明帝，避免使他成爲王氏除之而後快的眼中釘。永昌元年（322），王敦初次肆亂建康，曾藉口明帝「於子道有虧」，欲以不孝之名廢去他的儲君身份，然而另一位曾入侍東宮、爲明帝「布衣之好」，又與庾亮親善的溫嶠，〔註118〕卻堅稱明帝「以禮侍親，可稱爲孝」，使王敦的企圖不遂。〔註119〕溫嶠爲明帝的申辯，固然顯示了他的言談出眾，使善於談說的王敦無可反駁；另一方面若無事實做爲申辯的內容與基礎，恐怕王敦也不會輕信其說。若使明帝不失「以禮侍親」，則侍講東宮、力圖使明帝免受政爭影響庾亮，他在此事中所發揮的影響，足以據此推想而知。由以上諸事，可知庾亮在政治上重儒輕法的態度，對明帝避禍王氏並保有儲君地位造成相當程度的正面影響。

據上述可知，由於庾氏家族子弟寡弱無援，同時重視禮法，因此元帝辟用其家族代表人物庾亮，並進一步聘其妹爲太子妃。〔註120〕元帝可能意在藉由與庾亮家族締結婚姻，爲孤弱的帝室外結奧援。庾氏家族與帝室締親，則提昇了家族的社會地位，成爲晉室南渡後第一個獲得外戚身份的北方士族。帝室與庾氏同樣處於家族子弟寡弱、威名不振的境況下，更因具有相同的理念而結合，兩家相互提攜而互爲所用，帝室由此獲得伸張威權的奧援，庾氏則獲得振起家門的最佳條件與機會。

〔註114〕唐長孺，〈王敦之亂與所謂刻碎之政〉，《魏晉南北朝史論拾遺》，頁156。

〔註115〕《晉書》，卷30〈刑法志〉，頁940。

〔註116〕《晉書》，卷73〈庾亮傳〉，頁1915。

〔註117〕溫嶠與庾亮，並與明帝有「布衣之好」：見《晉書》，卷73〈庾亮傳〉，頁1915。

〔註118〕《晉書》，卷67〈溫嶠傳〉，頁1786；《晉書》又載：「明帝之在東宮，與溫嶠、庾亮並有布衣之好」；卷72〈郭璞傳〉，頁1904。

〔註119〕《世說新語箋疏・方正第五》，頁313，參見劉注引劉謙之《晉紀》。

〔註120〕《晉書》，卷73〈庾亮傳〉，頁1915。

（二）明帝重振皇權與朝廷集權的傾向

晉明帝重振帝室的企圖，正是藉著王敦進犯的機會而實現；具體表現爲重行安排朝廷與州鎮人事布局，從而改變了王氏子弟盤據朝廷內外的局面。而改變朝廷內外人事布局，必先打破王敦挾上游軍權自重、遙控朝政的局面。明帝的做法爲，結合一批具有相似背景的政治人物，暗中培植禁軍並且聯絡其他州鎮勢力。

自晉惠帝時期開始，軍事力量成爲取得晉朝權力的重要因素，因此明帝重振皇權的方式，必須先培植一批能夠確實掌握的軍事力量。由於明帝具備「文武才略」，「又習武藝，善撫將士」，在宮內聚集了一批相當數量的將領、兵士；〔註 121〕後來參與明帝抵禦王敦軍事，可知名氏者有「將軍段秀、中軍司馬曹渾、左衛參軍陳嵩、鍾寅」。〔註 122〕當時負責禁省宿衛的左右二衛將軍，分別爲南頓王司馬宗和虞胤，前者爲宗室，後者爲元帝虞皇后之弟，明帝可能將這一批將士配由二人統領，因此二人特別受到親昵重用。〔註 123〕此外，明帝又引用盡忠帝室、才兼文武的紀瞻爲領軍將軍，爲明帝「臥護六軍」。〔註 124〕明帝倚重這一批將士爲當時宿衛宮闈的禁軍主力，在軍事上頗有準備，因此早在王敦二度犯蹕之前，便已「密謀起兵」了。〔註 125〕王敦似乎相當顧忌這一股置於政治中心的禁軍的力量，因此改變禁軍的休假制度，迫使他們「三番休二」，長期給假居於宮省之外；部份明帝腹心將領如「常從督」冉曾、公乘雄，更遭王敦藉故殺害。〔註 126〕同時，王敦另外改用「敬媚權貴」的鄧攸爲護軍將軍，透過他來掌握每個月禁軍人數增減變化的訊息。〔註 127〕王敦這些意欲操控禁軍的舉措，反映了明帝暗中積極培養禁軍的力量，及其對王敦操持皇權的不滿之心。

〔註 121〕見《晉書》，卷 6〈明帝紀〉，頁 159；《世說新語箋疏・豪爽第十三》，頁 598。

〔註 122〕《晉書》，卷 6〈明帝紀〉，頁 162。段秀本爲司州刺史李矩屬下將軍，隨李矩南渡，可視爲流民；見《晉書》，卷 63〈李矩傳〉，頁 1709。

〔註 123〕元帝曾經下令，使西陽王司馬羕與南頓王統領流民北出長江，由此亦可知，南頓王所統禁軍包含流民在內；《晉書》，卷 59〈西陽王羕傳〉，頁 1594；卷 59〈南頓王宗傳〉，頁 1595；卷 93〈虞胤傳〉，頁 2413。

〔註 124〕《晉書》，卷 68〈紀瞻傳〉，頁 1823。

〔註 125〕《晉書》，卷 90〈鄧攸傳〉，頁 2340。

〔註 126〕兩人爲明帝腹心，〈王敦傳〉誤作「元帝」，〈明帝紀〉不誤；見《晉書》，卷 98〈王敦傳〉，頁 2561；卷 6〈明帝紀〉，頁 161。

〔註 127〕明帝密謀起兵，便遷出鄧攸；《晉書》，卷 90〈鄧攸傳〉，頁 2340。

　　太寧二年（324）六月，王敦自上游蕪湖再度起兵，對明帝而言既是一次政治危機，卻也是打破王氏專政的絕佳機會。明帝積極籌備建康周圍的防禦軍事，安排近臣並且攏絡可能加以利用者，共同為抵禦王敦而戰。這一批受到明帝號召下而結合、為其所用的大臣名單，可以在明帝「罪王敦詔」中略窺大貌。〔註128〕由名單所列人物推測，明帝對抗王敦的軍事力量，除了禁軍之外，更加入了江北的流民力量與吳會地域的江東豪族。〔註129〕他們之中，多數人物在平亂之後獲得明帝的重用；部份人物原本就是明帝居於東宮時期的師友，早已受到重用。這一批人物，在政治上，則成為明帝乃至成帝時期的左右朝政的大臣。

　　自太寧元年（323）起，明帝便預先謀劃對抗王敦之計，因此企圖結合一批可以信用、十人左右的「社稷之臣」，於是結好當時江東士族的代表人物紀瞻。〔註130〕又透過紀瞻的關係，欲仗統領部份徐、兗二州流民的郗鑒以為外援卻受阻於王敦，於是只能以個人的身份引入朝廷參與密謀。〔註131〕同時，明帝更引用東宮時代的「布衣之交」溫嶠，參與當時的「機密大謀」。〔註132〕又引用與溫嶠、庾亮相互友善的桓彝，一同參與密謀。〔註133〕由於溫嶠受明帝親信，而為王敦召離朝廷來看，庾亮遭到王敦「內深忌」的原因，可能便是嫌忌明帝對他的信任；事實上，庾亮應該也參與了當時對抗王敦的密謀。〔註134〕

〔註128〕筆者根據詔書以及事實上參與其事者，整理得到下列名單：司徒王導，尚書令行衛將軍、都督從駕諸軍事郗鑒，鎮南將軍卞敦，丹陽尹溫嶠，建威將軍趙胤，平西將軍祖約，平北將軍王邃，兗州刺史劉遐，奮武將軍蘇峻，奮威將軍陶瞻，左衛將軍庾亮，右衛將軍虞胤，護軍將軍應詹，領軍將軍紀瞻，中軍將軍卞壺，驃騎將軍、南頓王司馬宗，鎮軍將軍、汝南王司馬祐，太宰、西陽王司馬羕；其中「驃騎將軍艾」，其人不可考；又，今傳詔書缺載祖約、郗鑒，茲據各人本傳補；詔書原文，見《晉書》，卷98〈王敦傳〉，頁2562。

〔註129〕胡三省認為明帝「若只以臺中見兵拒之」，可能重蹈元帝慘敗的覆轍：召入郗鑒、蘇峻、劉遐等江北州鎮官長，此即明帝過人之處；見《通鑑》卷93，頁2924。此外，明帝也遣使遊說沈充，意圖反間王敦麾下的江東豪族力量，同時又以虞潭起兵吳會制衡沈充；見《晉書》，卷98〈王敦傳附沈充〉，頁2567；卷76〈虞潭傳〉，頁2013。

〔註130〕《晉書》，卷68〈紀瞻傳〉，頁1823。

〔註131〕郗鑒自江北返回建康，時間在太寧元年（323）八月以後；《晉書》，卷67〈郗鑒傳〉，頁1797～1798；紀瞻推薦郗鑒，見同書，卷68〈紀瞻傳〉，頁1823。

〔註132〕《晉書》，卷67〈溫嶠傳〉，頁1787。

〔註133〕《晉書》，卷74〈桓彝傳〉，頁1940。

〔註134〕《晉書》，卷73〈庾亮傳〉，頁1917。

這一批共同謀劃對抗王敦大計的大臣，除了「愼行靜默」、忠於朝廷的紀瞻，爲西晉以來的江東士族代表，〔註135〕其餘的參與者雖有士族之名事實上卻孤弱如寒門：溫嶠自河北棄家南渡，別無門資可恃，而以一己之力崛起於朝廷；〔註136〕郗鑒「少孤貧」，居於鄉里時「躬耕隴畝」，南渡之初，僅能勉力扶養一姪一甥；〔註137〕桓彝爲曹魏刑家之後、門戶敗落，少年時「孤貧」，南渡之初不過做到縣令而已。〔註138〕而貴爲皇后兄長的庾亮，當時也別無門資可倚，大弟庾懌至永昌元年（322），三十歲才由功曹、縣令轉爲中軍將軍司馬，可見庾氏門戶孤弱的情勢。〔註139〕這一批具有相似背景的大臣，可視作爲明帝謀劃對抗王敦的核心人物。

在上述圍繞在明帝身旁的核心謀臣之外，王敦再度兵下建康，臨危之際，明帝起用了另一批大臣以爲應變之策。引用的大臣之中，幼年先後喪亡父母與祖母而孤弱的應詹，以「學藝文章」知名，重視儒術甚於當時的放蕩之風。〔註140〕卞壺於御史中丞任內，「忠於事上」，執憲繩法使「權貴屛跡」；明帝爲琅邪王世子起，卞壺便擔任師佐之職，前後在任內「盡匡輔之節，一府貴而憚焉」。〔註141〕卞敦曾任太子左衞率，爲明帝東宮舊屬。〔註142〕統率江北流民的劉遐與蘇峻，本來與明帝並無淵緣，透過同爲流民領袖的郗鑒，因而選擇棄王敦而效忠明帝。〔註143〕陶瞻爲陶侃之子，明帝用其參與平亂寓有結援陶侃之意。除了王導及其家族成員，上述爲明帝援引對抗王敦的政治人物，多半缺乏門資來開拓仕途，或者因爲門地衰落而以事功見長、盡忠王事。

除了上述人物之外，明帝另外還重用宗室。西陽王司馬羕與南頓王司馬宗，分別爲汝南王司馬亮第三、第四子，汝南王司馬祐爲二王之姪。〔註144〕

〔註135〕紀瞻爲西晉時江東「五俊」之一，亦爲「五俊」中最後卽世者：見《晉書》，卷68〈薛兼傳〉，頁1832；同卷，〈紀瞻傳〉，頁1824。

〔註136〕《晉書》，卷67〈溫嶠傳〉，頁1786。

〔註137〕《晉書》，卷67〈郗鑒傳〉，頁1796，1801。

〔註138〕《晉書》，卷74〈桓彝傳〉，頁1939；參見田餘慶，〈桓彝事跡雜考〉，《東晉門閥政治》，頁154～167。

〔註139〕東海王司馬沖，於永昌元年（322）遷中軍將軍：見《晉書》，卷64〈元四王傳〉，頁1726；卷73〈庾懌傳〉，頁1926。

〔註140〕《晉書》，卷70〈應詹傳〉，頁1857，1859。

〔註141〕《晉書》，卷70〈卞壺傳〉，頁1868。

〔註142〕《晉書》，卷70〈卞敦傳〉，頁1874。

〔註143〕《晉書》，卷100〈蘇峻傳〉，頁2628。

〔註144〕《晉書》，卷59〈汝南王亮傳〉，頁1593。

永嘉年間（307～311）南渡宗室人數無幾，民間以「五馬浮渡江」一語記述稱元帝和西陽王司馬羕、汝南王司馬祐、南頓王司馬宗和彭城王司馬雄五王南渡之事；〔註145〕南渡之初，宗室之中以此五人地位最爲尊貴。由於明帝（299～325）即位時年二十五歲，諸弟多半年幼：司馬沖十三歲，武陵王司馬晞八歲，琅邪王司馬昱五歲。〔註146〕明帝以司馬羕等三王用事，以司馬宗爲左衛將軍掌領禁軍，並且「爲帝所昵」；用司馬祐爲衛將軍，兼領左軍將軍；用司馬羕兼領太尉。〔註147〕此外，又用司馬祐之子新蔡王司馬邈爲侍中。〔註148〕明帝引用諸王，頗有具有團結宗室、扭轉帝室孤弱形象的意圖。

　　關於州鎮方面，明帝不但粉碎王氏「分陝」之勢，更一度扭轉了地方分權而變爲朝廷集中權力的趨勢。王敦第一次攻陷建康之後，乃至第二次進犯建康、歿於軍中之前，他安排王氏群從子弟爲地方州鎮官長：王舒爲荊州刺史、領護南蠻校尉、監荊州沔南諸軍事（太寧元年～太寧三年，323～325）；王舒之弟王邃，爲平北將軍、徐州刺史（太寧元年～太寧二年，323～324）；王彬爲前將軍、江州刺史（太寧元年～太寧二年，323～324）。〔註149〕明帝平定王敦、王含亂事之後，便將王氏群從子弟一一由重要的州鎮職務調換下來。明帝以應詹代替王彬，遷使持節、都督江州諸軍事、平南將軍、江州刺史；〔註150〕以劉遐代替王邃，監淮北軍事、北中郎將、徐州刺史、假節，鎮守淮陰；〔註151〕又以陶侃爲征西大將軍、都督荊湘雍梁四州諸軍事、荊州刺史；原刺史王舒則改任都督湘州諸軍事、湘州刺史。〔註152〕而在政治中心的建康周圍，又安插了忠於朝廷的郡國守相，作爲建康的藩屛：以郗鑒都督青兗二州軍事、鎮廣陵，〔註153〕以桓彝爲宣城內史，〔註154〕蘇峻爲歷

〔註145〕《晉書》，卷6〈元帝紀〉，頁157。
〔註146〕明帝年歲，據《晉書》，卷6〈明帝紀〉，頁165；司馬沖、司馬晞年歲，據卷64〈元四王傳〉，頁1726，1727；司馬昱年歲，則據，卷9〈簡文帝紀〉，頁223。
〔註147〕《晉書》卷59，頁1593～1595。
〔註148〕《晉書》，卷37〈宗室傳〉，頁1097。
〔註149〕參見吳廷燮，《東晉方鎮年表》，《二十五史補編》第3冊，頁3471，3476，3484。
〔註150〕《晉書》，卷70〈應詹傳〉，頁1859。
〔註151〕《晉書》，卷81〈劉遐傳〉，頁2130。
〔註152〕原以王舒接替陶侃爲廣州刺史，復以湘州刺史劉顗與王舒對調；見《晉書》，卷6〈明帝紀〉，頁163～164。
〔註153〕《晉書》，卷6〈明帝紀〉，頁164。
〔註154〕《晉書》，卷74〈桓彝傳〉，頁1940。

陽內史，顧眾爲義興太守，〔註155〕庾亮之弟庾冰爲吳國內史。〔註156〕以建康爲中心，形成了一道與江、荊、徐、兗等州內外相維的軍事據點。州鎮的任命權與貢賦全部回到皇帝與朝廷的掌握中，元帝以來幾乎非朝廷所有的江、荊、湘、徐諸州鎮，不再全由王氏子弟盤據；王敦以專擅上游的重權分張王氏子弟，形成威脅下游朝廷的「上流之勢」，至此遭到明帝所瓦解，新任的州鎮官長此時多半沒有姻戚的關係，暫時不致再度產生家族盤據上游之事。〔註157〕此外，明帝遺詔褒進大臣，卻僅限於使朝廷以內的輔政大臣進位，可能也有降低外鎮軍人長官政治地位、突顯內外官任的高下之別的用意；〔註158〕因此蘇峻亂起之初，陶侃才會託辭「吾疆場外將，不敢越局」，反映了此時以朝廷與州鎮分掌政務和軍事的「內外」之別。〔註159〕因此，唐人稱許明帝，使東晉上游州鎮「鎮削威權，州分江漢，覆車不踐，貽厥孫謀」。〔註160〕

明帝建立的軍事力量、政治集團，乃至於重新安排州鎮勢力，使實權集中於政治中心，皇帝在此格局之下，才能夠逐漸重振皇權。由此可知，明帝爲重振皇權所做出的全面政治安排，一時改變了州鎮分權的發展趨勢，破壞了王敦促成的「分陝」政治。然而，明帝英年早逝，繼位的成帝卻又年幼，因此不得不將朝權委寄明帝培植的政治集團，以代表宗室的司馬羕、王氏代表人物的王導、江東士族的代表陸曄、近畿重鎮官長的郗鑒，以及東宮舊屬的幹直之臣庾亮、溫嶠、卞壺等七人，接受顧命爲成帝的輔政大臣。然而，以庾亮爲首的輔政大臣們，不僅維護明帝集權朝廷的成果，甚至進而加重集權的手段與加速步驟，並從朝廷與州鎮兩方面同時進行。

（三）庾亮集權朝廷與「任法裁物」

如前所述，元帝和王導之間的衝突，政策上表現爲重法與清靜之爭，含有皇權與門閥政治角力的意義；這兩種政策之爭，在永昌元年（322）以後由於王敦大權獨攬而暫告平靜。而在王敦與明帝相繼殂世以後，元帝乃至明帝

〔註155〕《晉書》，卷76〈顧眾傳〉，頁2016。
〔註156〕《晉書》，卷73〈庾冰傳〉，頁1927。
〔註157〕《晉書》，卷6〈明帝紀〉，頁165。
〔註158〕明帝「遺詔褒進大臣，而陶侃、祖約不在其例」；祖約「望開府，及諸所表請多不見許」；見《晉書》，卷73〈庾亮傳〉，頁1918；卷100〈祖約傳〉，頁2626。
〔註159〕《晉書》，卷66〈溫嶠傳〉，頁1774。
〔註160〕《晉書》，卷6〈明帝紀〉，頁166。

初年長江上游的「分陝」之勢不復存在，政治中心復歸於一，地方分權的發展趨勢暫時緩和下來，政治權力一時集中於建康朝廷。朝廷政策趨向集中大權，因此轉而公開地藉助「法」做為重要的手段，造成了新一波的政治衝突。衝突首先產生在朝廷之內。

明帝遺詔以西陽王司馬羕等七人，受顧命而為輔政大臣，在庾亮推崇其妹為皇太后臨朝稱制之後，進一步以中書令庾亮與司徒王導兩人參輔朝政；事實上，朝政全由庾亮一人決定。輔政之初，庾亮卻因「任法裁物」，而「頗以此失人心」。〔註161〕庾亮一反元帝時期為了弭合帝室與王室，乃至個人與王氏的猜嫌而排抑法術的態度，轉而主動任法、重法以為執政的手段。「任法」政策的實施，事實上是從朝廷內開始的，「任法」的大臣也不僅庾亮而包括卞壺等大臣，他們企圖整頓大權集中卻「朝政多門」的朝廷，〔註162〕並為下一步整頓州鎮勢力進行準備。

明帝崩後，庾亮引用鍾雅為御史中丞，上任不久便彈劾尚書梅陶，從此「直法繩違，百僚皆憚之」。〔註163〕梅陶與陶侃親善，受其舉薦而為尚書，鍾雅此舉似有獲得庾亮支持的可能，因此不畏得罪任總上游軍權的陶侃。與庾亮「對直省中」，共參朝廷政務的尚書令卞壺，執法不阿力圖維護朝廷體制；曾奏劾王導「虧法從私，無大臣之節」，甚至奏劾御史中丞鍾雅「阿撓王典，不加準繩」，以褒貶為己任，勤於政務，企圖「軌正督世」。〔註164〕這些政治活動都與重法有關，顯然並非偶發事件，這些人物任法的作為顯然是有所依恃，而頗合於庾亮「任法裁物」的政策。

受此政策衝擊最大的，乃是掌握禁軍的宗室諸王。明帝駕崩之後不久，太寧三年（325）十一月，廣陵相曹渾因罪而下獄致死。〔註165〕曹渾原為中軍將軍司馬，屬於明帝倚重的禁軍將領，參與了平定王敦、王含之亂；依據同伍段秀的出身推測，曹渾可能也是流民之屬。〔註166〕廣陵為流民南渡的要津，曹渾應當是在平亂之後，藉勳功而由禁軍統領擢升為廣陵相。為明帝繼續安

〔註161〕《晉書》，卷73〈庾亮傳〉，頁1918。

〔註162〕陶侃之語：見《晉書》，卷73〈庾亮傳〉，頁1919。

〔註163〕鍾雅於明帝駕崩、庾亮掌權之後，方才遷為御史中丞；庾亮原本猜疑陶侃，由此推測鍾雅彈劾陶侃舊友梅陶，可能獲得庾亮的支持；見《晉書》，卷70〈鍾雅傳〉，頁1878。

〔註164〕《晉書》，卷70〈卞壺傳〉，頁1870～1871。

〔註165〕《晉書》，卷7〈成帝紀〉，頁169。

〔註166〕《晉書》，卷6〈明帝紀〉，頁162。

撫南渡流民曹渾遭到入罪而死，當是庾亮掌權之後，「任法裁物」的結果，而且頗有針對動輒遇事爲亂的禁軍。

　　爲明帝從祖父的西陽王司馬羕，如前所述，與其弟南頓王司馬宗掌握了一批以流民爲基礎的軍事力量，與明帝建立的禁軍性質相同。司馬宗與虞胤共同統率禁軍，受到明帝的信賴。關於此事，《通鑑》記載了一些特有的材料：司馬宗與虞胤受到明帝信任，分別爲左、右衛將軍，「典禁兵，直殿內，多聚勇士以爲羽翼」，遭到王導、庾亮兩人的嫌忌，屢向明帝訴說二人的是非；但是明帝似乎更加信用二人，甚至將「宮門管鑰，皆以委之」。〔註167〕《晉書》記載，司馬宗與王導、庾亮的「志趣」不同，其實是指雙方的政治立場不盡相同，因而彼此猜疑。〔註168〕明帝病重之後，司馬宗與虞胤嚴禁宮門，庾亮欲求見明帝卻遭排拒門外，司馬宗甚至叱責他說：「此汝家門戶邪！」〔註169〕司馬宗、虞胤和司馬羕密謀「將廢大臣，規共輔政」，庾亮入諫明帝，陳述司馬羕兄弟等人的跋扈行徑，因此促使明帝「感悟」。〔註170〕後來，明帝引見司馬羕、王導、卞壼、郗鑒、陸曄、庾亮和溫嶠等七人，使他們接受遺詔爲顧命大臣，共同輔佐成帝；從輔政大臣的名單來看，《通鑑》以明帝未採納庾亮諫言的記述可能較近事實，否則便無司馬羕同受顧命詔一事。〔註171〕不過，庾亮排除司馬宗等人的企圖，終究還是成功了；司馬宗和虞胤分別被解除二衛將軍，不再掌管宮門禁衛，而由司馬羕以外的顧命大臣輪流「入殿將兵直宿」，守護著即將臨終的明帝。〔註172〕

　　庾亮成功的關鍵，在於他聯合了其他的禁軍力量，以實力迫使司馬宗、虞胤兩人必須讓出宮門禁衛。〔註173〕紀瞻曾於太寧二年（324），以領軍將

〔註167〕《通鑑》卷93，頁2937。
〔註168〕《晉書》，卷59〈南頓王宗傳〉，頁1595。
〔註169〕《通鑑》卷93，頁2937。
〔註170〕《晉書》，卷59〈南頓王宗傳〉，頁1595；卷73〈庾亮傳〉，頁1917～1918。
〔註171〕《晉書》，卷59〈南頓王宗傳〉（頁1595）與卷73〈庾亮傳〉（頁1918）均載，明帝聽完庾亮進說以後，便「感悟」，若此事可信，理應無司馬羕受詔輔政之事；此據《通鑑》卷93，頁2937。
〔註172〕《晉書》，卷59〈南頓王宗傳〉，頁1595；卷77〈陸曄傳〉，頁2024。〈陸曄傳〉不載司馬羕與諸顧命大臣輪流入直；司馬光則以爲，輪流入直者包含司馬羕；見《通鑑》卷93，頁2937。
〔註173〕張國安，〈晉明帝末年統治集團內部的一次鬥爭〉，《北京大學學報（哲社版）》1986：4，頁128。

軍爲明帝「臥護六軍」；〔註174〕卞壼繼其之後爲領軍，明帝疾篤之際，改由吳人陸曄繼任。〔註175〕陸曄接受「委任六軍」的時機及受顧命的內容看來，應與庾亮排除司馬宗等原有禁軍力量的計劃有關。〔註176〕另一位是右衛將軍趙胤，他在明帝末年本爲建威將軍，後來受到王導引用，可能也參與了這一次庾亮廢黜禁軍的行動，而代替虞胤爲右衛將軍，而且獲得了王導的認可；〔註177〕同時，以褚翜爲左衛將軍。〔註178〕此外，宮門以外的禁軍也發生了宿衛職務的異常調動。明帝臨終之際，劉超先出爲義興太守，隨即又徵入爲中書侍郎，「拜受往還，朝廷莫有知者」，異常快速的遷授任命，疑非出自明帝，而是來自庾亮的授意。〔註179〕庾亮遣出劉超，不久又召入，應是使其在外召募軍士，以爲庾亮對抗原有的禁軍之用。於是，明帝駕崩、庾皇后臨朝，庾亮正式掌握大權之後，便遷轉擁有眾多「義興故吏」的劉超爲射聲校尉，「時軍校無兵，義興人多義隨（劉）超，因統其眾以宿衛，號爲『君子營』」；而在司馬宗等人被解除宿衛任務之後，劉超也隨即去職。〔註180〕由此看來，明、成之際劉超短暫的「宿衛」任務，事實可能只是爲庾亮等大臣防禦司馬宗等人。綜合上述可知，這一次以變更禁軍將領的政治措施，除了庾亮、王導，更可能獲得了司馬羕以外的其他輔政大臣的認許，因此輔政大臣之間才未發生另一波的政爭。

庾亮成功更換禁軍之後，司馬宗與虞胤陰謀起兵反亂，爲御史中丞鍾雅的舉發，並由右衛將軍趙胤率領禁軍採取行動，結果僅止司馬宗一人遭到殺害。〔註181〕事後，其兄西陽王司馬羕與二子，以及及姪孫汝南王司馬統一併遭到廢黜。〔註182〕關於此事，學者多認爲庾亮有排抑宗室、自固權位之嫌。

〔註174〕《晉書》，卷68〈紀瞻傳〉，頁1823。

〔註175〕卞壼在「明帝不豫」時，由領軍轉領尚書令，陸曄代爲領軍可能即在此時；見《晉書》，卷70〈卞壼傳〉，頁1870；卷77〈陸曄傳〉，頁2024。

〔註176〕另參張國安，〈晉明帝末年統治集團內部的一次鬥爭〉，《北京大學學報（哲社版）》1986：4，頁128。

〔註177〕太寧二年（324），趙胤以建威將軍受封湘南縣侯；咸和二年（327），由右衛將軍改爲冠軍將軍；又，趙胤誅殺司馬宗，獲得王導與庾亮共同的信用；見《晉書》，卷6〈明帝紀〉，頁162；卷7〈成帝紀〉，頁171；卷57〈趙誘傳〉，頁1567。

〔註178〕褚翜南渡之前，曾經率領流民轉戰各地；《晉書》，卷77〈褚翜傳〉，頁2032。

〔註179〕《晉書》，卷70〈劉超傳〉，頁1876。

〔註180〕《晉書》，卷70〈劉超傳〉，頁1876。

〔註181〕《晉書》，卷59〈南頓王宗傳〉，頁1595。

〔註182〕《晉書》卷59，頁1594～1595。

〔註183〕然而，此事不應單純視為異姓大臣與宗室之間的衝突，更非庾亮一人之力所能辦到。司馬羕、司馬宗等汝南王後嗣橫遭牽連，而為輔政大臣或廢或殺，實與元帝以來產生於宗室之間的政治風波有關。

原來，愍帝在長安建立的朝廷陷沒之後，晉朝呈現中樞無主。愍帝於城陷之前曾下詔涼州奉戴元帝，並遣宋哲齎命使元帝即位，同時劉琨等河北晉人勢力也都同心奉戴，時為丞相的元帝其實已具備繼位的正當性。〔註184〕當時，琅邪王氏的勢力已經成熟，王氏領袖之一的王敦，手握重兵意欲專攬朝政，因此不欲奉戴尚稱英明的元帝即位，而欲使幕府「別議」另立他人為帝。〔註185〕王敦「別議另立」的對象，雖然史無明文記載，可能的人選，也就是除了元帝之外的南渡宗室諸王，尚有汝南王司馬祐、彭城王司馬雄、西陽王司馬羕和南頓王司馬宗，四王當中汝南、西陽和南頓又為近屬，而西陽王司馬羕似乎更受到王敦的囑意；這一點可由王敦和司馬羕的互動，以及司馬羕的行跡略探其蛛絲馬跡。

王敦不願使元帝即位，欲使幕府推立他王為帝，此事當在建興五年（即建武元年，317）。王敦的企圖雖然未能實現，元帝卻已察覺，因此故意使司馬羕兄弟統領流民北渡，「以實中州」，欲出其兄弟二人於政治中心以外。〔註186〕隻身在南的元帝，面對可能奪位的司馬羕兄弟、叔侄，因此產生了嚴重的心結。元帝謀劃以心腹大臣分張於州鎮以對抗王敦之際，宗室之中寧願起用望實均淺的譙王司馬承，而捨棄位尊秩重加有軍實的司馬羕兄弟。原因可能是，司馬羕曾對元帝的即位造成負面影響，這個影響中又隱含著王敦的政治野心；換言之，司馬羕與王敦對帝位的威脅性，遂使元帝對他們產生戒心。永昌元年（322），王敦兵下建康，殺害包含司馬承在內的元帝腹心，元帝抑鬱以終；司馬羕兄弟在這場軍事對抗中，未見任何積極活動，極有可能意存觀望兩方。王敦再次欲行廢立之事，只是此次對象由元帝改為時居儲君的明帝；〔註187〕王敦同樣未曾明示廢明帝之後，將「立」何人。明帝之外，元帝諸子均年幼易於制服，但是

〔註183〕田餘慶，《東晉門閥政治》，頁 109～111；張國安，〈晉明帝末年統治集團內部的一次鬥爭〉，《北京大學學報（哲社版）》1986：4，頁 127～128。
〔註184〕《晉書》，卷86〈張軌傳〉，頁2228；卷6〈元帝紀〉，頁144～145。
〔註185〕《晉書》，卷65〈王導傳〉，頁1749～1750。
〔註186〕《晉書》，卷59〈西陽王羕傳〉，頁1594。
〔註187〕《晉書》，卷6〈明帝紀〉，頁159；又，王敦似有奉立明帝之弟、東海王司馬沖之意；見同書，卷98〈王敦傳〉，頁2563。

王敦也不無推舉司馬羕的可能性。隔年（323），在王敦操持朝權的情形下，以司馬羕爲太宰，並且加賜羽葆、斧鉞和班劍六十人等殊榮，然而這一次進位賜命的殊禮榮譽並非明帝的意思，而是出自王敦，反映出王敦援引司馬羕的意圖。〔註188〕明帝即位之初，更對王敦、王導、薛兼（按，江東士族，不久去世）和司馬羕在內的四位大臣，特別下詔表達最高的尊崇之意。〔註189〕司馬羕獲得尊禮，除了宗室元老的身份之外，更存在著王敦的影響。

司馬羕屢有矯縱不法的行徑，他擁有流民以爲軍實，並放兵於長江航道上劫掠行旅，元帝所以詔原不問，固然不宜殺害宗室以自弱帝室，另一方面可能也是礙於王敦與司馬羕的關係。〔註190〕由於司馬羕以流民爲其武力後盾，明帝平定王敦、王含之後，司馬羕與入援建康的兗州刺史劉遐，都曾放任屬下以流民爲基礎的兵士任意虜掠。〔註191〕司馬羕放兵爲亂的不法行徑，實爲明帝所知，卻下詔不予追究，可能與明帝親信其弟司馬宗有所關聯。〔註192〕明帝遺詔雖命司馬羕輔政，但是卻不使他入值宿衛，〔註193〕也可能是爲了避免司馬羕聯合握有兵權、「志趣」與諸輔政大臣不同的司馬宗造亂於宮內，重演西晉諸王亂政，因此才產生了以司馬羕輔政，卻剝奪司馬宗兵權的矛盾現象，也正是庾亮進諫明帝的關鍵因素。此一產生於元帝時期的宗室問題，經過明帝至成帝初年，方才由庾亮等人以「任法」的手段加以解決。

除了朝廷之內的宗室與禁軍問題，對於在外的州鎮官長的繼位，朝廷也積極介入，並且遵行「任法」的原則，欲將州鎮官長的人事任命權力，完全由朝廷掌握。因此，庾亮「任法」的次一對象便是州鎮勢力，特別是藉由平定王敦之亂而鞏固權位的劉遐、蘇峻和陶侃等將。

咸和元年（326）六月，北中郎將、監淮北軍事、徐州刺史劉遐卒於任內，朝廷立即將府州職位分別授予郭默與郗鑒。然而，劉遐的部曲故將李龍、卞咸等人拒絕接受朝廷的安排，並擁立其子劉肇繼任襲位；結果李龍等人爲朝廷討平，府州官長悉由朝廷安排人選接任。〔註194〕同年八月，庾亮又以契同

〔註188〕《晉書》，卷6〈元帝紀〉，頁156；卷59〈西陽王羕傳〉，頁1594。

〔註189〕《晉書》，卷68〈薛兼傳〉，頁1832。

〔註190〕《晉書》，卷59〈西陽王羕傳〉，頁1594；卷66〈陶侃傳〉，頁1770。

〔註191〕《晉書》，卷59〈西陽王羕傳〉，頁1594；卷81〈劉遐傳〉，頁2130。

〔註192〕《晉書》，卷59〈西陽王羕傳〉，頁1594。

〔註193〕除了〈明帝紀〉與〈西陽王羕傳〉以外，其餘所目顧命輔政大臣的名單，均無司馬羕之名；見《晉書》，卷67〈溫嶠傳〉，頁1789；卷77〈陸曄傳〉，頁2024。

〔註194〕《晉書》，卷7〈成帝紀〉，頁170；卷81〈劉遐傳〉，頁2130～2131。

友執的輔政大臣溫嶠，代應詹爲江州都督、刺史。〔註195〕大體說來，朝廷似乎完全掌握了地方官長的人事權。當時，歷陽內史蘇峻居鎮建康上游，得地利之便而收容「得罪之家有逃死者」，並且「專用威刑」，無視於僅一江之隔的朝廷與法制。〔註196〕庾亮符下蘇峻要求遣送「亡命」卞咸之兄卞闡，蘇峻卻將其藏匿起來，顯然違背了朝廷「任法」的精神，抗拒朝廷集中大權的作法。〔註197〕庾亮將徵蘇峻入爲大司農，欲藉此事解除其兵權，更於朝廷公開宣言指稱蘇峻必將爲惡，更以自己的做法譬喻爲西漢「朝（晁）錯勸漢景帝早削七國事」。〔註198〕庾亮公開這一番意見，將蘇峻視爲朝廷集權的障礙之一，更透露了他心中已有一套如同「削七國」的削弱州鎮計劃。因此，庾亮遣出溫嶠代替應詹爲江州刺史，並修葺石頭城以鞏固政治中心建康。〔註199〕同時，王導也遣出從兄弟王舒爲會稽內史，以爲朝廷的外援。〔註200〕軍事上張布聲勢制衡江北的歷陽內史蘇峻，以及都督長江上游諸州的荊州刺史陶侃。

　　另一群與庾亮並無直接勢力衝突的士族人物，他們的政治動向提供了一個考察當時政局的不同角度。具放達之風、且爲「時望所歸」的阮孚，在咸和初年（326），因爲庾太后臨朝「政出舅氏」，因此求出外鎮，除都督交廣寧三州軍事、鎮南將軍、領平越中郎將、廣州刺史、假節。〔註201〕同時，少與阮孚齊名的族人阮放，也因爲「成帝幼沖，庾氏執政」，而求出外鎮，除監交州軍事、揚威將軍、交州刺史。〔註202〕兩人出鎮原因相同、時間相當，阮孚爲三州都督於交州爲大府，居於阮放之上，頗疑兩人出鎮廣、交二州，出自二人或家族共同的謀劃。〔註203〕阮孚在出鎮以前，曾對庾亮專制朝權表示了

〔註195〕《晉書》，卷7〈成帝紀〉，頁170。
〔註196〕《晉書》，卷73〈庾亮傳〉，頁1918；卷100〈蘇峻傳〉，頁2628。
〔註197〕一說卞咸、卞闡爲司馬宗黨羽，一說卞咸爲劉遐部曲，然可確知卞咸於咸和元年遭到朝廷誅殺，其兄卞闡爲蘇峻藏匿，蘇峻是否因此與朝廷產生齟齬，受材料限制無法詳論：見《晉書》，卷73〈庾亮傳〉，頁1918；卷81〈劉遐傳〉，頁2131。
〔註198〕《晉書》，卷70〈卞壺傳〉，頁1871。
〔註199〕《晉書》，卷73〈庾亮傳〉，頁1918。
〔註200〕《晉書》，卷76〈王舒傳〉，頁2000。
〔註201〕《晉書》，卷49〈阮孚傳〉，頁1365。
〔註202〕《晉書》，卷49〈阮放傳〉，頁1367。
〔註203〕除官之後，阮孚「未至鎮」而卒，即卒於途中；阮放在赴鎮途中，伏兵殺害自交州北還的陶侃部將高寶，受到高寶部眾攻擊而敗走，頗疑阮孚便因此爲高寶部眾殺害；見《晉書》，卷49〈阮孚傳〉，頁1365。

深切的憂心：

> 今江東雖累世，而年數實淺。主幼時艱，運終百六，而庾亮年少，
> 德信未孚，以吾觀之，將兆亂矣。〔註204〕

明帝去世時，庾亮年方三十七歲，首次以護軍將軍、加給事中、中書令的身份總綰朝政，在此之前並無實質的理政經驗。由於成帝年幼無法親政，於是庾亮藉由帝舅身份、掌管詔命的中書令職權，總綰朝政大權。〔註205〕庾亮既為實質的宰輔，自然成為朝廷「任法」政策的代表人物。而反對此一政策者，遂以「年少」從政經驗不足，「德信未孚」使大臣怨望流言，來攻擊庾亮及其代表的朝廷政策。不贊同者如阮氏家族，則力求外出避禍。庾亮等人所推動的「任法」政策，以集中權力於朝廷，違反當時分權的政治趨勢，終於引發了以蘇峻、祖約為首的州鎮之亂，也破壞了明帝末年一度重振的皇權與朝廷威信。

蘇峻與祖約反叛之初，庾亮特別頒下詔書禁止徐、兗二州都督郗鑒、「三吳義兵」和江州都督溫嶠等州鎮勢力入援的請求；反而要求郗鑒拒守「北寇」，更使溫嶠勿越「雷池一步」，以嚴防「西陲」的陶侃。〔註206〕庾亮本來的企圖，可能在使江州、徐州等州鎮維持既有的軍事形勢，制衡上游的陶侃和下游北岸的後趙軍事威脅，因而禁止州鎮入援。〔註207〕面對蘇峻等的入犯，庾亮並非全無準備，在軍事上依恃禁軍的力量，亦即成帝即位以後重新建置的宿衛武力。〔註208〕關於建康的防禦軍事，宮城之內，以原左衛將軍褚翜為侍中、典征討軍事；〔註209〕原領軍將軍陸曄與其弟以親兵入衛；〔註210〕以劉超為左衛將軍率領義興故吏入宮宿衛。〔註211〕宮城之外，召北中郎將郭默入為後將軍，領屯騎校尉，〔註212〕與原右衛將軍趙胤、驍騎將軍鍾雅，以及左將軍司

〔註204〕《晉書》，卷49〈阮孚傳〉，頁1365。

〔註205〕《晉書》，卷32〈明穆庾皇后傳〉，頁973；卷73〈庾亮傳〉，頁1918。

〔註206〕《晉書》，卷67〈郗鑒傳〉，頁1799；卷73〈庾亮傳〉，頁1918。

〔註207〕亂事初起，陶侃本無入援建康的行動，可見其與朝廷間的嫌隙已經構成：見《晉書》，卷66〈陶侃傳〉，頁1775。

〔註208〕呂思勉認為，「蓋亮必自度兵力，尚可堅守，以待外援」：見氏著，《兩晉南北朝史》上冊，頁142。

〔註209〕《晉書》，卷77〈褚翜傳〉，頁2032。

〔註210〕《晉書》，卷77〈陸玩傳〉，頁2025。

〔註211〕本傳稱其代趙胤為左衛將軍，當時左衛實為褚翜；見《晉書》，卷70〈劉超傳〉，頁1876；卷77〈褚翜傳〉，頁2032。

〔註212〕《晉書》，卷63〈郭默傳〉，頁1715。

馬流等將領，共同率領禁軍，接受領軍將軍卞壺的節度。〔註213〕建康陷沒之後，王導和庾亮又分別囑託劉超、鍾雅，使兩人親自護衛成帝，代行禁軍宿衛之職。〔註214〕這些將領的職銜與經歷，明白顯示了庾亮集權朝廷所憑依的武力性質，即其重建的禁軍。但是，庾亮與朝廷依恃的禁軍，卻慘遭大敗，州鎮勢力再度攻陷作爲東晉政治中心的建康。

太寧三年至咸和二年（325～327），明帝以來政治上集權朝廷的發展趨勢，因爲朝廷的軍事失利而宣告失敗。嗣後，參與平定蘇峻之亂的庾亮、陶侃和郗鑒等人，無不兼任宰輔與州鎮官長，地方權重的傾向又再抬頭，東晉的政治局勢再次朝向州鎮分權的趨勢發展，而使「分陝」政治再次出現。

結　論

西晉末年以來，政治中心發生的政爭不斷，地方上則是變亂與外患相仍，原本權力集中的朝廷威權盡失，代之而興的是乘地方分權風氣而起的州鎮。在地方事務日漸重要的趨勢下，爲了因應地方的軍事需要，朝廷普遍在各地州鎮設立都督制以委任重臣，並逐漸將原屬朝廷專有的軍民政權力授予州鎮官長。「東海王集團」便是結合這些新興的州鎮勢力，實現分立於朝廷之外，因而自爲政治中心，重行安排州鎮官長的勢位；最初，司馬睿便是「東海王集團」安排的州鎮勢力之一，是司馬越「分陝」的地方勢力基礎之一。隨著司馬睿在江東建立州鎮幕府，進一步思圖搏聚江東的州鎮勢力，建立以其爲中心的政治秩序。司馬睿及幕府的地位，漸由州鎮成爲地方上的政治中心，分立於「東海王集團」與愍帝朝廷之外。

由幕府到自爲朝廷，元帝司馬睿爲拓展勢力範圍，先將軍權委授琅邪王氏的王敦，擁據上游形勢優越之地，繼以權宜的兼州都督職任，統轄東晉大半壁的「天下」；王敦不僅在州鎮上專擅威權，更兼爲宰輔而干預朝政，形同分立於建康朝廷之外的政治中心。王敦的「分陝」清楚顯示了此時地方分權的趨向，反映的不僅是集權朝廷與皇權的衰落，士族高門政治權力的膨脹，還涉及江東諸州之間的區域性差異。王敦「分陝」而治，也透露了「分陝」

〔註213〕卞壺本傳中，稱其率領的軍隊爲「六軍」，可以視爲泛指官軍，或狹義的禁軍；根據卞壺諸人的官銜，以及當時可用的兵源，此處「六軍」應指狹義的禁軍；見《晉書》，卷7〈成帝紀〉，頁171～172；卷70〈卞壺傳〉，頁1872。
〔註214〕《晉書》卷70，頁1876，1878。

的基礎乃是具體的軍實、形勝之地和都督制度，「分陝」政治的運作更涉及門第社會所注重的名望與人才群體，乃至士族之間的利益協調。

　　然而，地方分權的趨勢並非全無挑戰的對手；與地方分權抵牾最大者，便是謀求大權集中的朝廷與皇帝。元帝居藩之時，原本名望不高，為求「分陝」於江東，故而委授「素有重名」的王敦為其建立統治的軍事基礎，此時分權實迫於無奈。元帝即位後，曾試圖扭轉王敦代表的分權趨勢，以任法和軍事為手段，卻因損及南北士族的共同利益而功敗垂成。明帝即位後，依舊企圖重振皇權，此時王敦逐漸萌生的纂晉企圖，威脅了士族階層的利益，因此促成明帝一時逆轉地方分權與皇權旁落的趨勢，不僅壓抑了權偪帝室的琅邪王氏，分化了總督上游州鎮的分立於外的形勢。輔佐繼位的成帝、承襲明帝集權政策的輔政大臣庾亮，用任法為手段而以重行建立的禁軍力量為基礎，不僅企圖加強控制朝廷以外的州鎮，不令出現另一個存有異圖的政治中心，同時排除朝廷以內影響集權的人物，意欲確立朝廷所在的建康為江東唯一的政治中心。但是，庾亮對集權朝廷的政策操之過急，大失士族高門之心；加以錯誤估量朝廷內外軍事力量的消長，徒恃禁軍的實力，而為反對集權的州鎮勢力所敗。嗣後，朝廷仍須仰賴州鎮平定州鎮之亂，朝廷集權的態勢曇花一現，州鎮分權的趨勢又再興起，甚至庾亮本人也不得不由朝廷出居州鎮，遙執朝政，助張了州鎮分權的趨勢，延續了東晉「分陝」政治的發展。

第四章　東晉中後期的「分陜」政治

前　言

　　王敦與蘇峻之亂以後，東晉的立國形勢依舊首重上游和下游；換言之，政治重心隨朝廷所在而繫於長江下游的揚州，上游荊州西北兩面敵對勢力的軍事威脅依舊存在，而且情勢緊張，因此上游軍事地位的重要性未減，軍事上無論積極北討境外抑或消極保衛宇內，朝廷仍需維持上游軍事力量與相應的號令機制。在此前提下，朝廷遣出居鎮並都督上游各州鎮的官長人選，尤其是官長人選的個人習尚資質及其家族的性質，成為此一時期政治問題的焦點。

　　東漢時期士人因為活躍於政治、社會，逐漸超越地域、形成一個新的社會階層，在此階層之內的士人又各自以家族團體為單位，形成一個個的士人家族，這些家族成為士族的集體力量。士族以集體力量的形式，又逐漸發揮其社會和政治上的影響力：在朝廷，他們成為中央與地方官長的主要人選，並且在許多方面代表朝廷來統治地方；在地方上，他們則成為鄉里的領導人物，象徵並代表著地方社會與朝廷進行各種互動。換言之，東漢以降，士族不僅掌握了所謂的「官僚組織」，同時也掌握了「社會組織」，因而成為朝廷與地方之間聯繫、互動的關鍵。〔註1〕因此士族形同主掌了整個國家，而且是以集體力量的形式，也就是家族的形式，此乃魏晉南北朝時期士族社會的特徵。在此時代特色之下，東晉時期企圖或達成分立政治中心的政治人物，無

〔註1〕　參見甘懷真，〈中國中古士族與國家的關係〉，《新史學》2：3（1991.9），頁99～116。

論其是否屬於最高層級的士族，無一不仰賴於集體力量的支持，尤其是來自關係最親近的家族的奧援。因此，「分陝」政治是成也家族敗也家族，均與此時政治、社會集體力量作用顯著的現象密不可分。

東晉的「分陝」政治自王敦之後，由陶侃經過庾亮兄弟到桓溫爲止，形成一種相當穩定的政治運作模式：政治家族的代表人物成爲總督上游州鎮的官長，以軍事力量藩屏朝廷，取得干預朝廷的名位，同時利用州鎮官長的權力爲自身與家族的勢力謀求發展。由於「分陝」的政治人物除了身任地方最高官長，往往兼任「天子之相」，以州鎮勢力爲基礎進而干預朝政，一如「分陝二伯」的身份與權任。

本章著重考察東晉形成「分陝」政治的關鍵因素──上游都督，特別就其與東晉政治集權與分權的政策和趨勢的關係，以及「分陝」政治的形成與政治制度的關係，進而掌握「分陝」人物的背景，以及家族勢力對「分陝」政治的影響。在上述主題之外，就有限的材料範圍內，考察上游州鎮軍事力量的發展，特別是軍事將領與軍事力量的規模。以下根據上游都督權任的移轉，將蘇峻亂後至桓玄敗亡之前的東晉歷史（329～405），畫分爲四個時期，並對各個時期的「分陝」政治，分別進行討論。首先論述成帝以下，以家族或其他群體力量爲基礎實現的上游「分陝」，以及「分陝」政治由朝廷意志的延伸，轉而背立朝廷的過程，試圖呈現東晉「分陝」政治的性質變化；同時，著重討論「分陝」人物的家族背景，以探求其權力基礎憑依家族集體力量的特徵。

一、陶侃、庾亮家族與「分陝」政治：
咸和四年至永和元年（329～345）

王敦之後上游「分陝」形勢的再度產生，是在成帝咸和四年（329）；起因爲長江下游的蘇峻發動的軍事叛亂，朝廷依恃的禁軍戰敗，欲借重上游的軍事力量，因此徵召總綰上游州鎮軍政的陶侃（259～334）入援。主持朝政的庾亮藉由結援溫嶠、陶侃和郗鑒等人，使州鎮官長以相互結盟的方式在朝廷以外形成一個臨時性的政治中心。然而，平亂之後，陶侃、溫嶠、庾亮和郗鑒解散同盟。主導朝廷「任法」集權的庾亮，因引發亂事的政治責任，由輔政大臣出爲州鎮官長；明帝以來集中權力於朝廷、鞏固建康爲唯一政治中心的政策，至此隨著蘇峻亂事成爲昨日的陳跡。在此情形之下，地方分權的傾向再次興盛，曾

爲「盟主」的上游都督陶侃，以軍功取得了「大位」與「大名」，聲望與實力都得到極大的提昇。陶侃「超居外相，宏總上游」，唐人認爲其「望隆分陝，理則宜然」，幾無異於王敦分朝廷大權的「分陝之任」。〔註2〕

由廬江郡督郵開始仕宦生涯的陶侃，其人特點之一爲注重實務而「勤於吏職」，「用法」嚴繩府州參佐不重實務及貪污公私物用者，使得自交州南陵乃至益州白帝，「數千里中，路不拾遺」。〔註3〕陶侃曾經對遭其處罰的「參佐」乃至「吏將」，一再申明禁止蒲博、談玄等「逸遊」、「浮華」諸事；謝安稱贊「陶公雖用法，恒得法外意」。〔註4〕他在謝讓大將軍表中表示：「臣常欲除諸浮長之事，遣諸虛假之用，非獨臣身而已」。〔註5〕此外，他頗有「致力中原」的志圖，臨終前還上表款款訴其心志。〔註6〕

最初，明帝使軍伍崛起的陶侃出鎮上游，都督實土荆州和雍、益、梁三個僑州的軍事，〔註7〕本有爲朝廷分割琅邪王氏家族的「上流之勢」，使上游州鎮復歸朝廷節度之下。〔註8〕換言之，陶侃出鎮上游可視爲朝廷意志的延伸，屬於明帝集中權力於朝廷的措施之一。但是，隨著明帝去世、庾亮接掌朝廷，陶侃便漸由朝廷的支持者趨向了對立面。

蘇峻亂起，防衛建康的禁軍大敗，推動朝廷集權的庾亮頓失武力憑依，不得不轉而向徐、江二州鎮官長郗鑒、溫嶠求援，互相結爲同盟。〔註9〕後來，同盟欲借重上游荆州的軍實平亂，因此共推「位重兵強」的四州都督陶侃爲盟主。〔註10〕接著，以陶侃幕府爲義軍盟府，正式傳檄四方征鎮聲討叛臣，企圖推翻蘇峻等人挾持的建康朝廷。〔註11〕陶侃以「盟主」身份，表王舒監浙東軍

〔註2〕　《晉書》，卷66〈陶侃傳〉，頁1782；卷37〈譙閔王承傳〉，頁1105。
〔註3〕　《晉書》，卷66〈陶侃傳〉，頁1768，1773～1774，1778。
〔註4〕　陶侃之語，原作：「樗蒲者，牧豬奴戲耳！《老》《莊》浮華，非先王之法言，不可行也。君子當正其衣冠，攝其威儀，何有亂頭養望自謂宏達邪！」見《晉書》，卷66〈陶侃傳〉，頁1774；謝安之語見，頁1779。
〔註5〕　《晉書》，卷66〈陶侃傳〉，頁1773，1777。
〔註6〕　《晉書》，卷66〈陶侃傳〉，頁1773，1777。
〔註7〕　始於太寧二年（324）：見《晉書》，卷6〈明帝紀〉，頁1；卷66〈陶侃傳〉，頁1773。
〔註8〕　唐人稱之爲「強本弱枝」；見《晉書》，卷6〈明帝紀〉，頁165。
〔註9〕　庾亮逃離建康，權稱庾太后口詔以邀結郗鑒等州鎮官長；見《晉書》，卷67〈郗鑒傳〉，頁1799；參見《通鑑》卷94，頁2952～2953。
〔註10〕　《晉書》，卷67〈溫嶠傳〉，頁1790；卷73〈庾亮傳〉，頁1918。
〔註11〕　《晉書》，卷67〈溫嶠傳〉，頁1790～1792。

事，虞潭監浙西軍事，郗鑒都督揚州八郡諸軍事；並由郗鑒節度王舒、虞潭。
〔註12〕義軍攻入建康近郊以後，形勢已定，於是更立盟府為「行臺」，「布告天
下」召集「故吏二千石、臺郎御史以下」，壯大同盟的政治聲勢。〔註13〕溫嶠、
庾亮和陶侃等人高舉義旗，進而建立同盟、傳檄州鎮，最後建立臨時朝廷性質
的「行臺」，雖然整個過程中以陶侃為「盟主」，但是同盟的「處分規略」大多
出於溫嶠的計議。〔註14〕由此看來，此時於朝廷以外分立的政治中心，具有臨
時性與集體性的特徵，而且參與者包括上下游的州鎮；州鎮以「勤王」的名義
而相互結合為同盟，形成集體的軍事力量，不同於為門戶私計而分張家族勢力，
形成以家族為基礎的上游「分陝」政治。不過，此一集體力量構成之政治中心，
並未如「東海王集團」一般，以單一人物為集團的中心。

陶侃平定蘇峻，以軍功遷為侍中、太尉，並加都督交、廣、寧三州。〔註15〕
他不再僅是「疆場外將」，以太尉之尊居「外相」的地位干預朝政。郭默矯詔殺
害江州刺史劉胤而自行繼任，王導本欲下詔承認郭默據有江州的事實。〔註16〕
然而，陶侃不顧象徵制度與皇權的詔令，以「國家年小，不出胸懷」為由不奉
詔令，逕自出兵江州。〔註17〕此外，陶侃曾公開表示，「理有益於聖世，臣豈與
朝廷作異」，說明他與當時王導執政的「朝廷」間有所嫌隙；〔註18〕並曾與庾亮、
郗鑒等州鎮官長商議，欲共起兵眾廢黜王導。〔註19〕

除了名位逐漸遷昇，陶侃也逐漸擴展控制的地域，在制度上表現為都督
區的擴大，以及兼併中上游的實土州鎮。平定蘇峻以後，陶侃總督揚、豫二
州以外、上游的七州軍事，都督區域遼闊。湘州刺史卞敦於亂起之際觀望時
局，遭到陶侃奏劾，湘州因此被併入陶侃直接控有的荊州。〔註20〕合併湘州

〔註12〕《通鑑》卷94，頁2957。
〔註13〕《晉書》，卷67〈溫嶠傳〉，頁1794。
〔註14〕《晉書》，卷67〈溫嶠傳〉，頁1794。
〔註15〕咸和四年（329）：見《晉書》，卷7〈明帝紀〉，頁174；卷66〈陶侃傳〉，頁
1775。
〔註16〕《晉書》，卷63〈郭默傳〉，頁1716。
〔註17〕《晉書》，卷66〈陶侃傳〉，頁1775；參見呂思勉，《兩晉南北朝史》上冊，
頁143。
〔註18〕《晉書》，卷66〈陶侃傳〉，頁1776。
〔註19〕《晉書》，卷73〈庾亮傳〉，頁1921～1922。
〔註20〕咸和四年（329）：見《晉書》，卷7〈明帝紀〉，頁174；卷70〈卞敦傳〉，頁
1874。

之後，陶侃又藉口「江陵偏遠」，將鎮所自江陵移往湘州的巴陵。〔註21〕所謂「江陵偏遠」，實指其地距離建康較遠。〔註22〕不久，陶侃更在王導、庾亮二人之前，率先誅殺郭默而進據江州，迫使朝廷追認事實，委由陶侃兼領江州都督、刺史。〔註23〕他則藉此機會，進一步將鎮所往下游移動，從巴陵遷鎮武昌。〔註24〕至此，陶侃不但兼領荊、江二實土州、都督上游八州，完全據有長江中上游之地。陶侃既已「據上流，擁強兵」，〔註25〕進而擴大都督區與遷徙鎮所，實顯露其逐漸勢逼建康、覬覦朝廷的的意圖。軍功的建立以及都督區域的擴大，使得陶侃總督上游的性質，逐漸由朝廷權力的延伸轉變為與朝廷對峙的另一政治中心。

陶侃總督上游僑實八州之地，實質已形成朝廷以外的另一政治中心，但是陶侃終未與朝廷對立，而且晚年「懷止足之分」，保持州鎮長官的職份「不敢越局」左右朝廷大政。〔註26〕事實上，陶侃極有可能重蹈王敦行跡，最後卻斂跡守局，主要原因可能是其家族勢力不足為恃。東晉社會衡量家族勢力的標準有二：其一為門第的高低，其二則是家族成員是否興盛；前者多為屬世代沿襲社會聲名與地位，經常產生虛名過高的現象，然而後者則涉及實際的家族利益發展。陶侃的出身低微族屬更非漢人，陳寅恪先生曾據陶侃家族習尚判斷「明非士族禮法之家，頗似善戰之溪人」。〔註27〕「望非世族」的陶侃，因此受到當時士族的輕視，甚至隻身自北南來、全無門資可援引的溫嶠，也曾鄙薄陶侃為「溪狗」。〔註28〕因此，原本不被士族社會接納的陶侃，若欲效法一流門地的王敦自立於上游州鎮，便可能招致南北士族的一致反對；換言之，這可能就是蘇峻亂起以前，庾亮猜疑陶侃的根本原因。〔註29〕

〔註21〕《晉書》，卷66〈陶侃傳〉，頁1775。
〔註22〕〔唐〕余知古記載東晉荊州治所，「陶侃治江陵，末年以去都偏遠，遷巴陵」，「都」即指京師建康；見氏原著，袁華忠譯注，《渚宮舊事譯注》（武漢：湖北人民出版社，1999與《容美紀游校注》合刊），卷5〈晉代〉，頁182。
〔註23〕《晉書》，卷66〈陶侃傳〉，頁1776。
〔註24〕《晉書》，卷66〈陶侃傳〉，頁1776。
〔註25〕《晉書》，卷66〈陶侃傳〉，頁1779。
〔註26〕《晉書》，卷66〈陶侃傳〉，頁1774，1778。
〔註27〕陳寅恪，〈魏書司馬叡傳江東民族條釋及推論〉，在氏著，《金明館叢稿初編》（上海：上海古籍出版社，1980年），頁82。
〔註28〕《晉書》，卷66〈陶侃傳〉，頁1782；「溪狗」之語，見《世說新語箋疏・容止第十四》，頁615。
〔註29〕庾亮曾對溫嶠表示：「吾憂西陲過於歷陽」，西陲即指鎮守荊州的陶侃；見《晉

　　此外，陶侃家族缺乏經營門戶的「佳子弟」，無法爲陶氏於州鎮分張勢力，以構成「分陝」政治的基礎。陶侃都督上游八州廣大地域，爲州鎮之長、位同三公，在豐厚的條件之下，不無以家族子弟爲州鎮官長的可能性。陶侃並非不曾引用家族子弟；他在遷鎮武昌以後，曾用兄子陶臻爲南郡太守、領南蠻校尉，〔註 30〕又用其子陶稱爲南蠻校尉。〔註 31〕然而，在陶侃任內，上游八州之地屬於府州一級的官長職務，卻不曾有陶氏子弟出任的記錄；不僅荊、江、交、廣、寧（按，陶侃卒任前，寧後陷入成漢）五個實土州未見其子姪蒞職，即便是沒有實土的雍、梁、益等僑州的官長名單，均不見陶氏子弟爲官長的記錄。《晉書》記載陶侃兒子多達十七人，依常理而言子弟繁盛是經營門戶的一個充分條件，但是陶侃諸子出仕而名載舊史者僅有七人，而且未見以軍功顯宦，更未見任何一子官歷府州以上的地方官長。〔註 32〕陶侃死後，七子之中，嗣位長沙公的陶夏和陶斌、陶稱，各自擁兵數千人而相互誅夷，全無手足之情。〔註 33〕由此推測，恐怕陶侃並非不願使子弟世代據有上游，而是家族的力量不足依恃。陶侃生前可能已相當明白家族子弟「不佳」，因此他克制了自己的非分企圖，實出自他對家族成員的深切瞭解而做出的判斷。

　　繼陶侃爲上游都督者爲庾亮，朝廷爲何遣出庾亮都督上游，由於史料闕疑，眞正的原因並不清楚；不過，根據南朝時人的追記，庾亮似是獲得陶侃的推舉，才得以出鎮上游。〔註 34〕呂思勉認爲「庾氏兄弟，相繼執政，頗能綜覈名實，足矯當時之弊。」〔註 35〕其實，庾亮執政時曾以「任法裁物」爲主要施政內容，頗與陶侃以法繩下的作風類似，因此在他繼代陶侃以後，仍循以法繩下的治政大綱。〔註 36〕庾亮還曾受到陶侃的推重，稱歎他「非惟風流，兼有爲政之實」。

　　　　書》，卷 66〈陶侃傳〉，頁 1782；又陶侃服於庾亮兼具名士風流與「爲政之實」，
　　　　因此與其釋怨；見同書，卷 66，頁 1775；卷 73，1919。
〔註 30〕《晉書》，卷 66〈陶侃傳〉，頁 1781。
〔註 31〕《晉書》，卷 66〈陶侃傳〉，頁 1780。
〔註 32〕僅有陶斌一人，擔任平西參軍時，曾受其父節度命令，隨桓宣攻克樊城；但
　　　　此後未見其建立勳功的記錄；見《晉書》，卷 81〈桓宣傳〉，頁 2116。
〔註 33〕《晉書》，卷 66〈陶侃傳〉，頁 1779～1780。
〔註 34〕見北齊・顏之推，《還冤記》，引自《說郛》（明宛委山堂刊本）卷 72；在《說
　　　　郛三種》（上海：上海古籍出版社景印本，1988 年）第 6 冊，頁 380。
〔註 35〕見氏著，《兩晉南北朝史》上冊，頁 145。
〔註 36〕《晉書》，卷 73〈庾亮傳〉，頁 1918；盧陵太守羊聃爲琅邪孝王妃之母舅，其
　　　　兄爲明帝駙馬，「恃國姻親」而濫殺郡將吏與民人，爲庾亮檻送還都罪狀；見
　　　　《還冤記》，引自《太平廣記》（北京：中華書局，1995 年），卷 126〈報應二

陶侃臨終前上表，更向成帝稱贊庾亮「雅量詳明，器用周時」，「雅量」者即名士「風流」，「器用」即「爲政之實」。〔註37〕除了兩人的施政風格頗爲相似，庾亮也有「開復中原」的計劃。〔註38〕由此推測，陶侃可能就是因爲兩人施政作風與志向，頗有氣味相投之處，故不計前嫌地舉薦庾亮以自代。

庾亮死後，其弟庾翼代其出鎮上游，盡心盡力於地方政務，幾年之間便「公私充實，人情翕然，稱其才幹」；又有「滅胡平蜀」以恢復中原的「大志」，這些行跡顯示其才幹與重實務的傾向。〔註39〕庾翼另一位兄長庾冰，向來「以儉約自居」，不許其子借貨官物；入爲中書監、揚州刺史而執政以後，「頗任威刑」以矯正「前相」王導的「寬惠」之治。〔註40〕庾冰主張「百官宜勤，不督不勸」，上疏請求成帝「勤訓督以爲務」，注重督課百官之刑法；〔註41〕修書請庾翼懲治所屬的長沙相殷羨，庾翼回信則嚴厲譴責「前宰」王導放任豪強、刑罰不中。〔註42〕由上述可以瞭解，庾氏家族不但有名士之望，更有實幹的才能、任法的精神，甚至懷抱恢復中原的志向，才能與志向足以「周時」；這些特點極可能便是陶侃舉庾亮自代，乃至庾氏兄弟相繼出鎮上游的一個主要原因。

庾亮、庾冰和庾翼兄弟三人先後出鎮武昌、都督上游州鎮，本以「開復中原」爲主要的目標。其間，庾氏與執掌朝廷的王導家族雖然經歷江州之爭，但是大體上仍維持共理朝政的局面。〔註43〕然而，庾翼繼任總督上游之後，不受兄長約束，漸有藉著州鎮重任以維護庾氏家族地位的傾向，甚至與朝廷對立。〔註44〕庾翼出鎮上游四年以後，數度要求遷鎮卻遭到朝廷否決，終於

十五〉，頁888；此一故事亦略見於《晉書》卷49，頁1383。

〔註37〕《晉書》，卷73〈庾亮傳〉，頁1919；陶侃另外曾評論王導「鑒識經遠，光輔三世」，郗鑒「簡素貞正，內外惟允」，但是均不及其同時以「雅量」與「器用」兩項特質稱贊庾亮，足見他對庾亮的看重程度相當高；見卷66〈陶侃傳〉，頁1777。

〔註38〕《晉書》，卷73〈庾亮傳〉，頁1923。

〔註39〕《晉書》，卷73〈庾翼傳〉，頁1932。

〔註40〕《晉書》，卷73〈庾冰傳〉，頁1928，1929。

〔註41〕《晉書》，卷73〈庾冰傳〉，頁1929。

〔註42〕《晉書》，卷73〈庾翼傳〉，頁1932～1933。

〔註43〕《晉書》，卷73〈庾亮傳〉，頁1923。庾氏與王氏對江州的爭奪，請參見田餘慶，《東晉門閥政治》，頁117～129，「庾、王江州之爭」一節。

〔註44〕庾翼曾在荊州，大會府州僚佐時，問眾人云：「我欲爲漢高、魏武如何？」宋明帝以爲此說爲謬傳；然而卻反映出庾翼專制上游、不聽朝廷節制的事

不顧朝廷命令而擅自遷移鎮所。庾亮故屬范汪指責庾翼此次遷鎮的行爲，不僅違反軍事活動的原則，更不顧朝議而「抗表輒行」，並指出庾翼「顧以門戶事任，憂責莫大，晏然終年，非心情所安」。〔註45〕時人也以「體國爲家」爲說詞，款意勸阻庾翼停止遷鎮。〔註46〕甚至庾氏家族之內，也有反對的意見；其兄庾冰執政以後，「忌兵畏禍」，與庾翼「歷同異者久之」；〔註47〕庾亮第三子庾龢，也曾表示叔父庾翼遷鎮之不當，「此明闇所共見，賢愚所共聞」。〔註48〕其實，庾翼不僅在上游提振家族聲威，更以當時盛行的聯姻爲手段，擴展家族群體的範圍。成帝時，桓溫尚明帝之女南康長公主，其母庾皇后爲庾翼之姊，因此桓溫成了皇帝的戚屬、庾氏的外甥。〔註49〕同樣在成帝時期，明帝之女南郡公主下嫁太山羊賁，〔註50〕廬陵長公主配劉惔。〔註51〕中古時期，士族以婚、宦經營門地，明帝諸女的婚姻關係應該不是毫無目的之行爲，或可能寓有庾翼兄弟的政治意圖，此與當時盛行以集體力量的家族作爲政治活動基礎的風氣有關。

　　庾翼臨終前，在「家國情事」亦即國事與門戶的雙重考量下，更表請朝廷將州府後任委授次子庾爰之。〔註52〕當時朝議以爲「諸庾世在西藩，人情所歸」，欲依從庾翼的請求。〔註53〕何充視庾爰之僅爲一位「白面少年」不讓他繼其父任，並且認定庾爰之兄弟等必然不敢起兵反抗朝廷派遣接管上游的桓溫。〔註54〕可能的原因之一，當時庾氏家族雖然據有荊、江二實土州，但

　　　　實：見《世說新語箋疏・規箴第十》，頁569，及劉注引宋明帝《文章志》。
〔註45〕《晉書》，卷75〈范汪傳〉，頁1983。
〔註46〕王述語：見《晉書》，卷75〈王述傳〉，頁1962。
〔註47〕《世說新語箋疏・豪爽第十三》，頁599。
〔註48〕《晉書》，卷73〈庾亮傳〉，頁1925；當時自康帝以下，乃至庾冰車騎參軍孫綽，均遣使諫止庾翼，均未能阻止庾翼：見卷73〈庾翼傳〉，頁1933。
〔註49〕南康長公主諱興男，爲明帝長女：見《太平御覽》卷152，頁744，引《晉中興書》。按，此後，桓溫的兩位弟弟桓祕、桓沖均與庾氏結親：庾冰之孫庾宣娶桓祕的女兒：見《晉書》，卷73〈庾冰傳〉，頁1930；或以庾友新婦爲桓豁的女兒：見《世說新語箋疏・賢媛第十九》，頁693～694，劉注引《庾氏譜》；桓沖則娶了庾亮從弟庾蔑的女兒爲繼室，並扶養桓溫之子桓玄：見《世說新語箋疏・仇隙第三十六》，頁930，劉注引《桓氏譜》。
〔註50〕《晉書》，卷49〈羊賁傳〉，頁1383。
〔註51〕《世說新語箋疏・排調第二十五》，頁806。
〔註52〕《晉書》，卷73〈庾翼傳〉，頁1935。
〔註53〕《晉書》，卷77〈何充傳〉，頁2030。
〔註54〕《晉書》，卷77〈何充傳〉，頁2030。

是別無子弟布在州鎮。〔註 55〕此外，庾爰之似欠缺軍事統御的才能，未能統御府州將吏，因此造成府州將吏干瓚、戴羲等人便起事謀反。〔註 56〕最後，朝廷遣出取代庾爰之兄弟的桓溫與劉惔，二人均尚明帝公主爲妻，年齒與地位均非「白面少年」的庾氏兄弟足以比擬；加以桓溫爲庾翼賞識，且曾爲其部將，因此迫使庾氏兄弟礙於形勢而退出上游。

綜合分析此一時期總督上游的政治人物，嚴格說來陶侃本非士族階層的人物，以軍事才能建立大功，以及注重實務等特質而逐漸取得總督上游的權位。繼續總督上游的庾亮、庾翼兄弟，屬於魏晉時期的「新出門戶」，但是南渡之初其門第實際如同寒門；〔註 57〕庾氏兄弟崛起的條件，除了外戚的身份、以及逐漸養成的名士特質以外，另有注重實務與事功的因素，這可能便是陶侃選擇庾亮爲繼代者，庾翼推薦重軍功、實務的桓溫爲州鎮官長的原因。

成爲上游都督，並不意謂已然實現了「分陝」政治；「分陝」政治需要上游都督掌握廣大的都督區、強盛的軍事力量，以及專擅州鎮的統治權力，此外還須有興盛的家族作爲基礎。由於取得上游都督權位者與上游各個府州的僚佐、乃至各州的地域社會，都督與代表地域社會的僚佐之間的政治關係，乃是建立在朝廷的制度與命令之上，都督若要取得超越制度的專擅權力，不得不仰賴其家族之力；以家族成員分張勢力於州鎮，造成以家族親屬關係爲基礎的政治結合，方能穩固上游州鎮的權力結構。家族集體力量對上游州鎮官長勢力的影響，在王敦之後，由成帝年間的陶侃和庾氏家族的發展可見其影響所及，至穆帝時期的桓溫家族臻於成熟。

二、桓氏家族與「分陝」政治：
永和二年至咸安二年（346～372）

桓溫崛起的原因並非門地或名士風流，崛起的時機則與庾翼有密切關係。桓溫和庾翼均存有恢復中原、建立大功的志向，庾翼向成帝積極推薦桓溫，從而選尚明帝之女南康長公主，與帝室及庾氏家族建立姻親關係。〔註 58〕

〔註 55〕根據《晉書》卷 77 庾氏家族的傳記，庾翼去世前後的時間內（345～346），未見任何庾氏子弟出鎮上游荊、江二州的記錄；檢索吳廷燮《東晉方鎮年表》，結果亦同。

〔註 56〕《晉書》，卷 73〈庾翼傳〉，頁 1935。

〔註 57〕請參見第三章第二節，有關庾亮家世的討論。

〔註 58〕庾翼向成帝薦桓溫，桓溫本傳作「明帝」；按，明帝崩時，桓溫年僅十四歲，不合事理；又〈庾翼傳〉則作「成帝」，《通鑑》及《晉書》校勘記均同；

庾翼對桓溫人才的賞譽，固然受到當時題目鑒賞的社會風氣影響；另一方面，也因爲兩人家族的政治背景相似：兩家原本均非渡江時子弟眾多、人才最盛的第一流門第。〔註59〕桓溫之父桓彝遇害之後，其家族更乏人維持門戶，面臨了經濟困窮與社會地位下降的困境，桓溫兄弟幾乎無異於寒門。〔註60〕

與桓溫友善的庾翼，輕視杜乂、殷浩等名士，常云：「此輩宜束之高閣，伏天下清定，然後議其所任耳！」〔註61〕桓溫素來也輕視口好玄言的殷浩，〔註62〕他甚至留下一段輕貶不務實、好虛言的著名話語：「遂使神州陸沈，百年丘墟，王夷甫諸人，不得不任其責！」指責好談的王衍等人「不以事物自嬰」，「以遺事爲高」。〔註63〕余嘉錫先生認爲，桓溫「雖頗慕風流，而其人有雄姿大略，志在功名，故能矯王衍等之失」。〔註64〕家族勢力微弱與個人習尚實務、軍功，這些正是桓溫崛起的條件。

自王敦開始，先後爲朝廷遣出鎮守上游的州鎮官長，幾乎都曾經過政治立場的轉變，由捍禦朝廷轉變爲與朝廷爭權。庾亮在蘇峻亂後出鎮豫州，原本並無意願也無足夠的軍事實力，與執掌下游朝廷的王導決裂。〔註65〕但是，在他獲得陶氏家族讓出的上游六州都督權、擴大了軍事力量之後，便與王導主持的朝廷產生對立的形勢。〔註66〕庾亮憑藉上流之勢與六州的軍事力量，又得以干預「朝廷之權」，配合實權又獲得了「司空」的宰輔名位，使得朝廷大臣「趣向者多歸之」。〔註67〕其弟庾翼繼任之後，屢次與朝廷產生政見相左

見《晉書》，卷 73〈庾翼傳〉，頁 1931；卷 98〈桓溫傳〉，頁 2568；南康長公主爲明帝女，見《世說新語箋疏‧賢媛第十九》，頁 692，劉注引《續晉陽秋》。

〔註59〕 桓彝於咸和三年（328）遇害，諸子流亡避禍，桓溫時年僅十七歲，〈桓溫傳〉誤載爲十五歲；見《晉書》，卷 7〈成帝紀〉，頁 173；卷 98〈桓溫傳〉，頁 2568。

〔註60〕 《世說新語箋疏‧任誕第二十三》，頁 747；亦見《晉書》，卷 83〈袁耽傳〉，頁 2170。

〔註61〕 《世說新語箋疏‧豪爽第十三》，頁 599；劉注引《漢晉春秋》；又見《晉書》，卷 73〈庾翼傳〉，頁 1931。

〔註62〕 殷浩爲桓溫輕視；見《世說新語箋疏‧品藻第九》，頁 521；劉注引《續晉陽秋》；又見《晉書》，卷 77〈殷浩傳〉，頁 2047；殷浩好爲玄言，見同前書，卷 77〈殷浩傳〉，頁 2043。

〔註63〕 見《世說新語箋疏‧輕詆第二十六》，頁 834；劉注引《八王故事》。

〔註64〕 《世說新語箋疏‧輕詆第二十六》，頁 835，余氏箋疏 1。

〔註65〕 參見田餘慶，《東晉門閥政治》，頁 118。

〔註66〕 《晉書》，卷 73〈庾亮傳〉，頁 1921～1923。

〔註67〕 《晉書》，卷 65〈王導傳〉，頁 1753；庾亮爲司空，在咸康四年（338）；見同

的情形。〔註68〕因此庾翼死後，朝廷以桓溫出鎮上游以制服庾氏家族，欲藉此人事安排以穩定東晉政局。〔註69〕原來，桓溫取代庾爰之兄弟出鎮上游，乃是承受朝廷意旨，目的在於爲朝廷收回上游州鎮的統治權力。但是，桓溫在出鎮上游的次年（346），便率領譙王司馬無忌、周撫等將領「拜表輒行」討伐成漢。〔註70〕桓溫因此進位爲征西大將軍、開府儀同三司，並得臨賀郡開國爲郡公。〔註71〕從此之後，奠立了桓溫依恃軍事建立「大功」，進而取得「大位」的政治手段，由總督上游的「二伯」，進而兼領太尉、大司馬等「天子之相」的名位，逐漸取得朝政樞柄。桓溫出鎮上游的性質也由朝廷統治意志與權力的延伸，逐漸轉變成爲自外於朝廷的政治中心。

桓溫與陶侃、庾亮兄弟相較之下，不僅是得到了前任都督經營留下的軍實成資，他在西征、北伐等軍事活動上也獲致了較大的成果。但是，更爲關鍵的因素是桓氏家族與前此的陶氏、庾氏家族不同。作爲桓溫「分陝」政治基礎的桓氏家族子弟，他們無論在人數或是才能方面，均遠勝陶氏與庾氏家族；此外，桓溫爲他們所作的政治安排與經歷，也爲日後桓氏家族盤據上游州鎮，特別是荊州，奠定了深厚的基礎。

分張新的家族勢力，必得排除原有的家族及其影響力。在桓氏家族勢力成熟以前，庾氏家族「世在西藩」，成爲上游地域社會「人情所歸」。〔註72〕桓溫繼代庾翼之後，積極打壓與上游淵緣頗深的庾氏家族，藉著伸張朝廷威權，桓溫更發展了家族勢力。在他到達荊州之後不久便廢黜暫行府州事的庾爰之，同時廢棄其兄義成太守庾方之，將二人一併遷出荊州徙居江州豫章郡。〔註73〕甚至在他初鎮上游屆滿二十年後（345～372），庾氏家族在政治上稍稍呈現再興的現象時，桓溫極爲敏感並視爲威脅，藉由廢徙海西公司馬奕之際，

書，卷7〈成帝紀〉，頁181。
〔註68〕庾翼兩度違反朝廷決議，徑行軍事活動，在建元年間（343～344）：見《晉書》，卷73〈庾翼傳〉，頁1933～1935。
〔註69〕桓溫出居上游四州都督後，何充曾表示：「桓溫、褚裒爲方伯，殷浩居門下，我可無勞矣」，他以桓、褚二人分統上下游州鎮，以殷浩爲侍中：見《晉書》，卷77〈何充傳〉，頁2030。
〔註70〕《晉書》，卷8〈穆帝紀〉，頁193；何充卒於是年：見同書，卷77〈何充傳〉，頁2031。
〔註71〕《晉書》，卷8〈穆帝紀〉，頁194。
〔註72〕《晉書》，卷77〈何充傳〉，頁2030。
〔註73〕《晉書》，卷73〈庾翼傳〉，頁1935。

先後誅殺庾冰子孫五人。〔註74〕桓氏與庾氏家族的衝突,不僅是桓溫與朝廷衝突下的產物,更與庾氏和上游州鎮、地域社會的淵緣有所關聯。

　　排除原有家族勢力之外,桓溫逐漸顯露抗衡朝廷的意圖,不使諸弟被徵入朝而成為朝廷的人質。因此,二弟桓雲推辭宰輔大臣何充的召辟,先後不就驃騎參軍、尚書郎之職;〔註75〕三弟桓豁不應司徒府以祕書郎召用,又假托疾病而推辭簡文帝的辟召,後來根本「不就」其職;〔註76〕最受桓溫器重的五弟桓沖,也不應武陵王司馬晞的辟召。〔註77〕相對地,桓溫第四弟桓祕雖然「少有才氣,不倫於俗」,但是他接受了朝廷的辟召,受拜為祕書郎,可能因此經常受到桓溫壓抑其官歷的遷轉。〔註78〕桓祕以外桓氏兄弟的政治行為,絕非個別的現象,而寓含了桓溫的政治企圖,顯露出桓氏家族之計。由此可知,桓雲等四人不接受朝廷的任命,顯然都是承受桓溫的意旨,而與朝廷「作異」;相對來說,桓祕若非不明白桓溫意圖,便是無意與桓溫一起抗頡朝廷,因此在仕宦上一直受到桓溫的打壓,懲罰他不能配合桓氏家族之計。

　　拒絕朝廷徵入諸弟,桓溫轉而使諸弟出居上游的重鎮,可能是為了培養他們的軍事才能,以及實務經歷與背景,作為其桓氏家族自立於上游的基礎。另一方面,原本劉惔出鎮襄陽頗有為朝廷監控桓溫之意。〔註79〕然而,劉惔在任不過兩年左右(344~345)。〔註80〕在此之後,桓溫依序遣出其弟桓雲、桓豁、桓沖,以三人先後為荊州北面的義成、新野太守,取代了為朝廷控制荊州北鄙的劉惔。〔註81〕

　　桓溫使諸弟經歷邊陲要郡的地方官長後,又藉其北伐的軍事活動,提昇其人與家族成員的權位,並使諸弟由郡國守相擢昇為州鎮官長,這是陶氏和庾氏均未能實現的事情。永和十年(354),桓溫第一次出兵北伐關中,當時

〔註74〕《晉書》,卷9〈簡文帝紀〉,頁223;卷73〈庾冰傳〉,頁1930。

〔註75〕《晉書》,卷74〈桓雲傳〉,頁1941。

〔註76〕《晉書》,卷74〈桓豁傳〉,頁1941。

〔註77〕《晉書》,卷74〈桓沖傳〉,頁1948。

〔註78〕《晉書》,卷74〈桓祕傳〉,頁1947。

〔註79〕庾方之被廢之後,劉惔繼為義成太守,鎮守襄陽;見《晉書》,卷73〈庾翼傳〉,頁193;劉惔早識桓溫「有不臣之跡」,曾勸簡文帝親自出鎮上游取代桓溫、壓抑其名位,未果;見卷75〈劉惔傳〉,頁1991。

〔註80〕參見吳廷燮,《東晉方鎮年表》,《二十五史補編》第3冊,頁3496。

〔註81〕《晉書》卷74,頁1941,1948。

藉故廢黜朝廷倚為抗衡的揚州刺史殷浩。〔註82〕永和十二年（356），在桓溫第二次北伐之時，使大弟桓雲遷為江州刺史、都督司豫二州、領鎮蠻校尉、西陽太守。〔註83〕標誌著桓溫家族勢力開始分張於郡國之上的州鎮，上距桓溫始鎮荊州已屆十年。桓溫在第三次北伐以後，雖然軍事失利，可是卻取得了朝廷東面的徐、兗二州與江西的豫州，順利瓦解了可能妨礙他入主朝廷的中下游州鎮勢力，並使諸弟分鎮荊、江等上游州鎮，以鞏固其後方。〔註84〕

桓溫取得上游六州都督，於永和七年（351）十二月藉口北伐，率兵眾四、五萬人自江陵東下武昌，首度以軍事力量威脅朝廷。〔註85〕此後，逐漸與朝廷形成兩個政治中心、上下游對峙的局面，朝廷與桓溫「雖有君臣之跡，亦相羈縻而已」。〔註86〕而根據「桓溫官歷簡表」可知，桓溫以大功所取得權位的順序，先以六州都督掌握軍事實權，進一步取得宰輔的名位與朝廷大政的實權（總錄尚書事）以干預朝政，最後則是直接控有朝廷「根本」所在的下游州鎮。在他入主朝廷以前，陸續以家族成員分張於州鎮，在上游形成了一個實質的桓氏政治中心，並實現以其家族為中心的「分陝」政治。桓溫促成的「分陝」政治，其過程牽動東晉政局長達三十年，可看出他經營家族的苦心；在他身後，滿布上游州鎮的桓氏家族勢力，繼續影響朝政十餘年，乃至晉末桓玄得以再度興起。桓氏家族勢力與桓溫實現的「分陝」政治，實有密不可分的因果關係。

表一　桓溫官歷簡表〔註87〕

建元二年 344	琅邪內史；十月，遷為都督徐兗青三州諸軍事，徐州刺史。
永和元年 345	都督三州、徐州刺史；八月，為安西將軍、持節、都督荊司雍益梁寧六州諸軍事，領護南蠻校尉、荊州刺史。
永和四年 348	安西，都督六州諸軍事，南蠻校尉，荊州刺史；八月，進為征西大將軍、開府儀同三司，封臨賀郡公。
永和八年 352	征西，開府，都督六州諸軍事，南蠻校尉，荊州刺史；七月，進為太尉。

〔註82〕《晉書》，卷8〈穆帝紀〉，頁200。

〔註83〕據吳廷燮的《東晉方鎮年表》，《二十五史補編》第3冊，頁3485。

〔註84〕據田餘慶，《東晉門閥政治》，頁183～186。

〔註85〕《晉書》，卷8〈穆帝紀〉，頁198；卷76〈王彪之傳〉，頁2007～2008；卷98〈桓溫傳〉，頁2569～2570。

〔註86〕《晉書》，卷98〈桓溫傳〉，頁2569。

〔註87〕本表的時間、職官，係根據《晉書》卷8〈穆帝紀〉至卷9〈孝武帝紀〉，以及卷98〈桓溫傳〉製成。

升平四年 360	太尉，征西，開府，都督六州諸軍事，南蠻校尉，荊州刺史；十一月進爵南郡公。
興寧元年 363	太尉，征西，開府，都督六州諸軍事，南蠻校尉，荊州刺史；五月加侍中、大司馬、都督中外諸軍事、錄尚書事。
興寧二年 364	侍中，大司馬，都督中外諸軍事，錄尚書事，征西，開府，都督六州都軍事，南蠻校尉，荊州刺史；遙領揚州牧。
太和四年 369	侍中，大司馬，都督中外諸軍事，錄尚書事，揚州牧；三月自領平北將軍、徐兗二州刺史。
咸安元年 371	侍中，大司馬，都督中外諸軍事，錄尚書事，揚州牧，平北，徐兗二州刺史；十一月，加爲丞相，不受。
寧康元年 373	使持節，侍中，都督中外諸軍事，丞相，錄尚書事，揚州牧，平北將軍，徐兗二州刺史，南郡公；七月薨。

三、桓氏「分陝」政治的衰退與謝氏家族的興起：
寧康元年至太元九年（373～384）

　　桓溫身後，桓氏退出建康的政治中心，但是上游「分陝」之勢依舊；桓氏子弟依然世襲上游州鎮官長之位，桓溫的繼承者桓沖則成爲「分陝」政治的中心人物。桓溫篡晉失敗後，形勢仍對桓氏有利；但是，桓氏卻未繼續篡晉事業，乃至退出建康朝廷，最後桓溫所培養出來的桓氏群從子弟逐漸凋零，桓氏「分陝」政治的局面也隨之結束。桓氏家族以「分陝」政治的基礎勢移晉鼎，卻被迫移出建康的政治中心，其中原因頗啓人疑寶。本節從桓氏家族勢力的變化，探索桓氏家族的「分陝」政治逐漸瓦解的因素。

　　咸安二年（372）七月，簡文帝駕崩；一年之後，寧康元年（373）七月，專制朝政的桓溫也去世。〔註88〕當時「朝野失圖，四海喪氣」，朝廷內外呈現著不安定的氣氛。〔註89〕當時，桓溫親黨依舊布滿朝廷之外的長江中上游之地，繼桓溫之後桓沖儼然爲其政治領袖。時人認爲當日的朝廷之內，「可以保固皇根，當代謝之寄者，數賢而已」；〔註90〕所謂「數賢」，實指王坦之與謝安。從桓溫「九錫」之議受阻，東晉帝室得「保固皇根」、使晉祚延續，事實上端賴於王坦之與謝安，尤其是二人採取一致的政治態度，並與桓溫周旋。此時，王、謝兩人分別爲中書令、領丹楊尹，以及後將軍、尚書僕射、領吏

〔註88〕《晉書》，卷9〈孝武帝紀〉，頁224～225。
〔註89〕語見伏滔，〈徐州都督王坦之碑銘〉；在阿部隆一主編，《影弘仁本文館詞林》（東京：古典研究會景印本，1969年），頁189。
〔註90〕伏滔，〈徐州都督王坦之碑銘〉，《影弘仁本文館詞林》，頁189。

部尚書，同爲孝武帝的輔政大臣。〔註91〕但是，此時朝中政局尚未脫離桓氏家族勢力的影響，兩人的首要政務乃在與桓氏周旋。

桓溫死後，建康周圍的徐、兗、豫、揚、江五州的軍事力量，依然在桓氏的掌握之中，他們手握重兵，分據形勝之地而包圍著建康。王坦之、謝安在朝廷之內主掌朝政，桓氏勢力則在外控有兵權，內外原有相逼之勢；然而，原本在預料中的內外相逼局面，卻發生了意外的變化，從而逐漸改變了桓氏專擅朝政的局面。

桓溫生前兼領揚州牧、徐兗二州刺史，在其亡故之後，朝廷以江州刺史桓沖爲中軍將軍、都督揚江豫三州諸軍事、揚豫二州刺史，又用吳國內史刁彝爲北中郎將、徐兗二州刺史，分別取代了桓溫的部份州鎮職務。〔註92〕桓沖爲桓溫五弟，刁彝則爲桓溫爪牙，兩人轉任前曾於吳郡爲桓溫「防衛」廢帝司馬奕。〔註93〕從表面看來，桓沖與刁彝手握強兵，又分別鎮守姑孰與廣陵，箝制了建康上游與西北兩面的軍事形勢，似乎不利於朝廷；就實際情形而言，更可能的理由是朝廷將原本集於一人之手的中下游兵權，分散由兩位州鎮官長來掌握，特別是引用桓氏爪牙、卻非親屬的刁彝，已有削弱桓氏的意圖，以減輕政治中心承受的軍事威脅。此處應注意到，朝廷原來並未授予桓沖宰輔之位。事實證明，此一安排似乎是成功的，至少它使朝廷穩定渡過了桓溫新亡之後的半年（寧康元年七月至二年正月，373～374）。不過，桓氏子弟依然盤根錯節地擁據著上下游州鎮，同時產生了一位代表桓氏的政治代表人物，此人即桓溫的五弟桓沖。

當桓溫初亡之際，確有桓溫親黨力勸桓沖「誅除時望」，以便「專執權衡」，卻遭到了桓沖的拒絕。〔註94〕史稱桓沖代桓溫居藩之後，「盡忠王室」；而這一點，並非他拒絕「誅除時望」的眞正原因。〔註95〕所謂「時望」，顯然是指謝安與王坦之兩人。當桓溫疾篤之時，桓沖曾詢問應如何處置謝安、王坦之二人，似乎本有殺害二人之意。〔註96〕由此可知，桓沖抱持家族門戶之計，絕非「盡

〔註91〕桓溫向簡文推薦二人爲輔政大臣：《晉書》，卷 98〈桓溫傳〉，頁 2578；又，二人官位職銜，分見《晉書》，卷 75〈王坦之傳〉，頁 1966；卷 79〈謝安傳〉，頁 2074。
〔註92〕《晉書》，卷 9〈孝武帝紀〉，頁 225。
〔註93〕《晉書》，卷 8〈海西公紀〉，頁 215。
〔註94〕《晉書》，卷 74〈桓沖傳〉，頁 1949。
〔註95〕《晉書》，卷 74〈桓沖傳〉，頁 1949。
〔註96〕桓溫認爲自己仍在世時，謝、王二人一定不敢有異圖，而且「害之無益於沖，

忠王室」之人。但是，爲何桓沖非但未殺謝、王二人，反而與二人共同輔佐朝
廷呢？王夫之也認爲由於桓沖之心與桓溫並無不同，所以未採納親黨謀議誅除
王、謝等人的原因，是「不能也」，「非不爲也」。〔註97〕此中曲折，應與發生在
桓沖與桓祕、桓溫二子桓熙、桓濟等桓氏家族成員之間的內鬨有關。

　　桓祕等人與桓沖之間的糾紛，可能肇因於桓溫雄厚的政治勢力，以及由此
衍生出來的桓溫繼承者問題。起初，桓沖在桓溫諸弟之中「最淹識」兼有「武
幹」，早已受到桓溫的器重；〔註98〕桓溫病亡之前，他更受桓溫臨終之命，取代
桓溫世子領導大司馬府的文武僚佐，〔註99〕奠定了他在家族中的領導地位以及
政治實力。桓沖所得權勢，原本最有可能由桓溫的長子桓熙來繼承；卻因桓熙
被其父桓溫視爲「才弱」，而使桓沖代其統領大司馬府的所有僚屬。〔註100〕桓
溫的四弟桓祕，因爲屢次仕宦遭到其兄阻撓，「每憤憤有不平之色」，對桓溫感
到相當不滿。〔註101〕由此可知，桓熙與桓祕顯然受到桓溫的排抑而產生不滿，
於是，在桓溫病亡前後的期間內，桓祕與桓熙、桓濟兄弟等結合同謀，欲殺害
桓溫重用的桓沖；消息卻走露而爲桓沖知曉，於是在桓溫病亡後，桓沖搶先發
動兵變拘捕桓熙兄弟遷至長沙，同時迫使桓祕罷官還家。〔註102〕桓氏家族的內
鬨雖然很快便結束，但是桓沖尚未取得與實職相符的位號；就在此時，桓沖受
「孝武帝詔」而就職，此意謂著桓沖獲得了朝廷的正式任命，不僅取得朝廷授
予的位號，更獲得了桓氏勢力的領導權。〔註103〕由於朝廷在桓氏內鬨之中選擇
支持桓沖，可能由於這層關係遂使桓沖「盡忠王室」，其中可能隱藏雙方的交換
條件或協議。由此看來，朝廷任用既爲桓氏故將的刁彝以分散下游州鎮兵權，
於情於理，均有充分的理由使桓沖不得不接受；或可謂，桓沖以家族之計與朝
廷換取名位。

　　寧康二年（374）正月己酉，北中郎將、徐兗州刺史刁彝去逝。四天之後，
朝廷即任命王坦之代替刁彝，出鎮廣陵。〔註104〕從朝廷授任至王坦之前往鎮

　　　　更失時望」，因此不讓桓沖殺害二人；見《晉書》，卷98〈桓溫傳〉，頁2580。
〔註97〕王夫之，《讀通鑑論》卷14，頁510。
〔註98〕《晉書》，卷74〈桓沖傳〉，頁1948。
〔註99〕《晉書》，卷98〈桓溫傳〉，頁2580。
〔註100〕《晉書》，卷98〈桓溫傳〉，頁2580。
〔註101〕《晉書》，卷74〈桓祕傳〉，頁1947。
〔註102〕《晉書》，卷98〈桓溫傳〉，頁2580；卷74〈桓祕傳〉，頁1947。
〔註103〕見《晉書》，卷74〈桓沖傳〉，頁1949。
〔註104〕《晉書》，卷9〈孝武帝紀〉，頁225。

所，時間相當匆促。時人記述這一段期間內，王坦之出鎮與時局的關係：

> 夫內康存乎外寧，強幹所以隆本。北藩密邇，任重陝東，用報心膂
> 之要，以應方邵之舉。君乃投鳳駕，即鎮淮徐。〔註105〕

所謂「北藩」指徐兗二州刺史、都督，「陝東」意謂「天下」半壁，也就是指東晉轄域的東部，揚州正當其方位，因此被劃歸「陝東」地域。這一段記載，以「任重陝東」形容向來為江左「東門」的徐兗州鎮。〔註106〕王坦之所以「乃投鳳駕，即鎮淮徐」，顯得十分倉促、匆匆上任的理由，可能頗有防範桓沖反悔、而生再度奪回徐兗二州的意圖。朝廷任用刁彝，本有逐漸分去桓沖地逼之勢的意圖，如今更進一步由與謝安和睦的王坦之出居，下游軍事主動權漸漸重為朝廷掌握，遂使建康與廣陵的內外形勢連成一氣，更使桓沖不敢輕舉妄為。

朝廷既授桓沖位號以代桓溫，桓沖便繼承了輔政大臣的資格。形式上，桓沖與謝安、王坦之同為輔政大臣，而王坦之願為謝安藩屏、出鎮廣陵，因此時人視謝安與桓沖二人「夾輔朝政」。〔註107〕謝安不願使桓沖與自己共同輔佐幼主孝武帝，而使桓氏再度獲得機會干涉朝政，因此尊奉褚太后再度臨朝，但是事實上「獻替專在乎己」；曾與謝安、王坦之同樣反對桓溫專斷朝廷的王彪之，卻因反對太后臨朝，開始與謝安的立場不同。〔註108〕褚太后臨朝一事，在寧康元年（373）八月壬午實施；同年九月丙申，又以王彪之為尚書令，謝安為尚書僕射，兩人「共掌朝政」。〔註109〕由於謝安藉褚太后臨朝而自攬朝政，王彪之雖有其位卻無其權，朝廷大政的實權，仍操於謝安一人之手。不久，寧康二年（374）二月，謝安總綰中書之事於朝廷之內，匆匆外出王坦之為都督徐兗青三州諸軍事、北中郎將、徐兗二州刺史，居鎮於廣陵，做為朝廷的形援。〔註120〕王坦之於赴任前，上表孝武帝表示：

> 今僕射臣安、中軍臣沖，人望具瞻，社稷之臣……愚謂周旋舉動，
> 皆應諮此二臣。二臣之於陛下，則周之旦奭，漢之霍光，顯宗之於
> 王導。沖雖在外，路不云遠，事容信宿，必宜參詳，然後情聽獲盡，

〔註105〕伏滔，〈徐州都督王坦之碑銘〉，《影弘仁本文館詞林》，頁189。
〔註106〕東晉初年以來，便以京口為南下江左地域的「東門」；《晉書》，卷78〈孔坦傳〉，頁2056。
〔註107〕《晉書》，卷76〈王彪之傳〉，頁2011。
〔註108〕《晉書》，卷76〈王彪之傳〉，頁2011。
〔註109〕《晉書》，卷9〈孝武帝紀〉，頁225；卷76〈王彪之傳〉，頁2011。
〔註120〕《晉書》，卷75〈王坦之傳〉，頁1966～1967；卷79〈謝安傳〉，頁2074。

庶事可畢。〔註121〕

王坦之上表說明了當時的朝政大權，實際掌握在謝安與桓沖兩人手中。但是，王坦之隨即去世，桓沖再度掌握了徐州的重兵，並將北中郎府兵眾併入中軍府。〔註122〕桓沖得以再次兼併徐兗二州，疑與謝安、王彪之間的政見相左有關；而當時苻秦逐漸強大，桓沖身處前線可能也無暇顧及朝廷內的政爭。太元元年（376），謝安又欲遣出皇后之父王蘊爲徐州，可能是依循庾亮、褚裒等外戚出鎮的事例，因此使桓沖再解除徐州刺史的職任，僅僅以車騎將軍之號都督豫、江二州六郡軍事。〔註123〕桓沖輕易讓出徐州，反映謝、王之爭暫告平息，桓沖可能欲將下游軍事交付謝安等人處置。

謝安在朝廷內獨攬大權，卻缺乏軍事力量以爲基礎。當時苻秦正漸次兼併北方諸國，於是太元二年（377）謝安利用秦軍壓境，朝議求文武良將足以北鎮者的機會，舉薦其姪謝玄爲兗州刺史；次年（378）更兼代王皇后之父王蘊爲徐州刺史，開始重建以江淮流人爲基礎的「北府兵」。〔註124〕在「北府兵」建立之後，謝安一人執政朝廷的基礎逐漸穩定，此事象徵著謝安家族在孝武帝初年的政爭中取得成功的軍事基礎，也開啓家族成員大舉入仕之門。在此同時，桓氏「分陝」上游所憑恃的家族人物卻逐漸凋零。

桓沖一再向謝安退讓，自解揚州刺史乃至被解除徐州刺史，而成爲不帶州職的都督，疑非其本傳所言「處之澹然，不以爲恨」；〔註125〕因爲他更關心的是桓氏家族「根本」的荊州。

寧康三年（375），前秦遣軍進攻涼州，桓沖率朱序、桓伊等北出淮、泗二河，聲言欲救涼州；可是桓沖卻又上表朝廷，以爲建康與下游州鎮的防衛不成問題，反而是「荊楚偏遠，密邇寇讎，方城、漢水無天險之實，而過備之重勢在西門」，他以爲東晉前期足以捍禦整個江東的「西門」荊州，如今的軍事力量卻不如下游；因此桓沖欲「請率所統，徑進南郡」，與其兄桓豁共同進行上游防

〔註121〕《晉書》，卷75〈王坦之傳〉，頁1967。

〔註122〕《晉書》，卷74〈桓沖傳〉，頁1949。

〔註123〕《晉書》，卷74〈桓沖傳〉，頁1949；田餘慶認爲，謝安迫使桓沖交出下游州鎮，乃是依靠著褚太后與王皇后的權柄；見氏著，《東晉門閥政治》，〈陳郡謝氏與淝水之戰〉，頁212～213。

〔註124〕田餘慶認爲，謝玄乃依循東晉初年郗鑒的先例，召募淮北流民爲軍人，是重建此地的軍事力量；見氏著，《東晉門閥政治》，頁213～214；吳慧蓮著，《東晉劉宋時期之北府兵》，頁109～113。

〔註125〕《晉書》，卷74〈桓沖傳〉，頁1949。

禦軍事的準備。〔註126〕下游州鎮與朝廷軍事上依恃重建的「北府兵」，上距其重新建制編成才有一年左右，其兵眾與作戰經驗顯然不足。但是，桓沖仍舊將朱序等主力部伍遣往上游協助防衛荊州，不顧下游的防務。不久，梁、益二州相繼陷落，桓豁可能受此事刺激而亡。〔註127〕桓沖立即繼任荊州刺史，都督上游七州與揚、雍、司三州三郡諸軍事，同時安排其子桓嗣爲江州刺史。〔註128〕由此益發明白，桓沖素所措意者乃在上游之地。桓沖出鎮荊州，主要是因爲前秦軍事力量強盛，他擔心「江東力弱，正可保固封疆，自守而已」，他又自居爲「四方鎮扞」的將領，德望不及「內相」謝安，因此放手將下游託付謝安；〔註129〕其實，這些可能是桓沖的託詞，在他看來家族依託的上游要較下游朝廷更爲重要。由此可知，桓沖擔心的是上游之地，也就是桓氏家族勢力的根本所在。

　　桓溫所培養諸弟多有軍事才能，是他們得以長期居守上游州鎮的主要因素之一，自從桓豁去世之後，以軍事著稱的桓氏子弟也陸續凋零。最初接替桓沖江州刺史一職者，爲桓豁之子桓石秀，他在太元元年（376）因病解職後去世，桓沖以子桓嗣繼代；〔註130〕但是，不久後桓嗣遷爲江夏相病卒，大約是在太元四年（379）。〔註131〕桓沖爲了江州刺史的繼任人選，與輔政大臣謝安發生齟齬，憤而自行兼領荊、江二州刺史。〔註132〕此時，仍與桓沖經常鎮守上游的桓氏子弟，僅見桓豁子桓石虔與二十歲出頭的桓石民。〔註133〕太元八年（383），前秦、東晉在江淮之間的淝水展開戰爭，在主要戰場以外、坐擁重兵的桓沖卻僅遣「精銳三千」赴援，謝安卻也予以拒絕。〔註134〕在東晉存亡之秋，桓沖與謝安之間反而不能和睦，更加說明了桓沖「盡忠王室」非其本圖，更有坐觀謝安與苻秦相鬥之嫌。

　　淝水戰後東晉大獲全勝，謝氏家族的政治地位臻於全盛，原本鄙薄謝安「不

〔註126〕《晉書》，卷74〈桓沖傳〉，頁1949～1950。
〔註127〕《晉書》，卷74〈桓豁傳〉，頁1942～1943。
〔註128〕《晉書》，卷74〈桓沖傳〉，頁1950。按桓沖所督揚州一郡屬僑置上游者，並未涉及下游揚州實土。
〔註129〕《晉書》，卷74〈桓沖傳〉，頁1952。
〔註130〕《晉書》，卷74〈桓石秀傳〉，頁1945～1946。
〔註131〕《晉書》，卷74〈桓嗣傳〉，頁1953。
〔註132〕《晉書》，卷74〈桓沖傳〉，頁1952。
〔註133〕由桓石虔曾隨桓溫北伐，可知此時他的年紀不小；桓石民弱冠爲桓父版授爲振武將軍，時在太元四年（379）；分見《晉書》卷74，頁1943，1946。
〔註134〕《晉書》，卷74〈桓沖傳〉，頁1952。

閑將略」的桓沖，因慚恥不如謝安，於太元九年（384）發病而亡。〔註135〕同年，謝安以本官進位都督揚、江、荊、司、豫、徐、兗、青、冀、幽、并、寧、益、雍、梁十五州軍事，並加黃鉞，成爲東晉第一位以揚州爲根本而都督上游州鎮者。〔註136〕在家族人才凋零、家族之計失利的情形下，桓氏的「分陝」政治至此近乎名存實亡，東晉的政治再次朝向權力集中朝廷的方向而發展著。

四、主相之爭與上游「分陝」政治的變化：
太元十年至義熙元年（385～405）

　　孝武帝親政之後，朝廷內外的權力結構產生了相當大的變化。朝廷之內，皇帝引用門戶衰弱、勢位未強盛的士族，協助朝廷集中並提振朝廷威權，當時合於此一條件的家族即太原王氏。〔註137〕范弘之曾向孝武帝同母弟、會稽王司馬道子描述此時的政治：

> 晉自中興以來，號令威權多出強臣。中宗、肅皇斂衽於王敦，先皇受屈於桓氏。今主上親覽萬機，明公光贊百揆，政出王室，人無異望。〔註138〕

在朝廷之內，孝武帝以同母弟司馬道子，與謝安爭奪宰輔之權，並獲得了成果；謝安在太元十年（385）去世，司馬道子總錄尚書事、領揚州刺史、假節、都督中外諸軍事，並合併謝安衛將軍府的文武吏員。〔註139〕孝武帝兄弟形成主相共治的局面。朝廷以外，以孝武帝兄弟爲首的朝廷，則延續逐漸削弱桓氏的政策，在實質面重行掌握了中上游的各個州鎮。孝武帝在位前期，桓氏家族勢力仍未完全退出中上游州鎮；後期桓氏子弟爲州鎮官長者相繼凋零。於是，朝廷藉著人事異動的機會，逐一更換上游的州鎮官長，使長江中上游由桓氏之手復歸於朝廷掌握。

　　雖然朝廷掌握了上下游州鎮的人事任命，上游州鎮官長的繼代均由朝廷選用；但是，自從司馬道子總錄尚書、專輔朝政之後，朝廷之內卻產生了嚴重的主相之爭，並且延伸至朝廷以外的上下游州鎮，主相爭取雙方爭取安排州鎮官長的人選與機會；就州鎮官長而言，則分化爲孝武帝之黨與司馬道子之黨兩種

〔註135〕《晉書》，卷74〈桓沖傳〉，頁1952；卷9〈孝武帝紀〉，頁233。
〔註136〕《晉書》，卷77〈謝安傳〉，頁2075；卷9〈孝武帝紀〉，頁233。
〔註137〕田餘慶著，《東晉門閥政治》，頁222。
〔註138〕《晉書》，卷91〈范弘之傳〉，頁2。
〔註139〕見《晉書》，卷9〈孝武帝紀〉，頁234。

立場與集團。受到主相之爭影響的頻繁州鎮人事異動，發生時間就從太元十三、十四年（388～389），桓氏家族勢力完全退出中上游州鎮以後開始的。

原本在桓沖卒後，謝安兼統上下游，似乎瓦解了上游州鎮自立政治中心的形勢。但是，謝安因建立淝水之戰的「大勳」而畏懼孝武帝和司馬道子兄弟的猜嫌，又擔心桓氏家族的不滿，因此不僅未用謝氏子弟出鎮上游，反而以桓石民爲荊州刺史、桓石虔爲豫州刺史，在桓氏兄弟之間的江州安插了桓氏別支的桓伊，冀望「以三桓據三州，彼此無怨，各得所任」。〔註139〕然而，荊州刺史桓石民卒於太元十四年（389），朝廷即派遣王忱（太原王氏）繼任爲荊州刺史、都督荊益寧三州諸軍事。〔註140〕王忱在任三年（391）後去世，朝廷繼而遣出黃門郎殷仲堪，都督荊、益、寧三州。在此之前，太元十三年（388），朝廷已選用譙王司馬恬之（宗室）爲青、兗二州刺史；司馬恬之卒後，太元十五年（390），又以孝武帝皇后兄王恭（太原王氏）繼任。〔註141〕在豫州方面，太元十三年（388）桓石虔死後，朝廷先後起用庾準、庾楷兄弟爲州鎮官長。〔註142〕而在荊州北面的襄陽，朝廷則用郗恢爲雍州刺史，接替繼桓氏舊將朱序，都督七州諸軍事、雍州刺史。〔註143〕謝安爲了安撫桓氏家族與避免孝武帝兄弟猜嫌而做的州鎮安排，最後一一都被孝武帝兄弟以宗室或其他家族勢力取代，建立起另一種集體政治的形態。

譙王司馬恬曾經不畏桓溫而彈劾其大不敬，因此以「忠正有幹局」聞名朝廷，孝武帝以其「宗室勳望，有才用」，重用爲兗、青二州刺史，鎮守建康以東的京口。〔註144〕王恭與王忱同爲太原王氏，各自受到「主相所待」而效力朝廷。〔註145〕王恭爲孝武帝皇后之兄，因爲孝武帝欽重，並以其爲「時望」而擢用出鎮京口，爲朝廷藩屏。〔註146〕王忱之兄王國寶，從妹爲會稽王司馬

〔註139〕《晉書》，卷79〈謝安傳〉，頁2075。

〔註140〕〈孝武帝紀〉將「桓石民」誤作「桓石虔」：見《晉書》卷9，頁238；參見吳廷燮，《東晉方鎮年表》，《二十五史補編》第3冊，頁3473。

〔註141〕參見《晉書》，卷9〈孝武帝紀〉，頁238。

〔註142〕時間在太元十三年（388）以後：見吳廷燮，《東晉方鎮年表》，《二十五史補編》第3冊，頁3482。

〔註143〕時間在太元十七年（392）：見《晉書》，卷67〈郗恢傳〉，頁1805；參見吳廷燮，《東晉方鎮年表》，《二十五史補編》第3冊，頁3498。

〔註144〕《晉書》，卷37〈譙敬王恬傳〉，頁1106。

〔註145〕《世說新語箋疏·賞譽第八》，頁496，劉注引《晉安帝紀》。

〔註146〕《晉書》，卷84〈王恭傳〉，頁2183～2184。

道子王妃，因此得爲司馬道子的腹心謀臣。〔註147〕庾楷（穎川庾氏，庾亮之孫）原爲侍中，代其兄庾準出鎮豫州，黨於司馬道子的腹心王國寶（太原王氏）。〔註148〕郗恢爲郗鑒之孫，受到孝武帝的器重，認爲他具備「藩伯之望」，因此自東宮官屬外出居鎮雍州。〔註149〕

　　雖然，太原王氏多人受到孝武帝兄弟兩人重用，儼然是一股新興的家族勢力，但是孝武帝倚重的王恭與王忱兄弟不和，而王忱諸兄王愷、王愉和王國寶相互間也並不和睦。〔註150〕太原王氏家族的政治地位貌似興盛，王恭與王忱雖然爲朝廷分據上下游的州鎮，卻因不和睦而分散了家族的力量，喪失了以家族爲基礎建立「分陝」政治的機會。雖然，太原王氏家族力量呈現分散甚至對立，但是在安帝即位之後，司馬道子、元顯父子專權擅朝政，太原王氏家族的王恭卻挾下游州鎮之力兩度起兵，並且結合上游州鎮而成爲號令州鎮的「盟主」，彷彿惠帝末年司馬越結合州鎮而自爲盟主的故實，儼然再次形成另一次州鎮同盟。〔註151〕王恭成爲足以總統上下游諸州鎮的「盟主」，似乎顯示了東晉「分陝」政治的勢力基礎，已由家族力量改變爲其它的集體力量。〔註152〕從事實而論，或可將王恭、庾楷、殷仲堪、楊佺期等人的結盟，視爲「分陝」政治基礎改轉的事例，其性質雖爲集體力量，各人卻是透過與孝武帝的個人關係而結合的；在孝武帝去世以後，這種關係的結合因素消失，王恭等人的結盟因此缺乏合作基礎而終告失敗。由太原王氏失敗的例子可以發現，此時政治的權威來源已爲皇帝及掌握皇權的宰相，不再像此前僅憑家族的集體力量及軍事上的大功便足以分立另一政治中心，東晉的「分陝」政治基礎開始產生重大變化，性質也逐漸改變。

　　不同於王恭等人跨越家族式的結盟，桓玄恃其家族「世蒞荊土」，桓玄不僅影響荊州的地域社會，使「士庶憚之，甚於州牧」，影響所及也使得州鎮官長側目。〔註153〕未曾建立功業、略無兵眾的桓玄，藉著桓氏家族的威名與上游地域社會的淵緣，使得上游州鎮官長殷仲堪、楊佺期等人推奉其爲「盟主」，

〔註147〕《晉書》，卷75〈王國寶傳〉，頁1970～1971。
〔註148〕《晉書》，卷84〈庾楷傳〉，頁2187；卷84〈王恭傳〉，頁2184。
〔註149〕《晉書》，卷67〈郗恢傳〉，頁1805。
〔註150〕《晉書》，卷75〈王坦之傳〉，頁1970。
〔註151〕參見第二章第一節。
〔註152〕《晉書》，卷84〈王恭傳〉，頁2185；卷84〈殷仲堪傳〉，頁2198。
〔註153〕《晉書》，卷74〈桓石民傳〉，頁1946；卷99〈桓玄傳〉，頁2587，2588。

成為安帝初年的第三次州鎮結盟活動。〔註154〕桓玄終於循著王敦、桓溫的故轍成功地取得上游荊、雍、江等州，並分張桓氏家族諸群從子弟於州鎮，冀圖繼續桓溫的「分陝」政治進而篡晉。

　　自從桓溫躋身東晉士族社會之後，桓氏家族的習尚逐漸轉變，與士族社會的「風流」愈來愈一致。僅以桓玄自身為例，原本好騎射，每次出獵「車騎甚盛，五六十里中，旌旗蔽隰」，因此以才地與雄豪擅威於荊州。〔註155〕然而，桓玄卻刻意習染名士風流，仿效名士「吟嘯」、講讀《老子》，〔註156〕甚至與其輕鄙的刺史殷仲堪學習談說、相互論難而歡服於殷氏。〔註157〕桓玄的行跡說明了桓氏自從桓溫興起，以軍事才能和實幹來發展家族勢力，卻又自桓溫開始產生欣慕士族社會盛行的名士風流，並且漸變於典型的士族行為，家族的發展前後實為不同的階段。除了家族習尚的轉變，桓氏群從子弟的人物特徵，也顯示了桓氏家族在政治、軍事上的衰落（參見表二），顯示桓氏「分陝」政治的基礎不復往昔，更顯示了以家族勢力為基礎的東晉「分陝」政治，在晉末發生變化的背景之一。桓玄究竟不同其父桓溫，能夠以軍功立威，桓石康、桓脩等人也非桓沖兄弟之倫，能接替父兄繼續發展門戶之計，家族人才的衰落，造成了桓玄的失敗。桓玄篡晉失敗以後，桓氏家族企圖恢復「分陝」政治的格局，使上游州鎮與下游的建康朝廷並立，成為兩個政治中心，因此曾要求分割荊、江二州以為桓氏家族專有的領土。〔註158〕然而，桓氏家族在桓玄篡晉時期，人才已然不足以構成「分陝」的基礎，而在篡晉過程中因為戰爭與奔走而傷亡略盡。因此，桓玄以「分陝」政治崛起，卻也為東晉特殊的「分陝」政治劃下了休止符。

〔註154〕《晉書》，卷99〈桓玄傳〉，頁2588，2589。

〔註155〕《世說新語箋疏‧賞譽篇第十》，頁574；《晉書》，卷75〈王忱傳〉，頁1973；卷84〈殷仲堪傳〉，頁2197。

〔註156〕《世說新語箋疏‧方正第五》，頁277；〈排調第二十五〉，頁823；又，桓玄吟嘯乃為王恭作誄，可能因為王恭曾以桓玄「故自達」，為其邀譽建康；見同書，〈排調第二十三〉，頁761。

〔註157〕《世說新語箋疏‧文學第四》，頁243。桓玄在荊州時曾在廳事前騎馬，並以鞘指向殷仲堪，遭到府佐劉邁嘲弄「馬鞘有餘，精理不足」；見《晉書》，卷85〈劉毅傳〉，頁2211。

〔註158〕《晉書》，卷85〈何無忌傳〉，頁2215。

表二　桓玄家族人物特徵簡表〔註159〕

人物	家族關係	官歷及爵位	人物特徵	資料出處
桓禕	桓溫之子，桓玄之兄	富陽王	最愚，不辨菽麥	晉 98/2580 晉 99/2596
桓振	桓豁孫，桓石虔之子	淮南太守，轉江夏相	少果銳，無行，以兇橫見黜	晉 74/1944
桓謙	桓沖之子	錄尚書事，領揚州刺史，安成王	詳正有器望;然而暗懦，尤不可以造事	晉 74/1954
桓脩	桓沖之子	都督六州，徐兗二州刺史，撫軍大將軍，安成王	少爲桓玄所侮，於言端常嗤鄙之	晉 74/1955 世說排調 25 引續晉陽秋
桓胤	桓沖孫，桓嗣之子	吏部尚書	少有清操，雖奕世華貴，甚以恬退見稱	晉 74/1953

結　論

　　東晉時期，從陶侃、庾亮、桓溫乃至桓玄等，先後因爲門第微弱、而個人又具有實務才幹的特質，才爲朝廷遣出鎮守上游。其中，桓溫、桓玄父子相對成功地以家族子弟分張於州鎮，形成「分陝」於外的政治中心。陶侃以子弟「不佳」，家族勢力不足爲分張州鎮勢力的基礎，因此放棄「分陝」上游的企圖。庾亮兄弟出鎮上游，其家族子弟的情形則介於陶侃和桓氏之間，因而庾翼雖欲爲家族進行州鎮人事的安排，卻也因爲家族成員不盡支持，庾翼諸子又無足夠能力擁據上游，造成了庾氏的「分陝」功敗垂成。桓氏雖然一時實現與朝廷並峙的「分陝」政治，但是隨著桓氏子弟逐漸沾染士族「不以物務自嬰」的習尙，桓氏家族「分陝」的人才條件也喪失了，終於也喪失了「分陝」政治的成果。

　　其實，早在東晉初期，王敦再次入犯建康時，便曾大爲感歎家門人才不繼，「才兼文武」的子弟先後凋零，阻礙其篡晉企圖的實現。〔註160〕東晉士族的衰落，並不僅是王導對王允之等人感歎家族子弟的凋零；更因士族社會的風氣習尙與階層觀念，導致士族與實際的政務和軍事愈行愈遠。西晉以來「仕

〔註159〕本表僅取桓玄篡晉前後，桓氏家族人物特徵見於史籍者。
〔註160〕《晉書》，卷98〈王敦傳〉，頁2565。

不事事」、「不以物務自嬰」的風氣，〔註161〕東晉門閥士族不僅沾染而且在江東繼續發展，唐人因有「逮乎江左，此道彌扇」的感歎。〔註162〕

兩晉時期士族的形成與地位，深受其家族文化特徵的影響。但是影響社會地位升降的因素是玄學，然而朝政庶務所需的是實幹與才能，因此東晉執政的大臣一般都表現「出入玄儒」的文化特徵，幾無例外。〔註163〕「分陝」上游的家族也顯現出此一特徵。但是，這些士族及其家族，尤其是居「分陝」形勢的士族，其「出入玄儒」的特徵並非自其掌握朝政時起

與「仕不事事」的風氣有所關聯，影響更為深遠的乃是東晉士族與軍事力量的脫節。〔註164〕因此，東晉士族人才缺乏的問題，始自立國之初便已產生。然而，石趙與成漢自長江北、西兩面對東晉構成嚴重威脅，尤其以上游荊州兩面受敵，情勢經常處於緊張狀態之下。此一地區的都督重任，顯然並非「不事事」的士族子弟所能承擔。因此由士族掌握的朝廷，才將上游都督重任託付具備實務和軍事才能、屬於「新出門戶」的士族或寒門，自陶侃以下乃至謝安家族大致合於此一特徵。

我們又可發現，晉末的太原王氏乃至譙國桓氏，幾個當時的主要政治家族的主要人物多半人才普通，或是已深染名士風流習尚，已不足成為「分陝」政治的基礎力量。綜上可知，以專擅上游州鎮、擁據強兵的「分陝」政治，雖然以建立大功作為大位的前提，但是為「分陝」政治擴張勢力、穩定基礎的家族群體以及人才素質，更關係著「分陝」政治的存續。

〔註161〕《晉書》，卷35〈裴頠傳〉，頁1044。

〔註162〕姚察所論：見〔唐〕姚思廉，《梁書》，卷37〈何敬容傳〉，頁534。姚察為姚思廉之父，原為南朝士族，梁末北邊。

〔註163〕參見田餘慶，《東晉門閥政治》，頁333，351～352。

〔註164〕參見祝總斌，〈試論東晉後期高級士族之沒落及桓玄代晉之性質〉，《北京大學學報（哲社版）》1985：3，頁76～78。

第五章　東晉「分陝」政治的特徵

前　言

　　東晉時期由王敦乃至桓玄、劉裕兼督上游州鎮，其間僅有少數家族曾經實現「分陝」政治，他們實現的「分陝」政治擁有較為一致的特徵，或是促成的因素。過去研究東晉政治史，一般受限於材料，而僅由士族等社會群體對政治的影響，或是由地理位置、經濟條件等因素來進行探討。本章試圖從東晉「分陝」政治的兩個關鍵點切入：其一為形成「分陝」政治的集體力量及其性質，另一個則是造成長江上游分立的政治中心進可以討伐境外，退可以威逼下游朝廷的軍事因素，亦即上游州鎮具有的特殊軍事條件，以下集中討論陶侃以至桓溫時期（323～373）。

一、「分陝」政治與宗室

　　東晉建立以後，政治上呈現「朝政多門」〔註1〕也就是朝政權柄淪入皇帝以外的家族的現象，致使朝廷的制度號令不一，大權更旁落於世卿之家。於是以家族集體勢力為基礎的士族，形成所謂的「門閥政治」。除了士族的興盛，東晉皇帝權力不振的原因，還受到宗室微弱的影響；特別是帝子寡弱，對帝位的繼承與皇權的行使造成了相當負面的影響。判斷宗室微弱的條件，除了宗室人數的規模，以及足以顯示個別宗室政治地位與權力大小的官歷，尤其州鎮官長職任最足以顯示宗室是否微弱的現象；事實上，東晉宗室出任州鎮

〔註1〕　陶侃語；見《晉書》，卷73〈庾亮傳〉，頁1919。

官長者少之又少，除了元帝時出鎮湘州的譙王司馬承、成帝以後出任梁州刺史的司馬勳、孝武帝時出鎮京口的譙王司馬恬、安帝時出鎮荊州的司馬休之等四人，基本上並無其他宗室出任州鎮一級的職務。而且，就此四人而言，司馬承原為宗室疏屬，本無受封之事；司馬勳的宗室身份可疑之處頗多，實與晚渡北人無異；司馬休之雖為譙王之後，但是未曾受封或襲爵已為疏屬。再者，四位宗室出守州鎮，除了司馬承、司馬恬是受到皇帝囑託，司馬勳實為上流都督手下的一名武人，司馬休之得以出鎮荊州可謂晉末權臣一手導演的傀儡戲。

　　據此而言，造成東晉宗室微弱的原因，除了受到西晉末年懷、愍二帝時的戰禍影響，以及東晉時期掌握政權的士族對宗室進行打壓之外，可能還受到東晉肇建時元帝對待宗室的態度有關；可能的解釋是西晉諸王之亂殷鑒未遠，元帝是親身經歷這場宗室之酷的倖免者，使他對起用宗室為州鎮一事顯得格外保守謹慎。〔註2〕此後，宗室在政治上崛起的機會更受到當權士族的抑制，在政治上一直未能形成一股具有決定性作用的集體力量，遂使士族的集體政治力量獨擅東晉政壇。

　　宗室之外，東晉諸帝的繼立、年齡等諸問題，相當程度地也促使士族掌握政權。以下略述東晉諸帝在年齡與在位時間的一些特殊現象，以便瞭解影響東晉「政出多門」的另一個主要因素。〔註3〕

　　依據禮制與傳統，策立儲君以「立嫡不以長」與「立長不以德」為主要原則。然而，東晉時期自元帝以下的十位皇帝中，只有明帝、成帝、康帝、孝武帝和安帝五位為前帝之子，並且順利繼位；而其中，更僅有明帝、成帝和安帝三位是以前帝嫡長子的身份繼位。其他諸帝與前帝的關係，除了哀帝為康帝兄子、簡文帝依行輩為海西公的從叔祖，其他如康帝、海西公和恭帝均為前帝之弟，形成「兄終弟及」的現象，〔註4〕大抵由於前帝子嗣年幼，故更立「長君」

〔註2〕　對帝位具有潛在威脅的宗室如西陽王司馬羕兄弟等，他們與西晉帝室乃至元帝的族屬關係較近，然而元帝對他們的態度並不友善，更未起用司馬羕兄弟出居州鎮重任；就此而言，宗室未獲重任，顯然元帝的態度要較王導等當權士族更起著關鍵性作用。參見本文第二章第三節之「司馬睿『分陝』江左與琅邪王氏的關係」一小節。

〔註3〕　以下所論諸帝繼位、在位時間和年齡等數據，參考杜建民編著，《中國歷代帝王世系年表》（濟南：齊魯書社，1995年），表十三「東晉世系」，頁50～51。

〔註4〕　〔清〕趙翼著，王樹民校證，《廿二史箚記校證》，卷8〈晉帝多兄終弟及〉，頁163。

以鎮靜人心。〔註5〕此外，東晉十一位皇帝中，元帝和簡文帝分別以四十二歲、五十一歲即位，但是二帝原本均非儲君；其餘諸帝踐阼時多半幼弱，未達「弱冠」即位者更有四位，而且平均年壽均未超過四十歲。〔註6〕東晉皇權旁落實有其不得不然之勢。南朝史家沈約（441～513）曾經記述：「晉世幼主在位，政歸輔臣」。〔註7〕在「人主既短祚，嗣子自多幼沖」，又不能託付宗室的情形下，東晉的朝政大權「則猶賴大臣輔相之力」。〔註8〕換言之，東晉諸帝倚重士族，尚有其不得不然的先天性因素。

　　東晉政權由皇帝與士族共同治理，各個士族相繼取得與皇帝「共天下」的地位，形成此一東晉特有的權力結構與政治現象，即是所謂的「門閥政治」。「門閥政治」的主要特徵之一，便是士族的政治活動以家族為憑藉。東晉的「分陝」政治往往與家族勢力相結合，進而完成。自王敦開始，憑恃朝廷授予的特殊專斷權力，分佈家族子弟掌握長江中上游的州鎮，於朝廷之外自成一個實質的政治中心，造成上游「分陝」的政治形勢。此後，陸續「分陝」上游的政治人物，其權力結構的特徵之一便是佈張家族的勢力。

　　東晉政治社會以士族為主體，士族以家族為權力的基礎而掌握上游州鎮，並自成一政治中心與朝廷對峙；朝廷為求瓦解既有的兩個政治中心與勢力對峙的形勢，策略大體為以士族制士族，由朝廷支持的士族取代原本掌權的士族，結果往往只是促成權力的重新洗牌，「分陝」政治的基本格局卻未曾受到影響而改變。由於東晉朝廷無法排除士族的參與，反過來以士族為政治運作的主體，造成權力的實質運作模式一再重蹈覆轍；以士族代表朝廷出鎮上游州鎮後，不免再度形成兩個政治中心並立的局面，朝廷始終難以集中政治權力。為朝廷用以出鎮上游的士族，大多均有注重實務與功業的表現，家

〔註5〕　關於庾亮兄弟兩度議立「長君」，一般認為與庾氏家族私計有關。然而，呂思勉卻質疑「庾氏之立康帝，可謂欲扶翼其所自出，其欲立簡文果何為哉？」呂氏又云：「庾氏兄弟皆有志於恢復，然則其謂國有彊敵，宜立長君，或非虛語也」；見氏著，《兩晉南北朝史》上冊，頁149～150。

〔註6〕　僅有海西公卒年四十五歲，但是他被廢位時年僅三十一歲，唐初史臣認為是海西公「屈放命之臣」，以「柔弱勝剛強」才「得盡于天年」，說明東晉皇帝不僅帝位受制於權臣，即便一己性命也不由自己；見《晉書》，卷8〈海西公紀〉，頁215。

〔註7〕　沈約史論：見《宋書》，卷66〈何尚之傳〉，頁1739。

〔註8〕　〔清〕趙翼著，王樹民校證，《廿二史劄記校證》，卷8〈東晉多幼主〉，頁162～163。

族力量或者正在發展，或尚未成熟；但是，這些士族出鎮上游之後，以家族的發展為目標，逐漸以家族的力量作為政治發展的基礎。因此「分陝」政治，也就一再由朝廷意志的伸張，轉而成為勢逼朝廷的政治產物，使東晉時期的「分陝」政治，仿若某種穩定的政治運作模式。

二、東晉立國形勢與「分陝」政治

　　東晉上游「分陝」政治的形成與發展，在士族分享皇權的因素以外，尚且受到立國江南的地理位置影響。作為「分陝」範圍的長江上游地域，由於位置偏處江南地域的西陲，經常構成西、北兩面阻敵的軍事形勢，因此上游的軍事地位重要。東晉於上游地域所設置的荊州，正是面對上述軍事形勢而地位重要的州鎮。

　　關於東晉南朝時期的荊州，學者已累積相當的研究成果。〔註9〕本節主旨在勾勒東晉建立後，以荊州為主的「上流」政治中心軍事和經濟地位的變化概貌，以及荊州在東晉諸州鎮之中的重要性。荊州成為上游主要州鎮、乃至「分陝」政治的根據地，主要是由於它的軍事地位。因此，本節由荊州的軍事性質以及相關的都督制度，進一步爬梳、整理構成「分陝」政治的軍事因素，並試圖說明「分陝」的軍事性質與上游地域的關係。同時，間取下游政治中心的軍事舉措，以與上游政治中心的軍事活動兩相比較，以呈現出「分陝」政治軍事一面的樣貌。

　　司馬睿偕幕府成員南渡之後，與幕府諸臣共同建立起來的東晉政權，基本上立國於江南而恃長江天險與北方對峙。後趙時期，石虎（295～349）曾企圖南渡長江一舉兼併東晉，卻「臨江而旋」，實因受到長江的阻隔而影響了軍事行動。〔註10〕晉元帝得以成功於江東建立東晉，晉人明言，不僅有賴於王導等大臣的贊翼，「實賴萬里長江畫而守之」，〔註11〕強調了地理因素對政治的影響。繼王氏家族之後，為東晉經營長江上游軍事的陶侃，曾表示：「我所以設險而御寇者，正以長江耳」。〔註12〕及至東晉後期，前秦大軍壓境，鎮

〔註9〕　傅樂成，〈六朝時期的荊州〉，收入氏著，《漢唐史論稿》（臺北：聯經出版事業公司，1977年）；劉淑芬，〈建康與六朝歷史的發展〉，收入氏著，《六朝的城市與社會》（臺北：臺灣學生書局，1992年）；劉淑芬，《六朝時代的建康》，臺灣大學歷史學研究所博士論文，1981。

〔註10〕《晉書》，卷106〈石季龍載記〉，頁2763。

〔註11〕《晉書》，卷56〈孫綽傳〉，頁1545。

〔註12〕《晉書》，卷66〈陶侃傳〉，頁1778。

守上游的桓沖因為「江東力弱，正可保固封疆，自守而已」，所以棄長江以北而固守南岸。〔註13〕南北朝時的魏收（506～572）更透過當時積累的歷史經驗，以為東晉立國的地理形勢乃依襲孫吳「阻長江」、隔絕南北的立國之策。〔註14〕綜合東晉以下人物論說東晉立國的地理形勢，可以了解，東晉上游採取消極防守時，長江對東晉軍事防務的重要性愈加顯著。

荊州和揚州均以人口眾多和轄境廣大，特重於江南地域。土地與民人為政治提供了必需的人力、物產等「資實」，而荊州的資實配合其軍事、交通地位，則提供「推轂闕外」的軍事之用。自東晉乃至南朝，荊州的政治重要性，主要立基於軍事要衝、交通位置以及豐富的「資實」等三個因素。〔註15〕因此，晉末宋初的何尚之（382～460）便曾表示：

> 荊、揚二州戶口半天下，江左以來，揚州根本，委荊以闕外。〔註16〕

何氏所言重點提示了荊、揚二州的重要性，在於經濟性因素的「戶口」；二州的政治地位，揚州為「根本」，荊州則是「闕外」。學者或認為，東晉時期揚州與荊州的政治性質大體上可判別為二：前者為政治中心，屬於文治區域；後者為軍事中心。〔註17〕梁代的沈約則視揚州為「根本」、荊州為「推轂」，並進一步發揮其義：

> 江左以來，樹根本於揚越，任推轂於荊楚。揚土自盧蠡以北，臨海
> 而極大江；荊部則包括湘沅，踦巫山而掩鄧塞。民戶境域，過半於
> 天下……荊揚司牧，事同二陝。〔註18〕

所謂「江左」，係指立國江東的東晉政權。沈約描述的重點，歸納起來可分為地理位置、經濟條件和政治地位三項。漢代以來，江南地域大體分屬荊、揚二州，西晉時又剖分荊、揚二州建立江、湘二州。東晉自元帝司馬睿時起，以長江為隔絕南北的天塹，割據長江以南的地域為寄國之所，揚州與荊州的人口與境域占去了東晉「天下」一半以上。所謂的「天下」僅指江南地區，是就東晉政權能夠控制、羈縻的州鎮而言；所謂「過半於天下」，也就是指二州的境域和人口占江南地區諸州的一半以上，二州成為江東君臣心目中「天

〔註13〕《晉書》，卷74〈桓沖傳〉，頁1952。
〔註14〕《魏書》，卷96〈司馬叡傳〉，頁2093。
〔註15〕傅樂成，〈六朝時期的荊州〉，在氏著，《漢唐史論稿》，頁97。
〔註16〕《宋書》，卷66〈何尚之傳〉，頁1739。
〔註17〕見劉淑芬，〈六朝時期的建康〉，在氏著，《六朝的城市與社會》，頁3～33。
〔註18〕《宋書》，卷66〈何尚之傳〉，頁1739。

下」的主體。〔註19〕

所謂「推轂」者，即何尚之所謂的「委荊以閫外」，典出《史記・馮唐列傳》，馮唐對漢文帝云：

> 臣聞上古王者之遣將也，跪而推轂，曰閫以內者，寡人制之；閫以
> 外者，將軍制之。軍功爵賞皆決於外，歸而奏之。〔註20〕

其原義指皇帝全權委任武將在外專制，統籌軍事之宜；針對東晉南朝的情形來說，即皇帝將上游的軍事力量委授兼統諸州鎮的都督。何尚之、沈約二氏都認爲，自東晉以來，荊、揚二州的地位重要，主要原因在於二州轄境廣大，人口眾多，因此自東晉開始，以荊州爲「推轂閫外」之地，成爲一種政策。〔註21〕

沈約又稱，荊、揚二州的官長權任如同「二陝」；所謂「二陝」，根據與沈約同一時代的蕭子顯，他曾如此記錄：

> 江左大鎮，莫過荊、揚……周世二伯總諸侯，周公主陝東，召公主
> 陝西，故稱荊州爲陝西也。〔註22〕

以「二伯」分指主持陝東與陝西的周、召二公；以荊州爲「陝西」，揚州則爲「陝東」，反映了東晉南朝時人看待二州政治地位的想法。

位於長江中上游的荊州，北面爲貫穿平原的漢水流域，可通達河南的洛陽；又屏障南面資實所出的湘水流域；加以長江流貫域中，使荊州具有連絡上下游州鎮的重要交通地位。〔註 23〕東晉建立以後，便以實土州郡的荊州官長，都督僑置州境北部的雍、梁、司等州，以及分割州境南部而建立的湘州。因此，荊州成爲天塹長江中段地位最重要的州鎮。

東晉前期，荊州北面以襄陽爲重鎮，西面則爲巴東，東面與江州共守武昌。根據沈約的記載，東晉以來，出鎮上游荊州的州鎮官長，先後遷徙鎮所：王敦居鎮武昌，爲上游征討諸軍的後援；陶侃第一次爲荊州刺史時鎮守沔陽，再任

〔註19〕荊、揚二州「境域，過半於天下」，是根據漢代二州轄境而言。東晉揚、荊分別劃出江、湘二州，而徐、兗、豫、雍、梁、司等州又寄治於二州，大體上並未超越漢代荊、揚二州的——轄境。據兩漢政區範圍爲準以況後代政區地理，常爲東晉南朝與後代文獻的追述方式。

〔註20〕《史記》，卷 102〈馮唐列傳〉，頁 2758。

〔註21〕參見劉淑芬，〈建康與六朝歷史的發展〉，其中「荊州閫外之寄政策的施行與瓦解」；在氏著，《六朝的城市與社會》，頁 17～22。

〔註22〕《南齊書》，卷 15〈州郡下〉，頁 274。

〔註23〕胡阿祥，〈東晉南朝的守國形勢——兼說中國歷史上的南北對立〉，《江海學刊》1998～4，頁 115。

荆州時初鎮江陵，經過兩次遷鎮後，也曾徙鎮武昌；王廙則治於江陵，庾亮和庾翼原本均治理武昌，桓溫治江陵，桓沖鎮上明，王忱又還治江陵。〔註24〕鎮所的經常遷徙，反映了此地軍情緊張，特別是在上游梁、益等州爲敵對政權所領的時期。

庾翼繼任荆州刺史之後，欲將鎮所自武昌遷往樂鄉。〔註25〕其兄庾冰征虜府長史王述修書勸阻庾翼。他認爲樂鄉距離武昌「千有餘里」，過去由江州供給武的軍實一旦改輸其地，「當泝流數千，供繼軍府，力役增倍，疲曳道路」，不但交通太遠且力役過重；他認爲更要緊的是武昌處於上下游、州鎮和朝廷之間的重要地位不可取代。王述云：

> 武昌實是江東鎮戍之中，非但扞禦上流而已。急緩赴告，駿奔不難。
>
> 若移樂鄉，遠在西陲，一朝江渚有虞，不相接救。方嶽取重將，故
> 當居要害之地，爲内外形勢，使闚覦之心不知所向。〔註26〕

荆州以西爲梁、益二州之地，西晉末年淪爲李氏所據；及至東晉建立於江東，西陲常以巴東郡與李氏爲界，也就是今天的長江三峽一帶。西晉末年，關中秦、雍二州饑荒，加上疾癘盛行，百姓相食之餘又爲盜賊所掠。〔註27〕因此，許多關中民人離開秦、雍二州，移往它處。其中「六郡」流民十萬之眾，移入梁、益二州就食，與二州土民不相和睦，又爲朝廷下令催促返回秦、雍二州；「巴氐」李特率領流民不願北返本鄉，因與梁、益二州刺史發生長期的軍事衝突。〔註28〕太安二年（303），李特餘眾攻陷益州治所成都，造成在地的「蜀人流散，東下江陽，南入七郡」；光熙元年（306），更攻陷梁州治所

〔註24〕《宋書》，卷37〈州郡三〉，頁1117。

〔註25〕東晉南朝有二處地名爲樂鄉，一爲位於長江南岸的樂鄉城（在今日湖北松滋縣東北，接近北岸的江陵）；一處爲始置於晉安帝隆安五年（401）、位於長江北岸的樂鄉縣（今湖北鍾祥縣，時在竟陵郡西北；距江陵較遠而接近襄陽，在兩地之間）；參見魏嵩山主編，《中國歷史地名大辭典》（廣州：廣東教育出版社，1995年），頁315。王述所指樂鄉遠在「西陲」，且距離武昌「千有餘里」、江州數千里，顯然即樂鄉城：自江州當時治所豫章溯游至位在江陵西南方的樂鄉城，行程約爲豫章至武昌的兩倍以上，也就是二千餘里以上，合於王述對行程的記述；參見譚其驤主編，《中國歷史地圖集》（上海：地圖出版社，1982年），第3冊「三國・西晉時期」，圖53～54；第4冊「東晉十六國・南北朝時期」圖5～6。

〔註26〕《晉書》，卷75〈王述傳〉，頁1962。

〔註27〕《晉書》，卷37〈南陽王模傳〉，頁1097。

〔註28〕《晉書》，卷120〈李特載記〉，頁3023。

南鄭，盡徙漢中居民移入益州。〔註29〕秦、雍二州和梁州漢中居民相繼移入益州，益、梁二州的土民東下荊州，造成了「巴蜀流人汝班、騫碩等數萬家，布在荊湘間」。〔註30〕除了來自西面的流民，荊州又收納了自北面漢、沔流域移入的雍州流民。爲亂荊州的秦、雍二州流民領袖王如、侯脫、嚴嶷和龐寔等人，大體上都是循著這條路線南下荊州。〔註31〕秦、雍、梁、益四州流民，「在荊州十餘萬戶，羈旅貧乏，多爲盜賊」，荊州刺史劉弘不但避免了流民和土民的衝突，更借著流民之力發展荊州。〔註32〕當時，安輯流民成爲荊州刺史的主要職務之一。朝廷可能是爲了安定移入荊州、不願返鄉的流民，因此於永嘉元年（307）分荊、江二州八郡之地另設湘州。〔註33〕此一政治施設，不僅是鎮撫梁益流民的權宜之計，更反映了流民所在的荊州，受到朝廷重視的態度。

中上流既爲秦、雍、梁、益諸州流民南遷必經之路，襄陽、江陵之間因此形成一個都會區，「自晉氏南遷之後，南郡、襄陽，皆爲重鎮，四方湊會」。加上荊、湘、江三州盛產米糧，政治、軍事和經濟等各方面，具備了於建鄴以外另立政治中心的條件。〔註34〕

東晉一百餘年的歷史中（317～419），超過半個世紀的時間內，梁、益二州屬於東晉的敵對政權所有，對東晉構成威脅。（參見表一）由於梁、益二州東下的交通路線，必經荊州所屬的巴東郡，因此在梁、益二州復入晉朝版圖之前，荊州遂成爲秦、雍、梁、益等上游諸州，流民東下的必經之地。因此，東晉朝廷或以「國之西門」來看待荊州的重要地位。〔註35〕王敦以陶侃爲荊州刺史，便是欲用其力守「西門」荊州，以使長江中下游「華圻無虞」。〔註36〕

〔註29〕 《晉書》，卷 4〈惠帝紀〉，頁 102；卷 5〈懷帝紀〉，頁 116；卷 121〈李雄載記〉，頁 3036～3037。

〔註30〕 《晉書》，卷 100〈杜弢傳〉，頁 2621。

〔註31〕 侯脫有感劉弘之恩，因此護送其子劉璠北上洛陽；王如自雍州流移至宛而居；見《晉書》，卷 61〈劉弘傳〉，頁 1768；卷 100〈王如傳〉，頁 2618。

〔註32〕 《晉書》，卷 61〈劉弘傳〉，頁 1764，1766。

〔註33〕 《晉書》，卷 5〈懷帝紀〉，頁 117。八郡之中，長沙、衡陽、湘東、零陵、邵陵、桂陽六郡原屬荊州，可知湘州所轄，以割自荊州的政區較多；見《晉書》，卷 15〈地理志〉，頁 458。

〔註34〕 《隋書》，卷 31〈地理志下〉，頁 897。

〔註35〕 《晉書》，卷 77〈何充傳〉，頁 2030。

〔註36〕 《晉書》，卷 66〈何充傳〉，頁 1771。

表一 東晉梁益二州外領時期表

時　　間	所屬政權	荊州東界	資　料　出　處
建武元年至永和二年 （317～346）	成　漢	巴　東	晉書卷 58 周撫傳，卷 66 陶侃傳
寧康元年至太元十年 （373～385）	前　秦	巴　東	晉書卷 9 孝武紀，卷 81 毛穆之傳
義熙元年至義熙九年 （405～413）	譙　蜀	巴東（白帝）	晉書卷 10 安帝紀，宋書卷毛脩之 傳，建康實錄卷

　　東晉初期除了處於長江以北的徐、豫等州，李氏控有的益、梁、寧等州之外，江、揚、荊、湘、交、廣六州是東晉朝廷直接統治的實土。然而，荊州爲何能從長江上游州鎮中脫穎而出，成爲上游的政治中心呢？部份學者將東晉政爭，化約爲長江上下游之爭，進一步將上下游分指荊州和揚州，從而得到了「荊揚之爭」這樣一種說法。茲舉陳琳國先生的敘述，作爲一種典型的看法，他認爲：「東晉權臣無不兼任荊、揚二州的都督和刺史，他們可以分爲兩類：一類以揚州爲基地，據揚州而居中執政；一類以荊州爲基地，據荊州而以外制內」。〔註37〕這個說法顯然過於簡化。此外，田餘慶先生則認爲，東晉的上下游之爭，地域不僅限於荊、揚二州，還涉及實土的荊、江、揚諸州和僑置的徐、兗、豫等州。由於數州的州治或軍府都在長江沿岸，於是沿著長江形成一條防禦天塹，數州的互動關係因而變得密切，使得東晉政爭往往沿著長江兩岸而展開。〔註38〕近人吳廷燮（1865～1947），則將東晉諸州鎮視爲一個整體，以每個州鎮較爲突出的政治機能，爲江左政治地理歸結出一個較爲全面的印象：

> 東晉疆域，廣狹無恆，揚、荊、徐、豫，皆爲重鎮。揚本畿甸，穀帛所出，領以宰輔。荊居上流，甲兵所萃，號曰分陝。徐曰北府，豫曰西藩。江、兗、雍、梁，亦稱雄劇。益、寧、交、廣，斯爲邊寄。冀、幽、青、并，名存而已。〔註39〕

吳廷燮的印象得自其對江左方鎮的深入研究。大體上，他將東晉經常設置的諸州地位分爲四類：其一是所謂的「重鎮」，包括揚、荊、徐、豫四州，又指

〔註37〕陳琳國，《魏晉南北朝政治制度研究》（臺北：文津出版社，1994 年），頁 244。
〔註38〕田餘慶，《東晉門閥政治》，頁 114～115。
〔註39〕吳廷燮，〈東晉方鎮年表序〉，《二十五史補編》第 3 冊，頁 3467 上。

出東晉以揚州爲畿甸，荊州爲分陝，徐州爲北府，豫州爲西藩。其二曰「雄劇」，包括了江、兗、雍、梁四州。其三曰「邊寄」，包括江左區域內相對處於西陲和南境的益、寧、交、廣四州。其四，即所謂僅存名號者的冀、幽、青、并四州，也就是無實土、經常併省的僑州。吳氏之說並非全無商榷餘地，例如「雄劇」中的梁州應包含南秦州在內，而「名存」者也應納入司州，還有廢置無常的湘州被省略。不過，吳氏的研究爲後人指出了東晉南朝時期，主要州鎮的政治、經濟地位及其特性。由他歸結研究所得的評語可知，荊、揚二州爲江左最重要的州鎮，是毫無疑問的。

自從「東海王集團」使司馬睿渡江，司馬睿及幕府便立足揚州以爲發展的「根本」，以建鄴做爲江東的政治中心。之後，司馬睿又將「闕外推轂」的軍事權力，委由長江上流的王敦指揮。王敦平定上流變亂之後，以最高軍事長官的地位居鎮荊州，使軍事、權力的中心，與建鄴形成兩個政治中心。兩晉之間及至東晉初年，王敦總統江東州鎮的軍事指揮權，進而成爲荊、揚、江、湘、交、廣六州都督，並且總綰六州的軍民政務。王敦都督長江中上游的州鎮，成功地以武力制服下游的朝廷，成爲往後東晉政治運作的一種「歷史經驗」。〔註40〕

掌握東晉軍事權力的王敦，自江州開始發展上游的軍事擴張活動，此後經常居鎮荊州，使荊州成爲軍政合一性質的長江上游政治中心。王敦兼領江、荊二州刺史都督六州，事實上控制了東晉統治範圍所及的州郡，當時的江左人物便呼此權任爲「分陝之任」。〔註41〕王敦之後，居鎮荊州的軍事長官，則往往兼統江東諸州及中上游諸州，「地居分陝，權任在諸州之上」，獲得「分陝」於政治中心之外的權位，地位之重與權力之大，都是江東州鎮之最。〔註42〕

清代學者錢大昕（1728～1804）曾在答友問學中指出，東晉南渡以後以揚州爲根本，而荊州「都督例領本州刺史，其兼督它州，則視其權任之輕重而損益焉」，兼督它州時往往權任在諸州之上兼督數州，地居「分陝」。〔註43〕由此可知，荊州官長都督的區域，無論僑實，經常都督六至八州、權任之寄

〔註40〕田餘慶，《東晉門閥政治》，頁114。

〔註41〕《晉書》，卷37〈譙王承傳〉，頁1105。

〔註42〕〔清〕錢大昕撰，陳文和點校，《潛研堂文集》，卷12〈答問九〉：在《嘉定錢大昕全集》（南京：江蘇古籍出版社，1997年）第9冊，頁189。

〔註43〕〔清〕錢大昕撰，陳文和點校，《潛研堂文集》，卷12〈答問九〉，《嘉定錢大昕全集》第9冊，頁189。

甚重，因此被目爲「分陝之任」。由此也可以得知，荆州的地理位置和軍事地位重要，受到東晉朝廷的倚重以抵禦西北兩面的外敵，爲了維持軍事行動的效率和一致性，經常兼督上游的僑實諸州，成爲一個獨立而規模龐大的都督區域。唐人由東晉朝廷不得不委重上游的形勢，評論東晉歷史，尤其針對其立國江左的地理形勢與政治運作：

> 維揚作寓，憑帶洪流，楚江恒戰，方城對敵，不得不推誠將相，以總戎麾。樓船萬計，兵倍王室，處其利而無心者，周公其人也。威權外假，嫌隙內興，彼有順流之師，此無強藩之援。〔註44〕

荆州權任的重要性與地理位置，又在荆州官長的位號上有所反映。魏晉朝廷在主要州鎮設置的都督，依例加授將軍軍號。由於當時政治中心位在洛陽，荆州在其地以南，因此荆州都督所加軍號均冠以「南」字，如平南、安南、鎮南和征南軍號；東晉以後都城處於揚州，荆州與政治中心的相對位置變爲西方，從此荆州都督的軍號所冠方位由「南」改爲「西」。〔註45〕足見以荆州爲「陝西」的說法，最早始自南朝，反映東晉以來，江左人士視荆州爲「陝西」已成爲普遍接受的事實。事實上，南朝將「分陝」與由其衍生的「分陝之任」、「陝西」等詞語，專門用來指稱荆州，以及荆州都督、刺史，已不僅止是周、召二公「分陝」故實的應用而已，轉而成爲東晉南朝的一種文化現象。

　　綜合上述討論可知，荆州處於江東政權的極西，北方又面對異族佔領的中原之地，交通和軍事的重要性，遂使荆州地位居於上游各州之冠。這種情形延續至劉宋初年，當時的荆州依然「居上流之重，地廣兵強，資實甲兵居朝廷之半」。〔註46〕就相對位置而言，長江下游的揚州位在荆州的東方，換言之，荆州位處揚州的西面，擁有「分陝」之重，因此自東晉以來江南人士遂稱荆州爲「陝西」，演變爲慣以「陝西」爲荆州之代稱。〔註47〕

〔註44〕《晉書》，卷6〈明帝紀〉，頁165。

〔註45〕小尾孟夫，〈晉代における將軍號と都督〉，《東洋史研究》37：3（1978.12），頁99；兩晉荆州都督軍號的例子，請參見該文所附兩「晉都督任用表」。

〔註46〕《宋書》，卷51〈宗室・臨川王義慶傳〉，頁1476。

〔註47〕參《南齊書》，卷15〈州郡志下〉，頁274；〔北齊〕顏之推原著，王利器撰，《顏氏家訓集解（增補本）》（北京：中華書局，1993年），卷3〈勉學第八〉，頁214。

表二　東晉南朝荊州代稱舉例：〔註48〕

代　稱	緣　由　或　內　涵	資　料　出　處
陝　西	由周、召二公「分陝」而居的記載而來，相對於「陝東」而言。	《公羊傳》，隱公五年 《晉書》，卷 85〈劉毅傳〉
西　陝	「陝西」的倒裝語	《續晉陽秋》，《世說新語·賞譽第八》第 99 條劉注所引 《宋書》，卷 75〈王僧達傳〉
二　陝	以「陝西」、「陝東」並稱。	史臣曰，在《宋書》卷 66
陝　服	指王畿以外之地，借用「五服」制度中的「侯服」，代指「分陝」地位的荊州。	徐勉，〈梁故侍中司徒驃騎將軍始興忠武王碑〉，《全梁文》卷 50，《全上古三代秦漢三國六朝文》
陝　藩	以荊州居「分陝之重」的藩屏地位。	《梁書》，卷 1〈武帝紀上〉
荊　楚	先秦以來楚國別稱；楚國故地與《禹貢》九州的古荊州地域相當。	《楚辭·大招》 《晉書》，卷 66〈陶侃傳〉
西　楚	原指楚國故土的西北區域；荊州位處楚國故土的西陲，故得此名。	《史記》，卷 129〈貨殖列傳〉 《宋書》，卷 51〈臨川武烈王道規傳〉
西　夏	原為中原西部的泛稱，與「東夏」對稱；因荊州相對位置在朝廷所在的建康以西。	《晉書》，卷 77〈何充傳〉 《世說新語·文學第四》第 103 條
閫　外	就荊州的軍事地位而言，與朝廷對稱。	史臣曰，在《宋書》卷 66
上流、 上游	就荊州所在位置而言，與下游的揚州對稱。	《晉安帝紀》，《世說新語·識鑒第七》第 28 條劉注所引 《晉書》，卷 75〈王述傳〉

三、都督權任與「分陝」上游的軍事性質

　　由於長江上游州鎮負有捍禦東晉政權的軍事重任，因此維持州鎮的軍事力量、建立有效的軍政節度系統，是經營上游州鎮的兩個焦點；後者展現為東晉時期的都督制度。

　　自從曹魏初年都督制度確定之後，都督逐漸取代刺史成為事實上的地方最高官長；都督既為地方最高政軍官長，也就意謂著此一職官乃是相對於具有政治中心性質的朝廷而言，而且理論上都督應視為朝廷統治地方的代表，是派駐地方的朝廷官員。然而，三國與東晉南北朝兩段時期的政治分裂現實，使得刺史、都督等州鎮官長與地方的關係反而要較朝廷更為密切，造成刺史、都督的

〔註48〕表中「資料出處」一項，儘可能取東晉最早的事例；表列事例取自時人話語的記錄，不取無法確定或是後人追記性質的修飾詞。

「地方官化」，成為眞正的「地方最高官長」。朝廷的約束力量相對地被削弱了，因此刺史、都督也就不能再視爲純粹的朝廷統治地方的代表，而更具備代表地方社會的性質。州鎮官長既統率地方社會，又是其背後集體力量的代表人物，形成另一個政治中心，具有與集中權力、單一政治中心的朝廷對立的性質。然而，都督制度又是以一個政治中心的政治體制爲前提，地方州鎮承認朝廷所具有的政治中心地位；此時的政治現實卻產生二元中心，因此，由政治體制而言，朝廷對於實現或將要實現「分陝」政治的政治人物，授予相當於宰輔等級的職官，成爲東晉時期一種制度化的政治慣例。也因此，從王敦、陶侃以下乃至桓玄、劉裕，他們共有一個同時集州鎮官長與朝廷宰輔職官於一身的特徵。

（一）上游諸州都督權力的表現

自元帝開始，東晉朝廷爲上游州鎮建立的軍政節度系統，便是設置兼統諸州的都督，此後更形成上游軍事安排的不成文規範。王敦由督區範圍不清的都督征討諸軍事，加爲江、揚、荊、湘、交、廣六州都督，之後又自加益、寧二州都督，成爲八州都督。〔註49〕除了益州爲僑州，王敦所督七州均爲實土；僅餘羈縻或僑置的青、徐、兗、豫、幽、并、冀等州不爲所督，王敦督區實與東晉政權的「天下」重疊。王敦之後除了揚州，以及湘州併入荊州，上游都督常兼統荊、益、寧、雍、梁、秦五州，有時又兼督江、交、廣三州都督。〔註50〕

陶侃以荊州刺史兼領江州刺史，最盛時期都督荊、江、雍、梁、交、廣、益、寧八州諸軍事；〔註51〕其中，荊、江、交、廣四州爲實土州。自陶侃以下，繼任的庾亮統轄江、荊、豫、益、梁、雍六州；繼庾亮之後，庾翼統轄荊、江、司、雍、梁、益、寧七州；〔註52〕庾氏統轄的都督區，荊、江二州爲實土州郡。桓溫則繼庾翼，最初統轄荊、司、雍、梁、益、寧六州；伐蜀之後，又兼督梁、益、寧。〔註53〕自陶侃乃至桓溫，都曾以江州或荊州刺史的身份，總督上游八州。雖然前後四任都督的八州之中，僅荊、江、交、廣四州爲實土而在東晉有效的統治之下，但是範圍已囊括揚州以外的州鎮，並

〔註49〕《晉書》，卷98〈王敦傳〉，頁2554，2560。

〔註50〕嚴耕望，《魏晉南北朝地方行政制度》上冊，第一章〈行政區劃〉，頁38。

〔註51〕《晉書》，卷66〈陶侃傳〉，頁1777；按，湘州此時已併入荊州。

〔註52〕庾冰於建元元年（343），曾爲庾翼形援居鎮武昌，都督江荊寧益梁交廣七州、豫州四郡，較庾翼多督寧、交、廣三州與豫州四郡，少督司、雍二州；見《晉書》，卷73〈庾亮傳〉，頁1928；卷73〈庾翼傳〉，頁1932。

〔註53〕參見嚴耕望著，《魏晉南北朝地方行政制度》上冊，頁37～38。

且握有實際的軍事與統治權力。以下列舉陶侃、庾亮、庾翼乃至桓溫四位上游都督，他們在都督任內表現出來的都督制度和軍事特性。

關於上游都督的任期，陶侃至桓溫四位都督在任時間都相當久，直到去世前朝廷都未曾主動予以調任；就其兼領的刺史而言，也不可能完全遵照「三年一入奏」的舊制，依時東下建康入奏。〔註54〕陶侃自太寧三年（325）爲荆州刺史、都督，至咸和九年（334）去世，都督上游州鎮近十年之久。〔註55〕庾亮繼陶侃之後，任期也超過了五年（334～340）。〔註56〕庾翼繼其兄庾亮，在上游居鎮五年（340～346）之久。〔註57〕桓溫自永和二年（346）出鎮荆州，至興寧二年（364）進爲揚州牧，不但任期長達十九年，而且是王敦以來唯一未卒於任內的都督。〔註58〕據此而言，上游州鎮官長既久任其事，他們轄下州、郡、縣的刺史、守相和令長，更應長期供職於地方，而無遷官改選之事。然而，朝廷之內卻屢見大臣針對地方官長任期過短，而提出建言。

元帝爲晉王稱制時（建武元年，317），曾廣求進言時宜，丁潭提出郡縣長官任期過短、難以化治地方的現象，同時提出延長任期的要求，並希望予以制度化：

> 爲國者恃人須才，蓋二千石、長吏是也……既得其人，使久其職，在官者無苟且，居下者有恆心……今之長吏，遷轉既數，有送迎之費。古人三載考績，三考黜陟，中才處局，故難以速成矣。〔註59〕

「二千石」即郡國守相，「長吏」即指縣令、長。王彪之也建言，應使官長久於其任，「事久則中才猶足有成」。〔註60〕桓溫也曾在海西公年間，上疏建請使地方官長「久於其事」。〔註61〕孝武帝時，豫章太守范甯藉著上言時政，也提出地方官長任期不定的現象：

〔註54〕《通典》，卷32〈職官十四〉，頁886。東晉中期以前的上游都督，除了桓溫欲行廢立而下都，餘者似乎均未見有還都的記錄。自劉宋以下，都督、刺史例有「還資」和「送故」，宋孝武帝、明帝曾貪還都的州鎮官長「還資」，可見南朝時期確曾施行過州鎮官長還都入奏的制度。

〔註55〕《晉書》，卷6〈明帝紀〉，頁163；卷7〈成帝紀〉，頁178。

〔註56〕《晉書》，卷7〈成帝紀〉，頁182。

〔註57〕《晉書》，卷8〈穆帝紀〉，頁192。

〔註58〕《晉書》，卷8〈哀帝紀〉，頁209。

〔註59〕《晉書》，卷78〈丁潭傳〉，頁2062。

〔註60〕《晉書》，卷75〈王彪之傳〉，頁2008。

〔註61〕《晉書》，卷98〈桓溫傳〉，頁2574。

守宰之任，宜得清平之人。頃者選舉，惟以卹貧爲先，雖制有六年，
而富足便退。〔註62〕

由丁潭等人在不同時期的上言，可以發現東晉一直存在著地方官長不能久於
其事的問題，特別是郡國守相和縣令長，其人事任命的目的往往是爲了「卹
貧」，因此一旦官長富足便去職，也就造成不能久於其事的問題。這種問題也
產生在廣州刺史的人事任用上。然而，郡縣守令乃至廣州刺史等地方官長不
能久於其事，更受到總統上游州鎮、久任其事的都督影響，都督在任愈久、
權力愈大，愈易造成地方官長人事更動頻繁的現象，這一點又與上游都督的
人事權力密不可分。

上游都督由總統州鎮軍事的權力，進而獲得上游州鎮官長的人事任免權，
由於刺史在制度上屬於位階最高的地方行政官長，都督能夠任免刺史，顯示都
督制度另一個分權的傾向，也是上游「分陝」自爲政治中心的表現之一。由上
游都督對轄州都督、刺史的任命，可以了解大小都督間人事關係的基礎，以及
上游州鎮權力的性質。太寧三年（325），陶侃鑒於寧州緊臨成漢，軍事地位重
要，因此使荊州屬郡的零陵太守尹奉出爲寧州刺史。〔註63〕陶侃遷鎮巴陵之後，
又上表使荊州屬郡的天門太守陳頵，出爲梁州刺史；後因陳頵與梁州豪族的衝
突，便自行召還陳頵，另遣西陽太守蔣巽代行刺史事。〔註64〕由上述兩件州鎮
官長的人事任命，可知陶侃均以上表朝廷的方式，任命屬郡太守轉爲所督州鎮
官長；若有刺史、都督與地方政情不協，陶侃甚至不經過上表這一道程序，便
逕行更動官長，顯示其權力的專斷與便宜性質。庾亮總督上游後，也因爲軍事
的考量，而權宜專斷上游州鎮的人事權力。他曾上疏解除自己兼領的豫州刺史，
轉請朝廷授予梁州刺史毛寶；〔註65〕同時，又以江州屬郡的武昌太守陳囂繼毛
寶之位。〔註66〕此外，陶侃總督上游時任命鎮守襄陽的桓宣，庾亮則配合其實
質而授予都督沔北、司州刺史的名號。〔註67〕上述庾亮爲北討軍事所做的人事
安排，時間與人員調動均需配合邊境的軍事狀態，因此毛寶、陳囂等人的任命
與調動，可能在朝廷批准之前便已先行刺史職事了。

〔註62〕《晉書》，卷75〈范甯傳〉，頁1986。
〔註63〕《晉書》，卷81〈王遜傳〉，頁2110。
〔註64〕《晉書》，卷71〈陳頵傳〉，頁1894。
〔註65〕《晉書》，卷81〈毛寶傳〉，頁2124。
〔註66〕《晉書》，卷73〈庾亮傳〉，頁1923。
〔註67〕《晉書》，卷81〈桓宣傳〉，頁2117。

「分陝」都督所據的武昌、江陵等地，控扼上游各地通往朝廷的水陸交通必經之路，因此州郡貢賦往往得先經過此地。意存抗頡朝廷的都督，往往乾沒部份貢賦，甚至全部充入軍府。因此，陶侃總督上游八州，以上游貢賦充作私用，因此「富逾天府」。〔註68〕桓溫總督上游之後，「八州士眾資調，殆不爲國家用」，「八州」係指荊、益、梁、寧、交、廣六個實土州，和司、雍兩個僑州；八州不僅貢獻稅調不入朝廷，兵募吏役也都成爲支持上游政治中心的資實。〔註69〕晉末劉毅都督荊、寧、秦、雍四州，以荊州凋敝，軍械器仗多半敗壞，因此請求朝廷比照「先準」，使其兼督交、廣二州。〔註70〕

但是，上游都督專擅地方的權力，在朝廷集權之後受到壓抑，從而削弱了上游「分陝」形勢，甚至使上游有名無實。孝武帝親政，威權集中於朝廷，對於都督的專斷權力便有所限制，復以魏晉「舊制」裁斷地方州鎮的事務。孝武帝親自擢授假節、都督荊、益、寧三州「分陝」之任的殷仲堪，便宜斬殺謀叛的益州鍵爲太守；事後才補辦上表朝廷的公文程序，制度上違反「假節唯軍事得殺犯軍令」，軍號因此遭到貶降。〔註71〕殷仲堪受到的處置顯示出此時朝廷的威信，這在上游都督權大位重、朝廷無力相制的時期，是不可能產生的現象。

（二）上游「分陝」的軍事人力基礎

此時上游「分陝」所需的軍事力量，構成其核心部份的將領，根據長江上游州郡的人口組成，推測可能有兩個主要來源：其一爲上游州郡的地域社會，如朱伺爲荊州安陸人，依附陶侃而爲其部將，藉軍功進位廣威將軍，領竟陵內史。〔註72〕尹奉爲荊州南陽人，惠帝時受到同樣出身南陽的劉喬任用，〔註73〕曾與陶侃等人共同平定擾動荊州的張昌。〔註74〕他們均出身荊州地域。

另一個來源則是寓所不定的流民群體，兩種來源又都包含了叛降者在內。如此外，受到王敦重用的李恆，爲豫州譙國人。〔註75〕陶侃的部將高寶，

〔註68〕《晉書》，卷66〈陶侃傳〉。
〔註69〕《晉書》，卷98〈桓溫傳〉，頁2569。
〔註70〕《晉書》，卷85〈劉毅傳〉。
〔註71〕《晉書》，卷84〈殷仲堪傳〉；《宋書》，卷39〈百官志上〉，頁1225。
〔註72〕《晉書》，卷81〈朱伺傳〉，頁2120～2121。
〔註73〕劉喬爲南陽人，見《晉書》，卷61〈劉喬傳〉，頁1672。
〔註74〕〔晉〕常璩著，任乃強校補，《華陽國志校補圖注》（上海：上海古籍出版社，1994年），頁257；《晉書》，卷100〈張昌傳〉，頁2614。
〔註75〕見《冥祥記》，在《古小說鉤沈》（濟南：齊魯書社，1997年）；該書爲南朝齊時期的王琰所撰，見程毅中，《古小說簡目》（北京：中華書局，1981年），頁

本爲梁、益流民帥杜弢的部將，後來爲其俘獲而收爲部將。〔註76〕當時這一類的例子相當多，以東晉初年爲例，王敦先後收用杜弘、王如等降將。上游州鎭經由這兩種來源，獲得所需的軍事人力及將領。因此，我們可以透過這些在州鎭官長以下的軍事領導人物，由他們的出身背景與活動經歷，來探求此時軍事力量的性質。這些將領多半擁有一些共同的特徵：一、長期以武力並供職於上游，不因州鎭官長的遷轉而有所不同；二、他們的職官昇遷均在上游都督區的範圍內。

將領的昇遷，一般可能是由府州督護等職務，在地方上逐漸昇至太守，功大者更有可能獲用爲邊陲地區的刺史。例如尹奉曾隸劉喬爲督護，參與平定荊州張昌之亂；東晉初年，遷爲湘州零陵太守，與刺史譙王司馬承共同起兵反抗王敦；〔註77〕明帝末，由於寧州與成漢邊境的軍事緊張，受陶侃上表推薦爲寧州刺史。〔註78〕尹奉的官歷便是一個足供參考的事例。

除了上述特徵之外，介於州鎭官長與將吏之間的將領，少數因依「送故」之例而離開本鎭之外，多數人不曾中斷供事州鎭的經歷。上述周撫和鄧嶽，均曾歷事「叛臣」王敦，前者更歷事庾氏兄弟、乃至桓溫，最後卻都昇爲州鎭官長。其他如王愆期，本爲溫嶠出鎭江州時的平南府督護；〔註79〕後來轉事荊州，先爲陶侃征西府司馬，爲陶侃接交府州後事；〔註80〕後來隨府留任，爲庾亮征西府司馬，昇爲南郡太守，兼領南蠻校尉。〔註81〕庾翼臨終前對督區內所作的人事安排，〔註82〕大體上均爲桓溫所沿襲，任事之人也都爲桓溫留任重用：梁州刺史司馬勳，職務不曾更動長達二十餘年（345～366）；〔註83〕江虨、朱燾、

27。李恆又作「李桓」或「李恒」，參見張忱石編，《晉書人名索引》（北京：中華書局，198?）。王敦倚重「諸葛瑤、鄧嶽、周撫、李恒、謝雍爲爪牙」，其中除了周撫確知爲南人，鄧嶽、李恒爲北人，諸葛瑤、謝雍可能也是流民之屬，而與鄧、李等人同樣出身豫、兗、青、徐等山東州郡：見《晉書》，卷98〈王敦傳〉，頁2560。

〔註76〕《晉書》，卷66〈陶侃傳〉，頁1773～1774。

〔註77〕《晉書》，卷100〈張昌傳〉，頁2614；卷37〈譙閔王承傳〉，頁1105。

〔註78〕《華陽國志校補圖注》，頁257；《晉書》，卷81〈王遜傳〉，頁2110；咸和八年（333），成漢攻陷寧州，刺史尹奉等人戰敗被俘；見，卷7〈成帝紀〉，頁177。

〔註79〕《晉書》，卷81〈鄧嶽傳〉，頁2131。

〔註80〕《晉書》，卷66〈陶侃傳〉，頁1777。

〔註81〕《晉書》，卷73〈庾亮傳〉，頁1933；卷81〈桓宣傳〉，頁2117。

〔註82〕見《晉書》，卷73〈庾翼傳〉，頁1935

〔註83〕在任時間，據吳廷燮，《東晉方鎭年表》，《二十五史補編》第3冊，頁3492

袁眞和應誕也都留任，後三者並隨桓溫征成漢與北伐。〔註84〕

當時上游州鎮的另一個與分權傾向關聯密切的現象，即州鎮官長泰半爲依軍功入仕的武人，他們不但少有任期的限制，往往又以家族子弟世襲其職位。這種現象不僅顯示了州鎮的自主性，更反映了朝廷對州鎮的分權傾向「實無能爲也」。個別將領更受上游都督寄以爪牙之任，起用其人的家族子弟，爲上游州鎮居守邊鎮。這一類的武力家族或稱爲「將門」，他們與上游都督的關係，頗類於上游都督和下游朝廷的關係，這也是「分陝」政治中的一個特別的現象。以下將例舉累世武力聞名的「將門」，進行討論。

曾經依附王敦的鄧嶽，籍隸豫州陳郡，由其出身地域推測其人應屬南渡流民。《晉書》稱其「少有將帥才略」，歷官西陽太守，與陶侃建立了軍事性的隸屬關係；隨陶侃平定郭默後，以軍功遷爲廣州刺史，先後兼督交、廣、寧三州軍事，在州十餘年（330～347）。〔註85〕鄧嶽死後，即以其次子鄧逸爲監交、廣二州軍事、廣州刺史。〔註86〕鄧嶽長子鄧遐，大約隨父投效陶侃之後，長期供事上游都督府州；後入桓溫帳下，先爲安西府督護，後來遷爲竟陵等數郡太守。〔註87〕周撫爲東晉將領廬江周訪長子，「強毅有父風」，本依王敦爲部將，成帝以後歷官江夏相、南中郎將、豫章太守。〔註88〕庾翼總督上游時，以周撫代毋丘奧爲益州刺史，鎮守巴東，後來隨桓溫滅成漢，前後任僑、實益州刺史達三十餘年，〔註89〕僅取其實土益州刺史的任期便長達二十年（346～365）。〔註90〕後來桓溫又以其子周楚爲都督梁、益二州軍事、益州刺史，「世在梁益，甚得物情」。〔註91〕周撫弟子周仲孫，興寧元年（363）爲寧州都督、刺史；從兄周楚去世後，桓溫又以「周氏世有威稱」，因此再用周仲孫爲益州刺史，自周撫至仲孫三人在州長達三十一年。〔註92〕

～3493。

〔註84〕《晉書》，卷81〈桓溫傳〉，頁2569，2571。

〔註85〕《晉書》，卷81〈鄧嶽傳〉，頁2131；在州時間，據吳廷燮，《東晉方鎮年表》，《二十五史補編》第3冊，頁3507。

〔註86〕《晉書》，卷58〈周撫傳〉，頁1583；卷81〈鄧嶽傳〉，頁2132。

〔註87〕《晉書》，卷58〈周撫傳〉，頁1583；卷81〈鄧嶽傳〉，頁2132。

〔註88〕《晉書》，卷58〈周撫傳〉，頁1582。

〔註89〕《晉書》，卷58〈周撫傳〉，頁1583。

〔註90〕據吳廷燮，《東晉方鎮年表》，《二十五史補編》第3冊，頁3499～3500。

〔註91〕《晉書》，卷58〈周楚傳〉，頁1583。

〔註92〕《晉書》，卷58〈周仲孫傳〉，頁1586。

　　這些將領不分土人或僑民，由於祖孫歷事上游府州，形成歷代爲將的現象，因此成爲當時的「將門」。朱燾爲荊州義陽人，自其以下至朱脩之，四代以武力供事朝廷，晉宋之間「世爲名將」。〔註93〕毛寶爲司州滎陽人，流寓荊州歷事王敦、溫嶠、陶侃、庾亮，至其曾孫毛脩之世爲武將，與周訪、周撫家族並爲「將帥之家」。〔註94〕

　　上述所論偏重東晉中期以前，中期以後歷仕上游州郡的將領與桓氏家族關係十分密切，特別是從桓溫開始，不少將領長期世仕桓氏家族；可能受到故主桓玄纂晉經歷的影響，造成了當時史官多不採錄這一類武將的生平行跡，致使他們的事蹟不顯。茲舉其名著者，並稍加整理其官歷，以略見此一時期將領歷世州府及昇遷情形。荊州順陽人郭銓，〔註95〕事荊州刺史桓沖爲鷹揚將軍；〔註96〕太元九年（384）以後事荊州刺史桓石民，爲南平太守；〔註97〕約在太元十五至十八年（390～393）間，憑軍功屢遷爲益州刺史。〔註98〕後來遷爲梁州刺史，赴任途中爲桓玄留滯不遣，遂與桓玄同逆。〔註99〕由郭銓的經歷來看，屬於典型的桓氏「故吏」，與桓氏家族有較爲深厚的關係，因此桓玄之亂郭銓會選擇支持桓玄。〔註100〕其他如馮該、何澹之等，也都是歷世桓氏家族的將領，惜因史料較少，無法分析其人物出身與特徵。

（三）上游「分陝」政治憑恃的軍事力量

　　上游的軍事力量，包括都督府（軍府）、州府，以及南蠻校尉府。州府的兵力以郡國兵爲主；郭默據江州謀亂，陶侃便使西陽太守鄧嶽「率西陽之眾」平定江州，這一批兵眾在制度上應爲郡國兵；〔註101〕鄧嶽本人出身爲陳郡，

〔註93〕《晉書》，卷81〈朱序傳〉，頁2132；《宋書》，卷76〈朱脩之傳〉，頁1969。
〔註94〕《晉書》，卷81〈毛寶傳〉，頁2122～2123，2128；《宋書》，卷48〈毛穆之傳〉，頁1426～1431。
〔註95〕郭銓字仲衡，及其籍貫等個人傳記資料，僅見於《冥祥記》；在魯迅輯《古小說鉤沉》，頁318。
〔註96〕《晉書》，卷9〈孝武帝紀〉，頁232。
〔註97〕《晉書》，卷74〈桓石民傳〉，頁1946。
〔註98〕見《晉書》，卷81〈毛璩傳〉，頁2126；據吳廷燮，《東晉方鎮年表》，《二十五史補編》第3冊，頁3501。
〔註99〕《晉書》，卷99〈桓玄傳〉，頁2589；見《冥祥記》，在魯迅輯，《古小說鉤沉》，頁318。
〔註100〕《晉書》，卷99〈桓玄傳〉，頁2585。
〔註101〕《晉書》，卷81〈鄧嶽傳〉，頁2131。

正是南渡北人，該郡又正當上游「流亡者」東下的水陸要津，〔註102〕推測「西陽之眾」可能也有流民在內。南蠻校尉府的兵眾，也稱為「府兵」，東晉前期的人員編制約在二千人左右。〔註103〕荊州刺史殷仲堪將起兵東下，便兼併南蠻校尉的府兵，以壯大其兵眾實力。

陶侃率上游盟眾討伐蘇峻亂時，合荊、江二鎮府州之眾號稱六萬，其中屬於平南與江州二府者僅七千人而已；〔註104〕換言之，陶侃分自荊州的兵眾便有五萬餘人，尚不包含分鎮巴東與襄陽的毌兵奧與桓宣，他們所率領防禦西北兩面的部眾。庾亮繼代陶侃之後，上游荊、江之眾一度號稱「十萬」。〔註105〕庾亮使豫州刺史毛寶率兵一萬人，鎮守長江北岸的邾城，卻為石虎遣軍攻陷，毛寶與將士六千人投江而死；〔註106〕這一場大敗不僅使庾亮痛失良將，更減損上游兵眾的數量，庾亮因此發疾致死。由此可知上游荊、江二州兵士總數實際上可能不及十萬人，大體仍在五萬人上下。

庾翼居鎮五年（340～345），又再為上游建立起一個龐大的軍隊。《晉書·庾翼傳》記載，建元元年（343），庾翼自稱「輒發良人」，「並發所統六州奴及車牛驢馬」，聚合士卒約有「四萬」。〔註107〕所謂「六州」，亦即庾翼都督的江、荊、司、雍、梁、益六州；六州之中僅江、荊二州為實土，庾翼所發的對象實為此二實土州。〔註108〕然而，庾翼所發者究竟是「良人」和「奴」，還是僅有「奴」呢？《晉書》載「六州奴」和「編戶奴」，〔註109〕《世說》劉孝標注引《漢晉春秋》則作「所部奴」。〔註110〕換言之，庾翼所發的這四、五萬充作兵役的人力性質，是荊、江二州豪族的奴客，而且相當有可能是以淪為奴客的北方流民為對象，與下游三吳豪族取流民以為部曲、奴客的意思相同。

〔註102〕《晉書》，卷66〈陶侃傳〉，頁1770。

〔註103〕《晉書》，卷66〈陶稱傳〉，頁1780～1781。

〔註104〕《晉書》，卷67〈溫嶠傳〉，頁1790，1793。

〔註105〕《晉書》，卷73〈庾亮傳〉，頁1923。

〔註106〕《晉書》，卷81〈毛寶傳〉，頁2124。

〔註107〕《晉書》，卷73〈庾翼傳〉，頁1933，1934。又，《庾翼別傳》則稱其「成眾五萬」：見《世說新語箋疏·豪爽第十三》，頁599，劉注所引。

〔註108〕〈何充傳〉即作「（庾）翼悉發江、荊二州編戶奴以充兵役」：見《晉書》卷77，頁2029。又，《庾翼別傳》則稱其「徵役三州」，三州或指江、荊二州及桓宣所鎮的梁州（襄陽）而言，亦即所謂「荊、漢之力」；見《世說新語箋疏·豪爽第十三》，頁599，劉注所引。

〔註109〕見《晉書》，卷73〈庾翼傳〉，頁1933；卷77〈何充傳〉，頁2029。

〔註110〕見《世說新語箋疏·豪爽第十三》，頁599，劉注所引。

庾翼所建立的上游武力除了徵發編戶奴，還包括了「荒附」在內，﹝註111﹞即指「久在荒裔之漢人」，亦即「長期留居胡族統治地區者」；﹝註112﹞就此而言，乃謂荊州北面胡族政權統治下的居民，因而包括了南下歸附庾翼的北方流民。原來，庾翼到鎮以後至此發奴的四年間，幹實在任而使人情歸向，「自河以南皆懷歸附」，乃至有後趙汝南太守戴開率「數千人」向庾翼歸降。﹝註113﹞此外，他還以長子庾方之代領桓宣所屬流民性質的部眾，又盡取其兄庾冰江州和車騎二府的兵士自配。﹝註114﹞綜合以上來源，才構成庾翼時期所建立的上游軍事力量。

桓溫繼承庾氏家族經營上游十二年的成果，坐擁「習戎為務」﹝註115﹞的上游兵眾以為個人進取之資。﹝註116﹞當時，桓溫為荊、司、梁、益四州都督，實際統領的實土僅有荊州一處，由制度而言應較庾翼時期少了江州的兵眾。但是，桓溫先以荊州之眾平定成漢，解除了來自西面的軍事威脅，因此他得以專心致力於梁、益二州以外的軍事活動。桓溫前後曾兩度舉荊州之眾，進行荊州以外的軍事活動：永和七年（351），桓溫聲稱北伐，率兵眾四、五萬自江陵順流而下，至武昌而止。﹝註117﹞永和十年（354），桓溫自江陵率領步騎四萬北伐關中，這批兵眾即荊州的基本武力。﹝註118﹞

東晉後期，荊州都督的兵力至少仍維持在三、四萬人以上。隆安元年（397），荊州刺史殷仲堪響應王恭起兵，以楊佺期、桓玄分別統兵五千人，自統二萬人，計兵眾三萬人。﹝註119﹞雖然殷仲堪為荊、益、寧三州都督，但是他與楊佺期、桓玄率領的部眾，主要是來自殷仲堪的荊州與振威二府、郗恢所統的雍州與建威二府、殷顗的南蠻校尉府，以及江績代統的南郡國兵。﹝註120﹞殷仲堪等人率領的上游之眾，尚未計入留守的部眾；據此推測，上游兵士

﹝註111﹞ 見《世說新語箋疏・豪爽第十三》，頁 599，劉注所引《庾翼別傳》。

﹝註112﹞ 參見周一良，〈晉書札記・「久在荒裔」之晉人〉，在氏著，《魏晉南北朝史札記》，頁 102。

﹝註113﹞ 《晉書》，卷 73〈庾翼傳〉，頁 1932。

﹝註114﹞ 《晉書》，卷 73〈庾翼傳〉，頁 1935。

﹝註115﹞ 《晉書》，卷 73〈庾翼傳〉，頁 1934。

﹝註116﹞ 呂思勉，《兩晉南北朝史》上冊，「庾氏經營北方」，頁 183。

﹝註117﹞ 《晉書》，卷 8〈穆帝紀〉，頁 198；卷 98〈桓溫傳〉，頁 2569～2570。

﹝註118﹞ 《晉書》，卷 8〈穆帝紀〉，頁 200；卷 98〈桓溫傳〉，頁 2571。

﹝註119﹞ 《晉書》，卷 84〈殷仲堪傳〉，頁 2198；卷 84〈楊佺期傳〉，頁 2200；卷 99〈桓玄傳〉，頁 2587。

﹝註120﹞ 《晉書》，卷 84〈殷仲堪傳〉，頁 2198；參見《世說新語箋疏・德行第一》，頁 43～44。

的總數可能在四萬人以上。

由前述可知，上游的軍事力量特別是荊州的軍府、州和南蠻府，其兵眾數量經常保持在四、五萬人上下，顯然上游的兵力數量是相當穩定的，戰事發生時可能會徵召和募集更多的兵員。這也就是上游政治中心的軍事力量基礎，也是對下游朝廷的威脅。

相較之下，下游朝廷的兵力長期居於劣勢。東晉建立以來，無法掌握軍事力量的基本條件——戶口，特別是兵戶、兵家，一直是一個嚴重卻又未能根本解決的問題。一方面由於戰禍造成人民流移四方，官府不易掌握戶籍資料；另一方面則受到當時分權化與地方豪族興起的影響，足爲朝廷運用的吏役原本就不多，再加上「役力」多入私門，結果造成朝廷所能掌握的兵力相當有限，不得不仰賴士族的私屬部曲，或者遇事臨時召募。如此，使得朝廷控有兵員的規模與質量，長期處於不利的條件之下。東晉初年，丁潭便曾上疏元帝，他認爲應使兵士專責於軍事活動，「無事則優其身，有難則責其力」；而當時的實態卻是士族「私有役使」，造成兵士「營陣不充」。〔註 121〕東晉中期以後，這種情形更趨嚴重：

> 方鎮去官，皆割精兵、器仗以爲送故……其中或有清白，亦復不見甄異。送兵者多至有千餘家，少者數十戶。既力入私門，復資官廩布。〔註 122〕

所謂「清白」係指「良人」，亦即非兵戶的一般平民百姓；「送兵」以「家」、甚至以「戶」爲單位，說明了朝廷兵源所出的兵戶大量被任意移作它用，影響了軍事力量的基本規模。

由於兵、吏多成爲士族、豪族私屬，爲補救「兵、役既竭」的困境，因此朝廷「枉服良人，牽引無端，以相充補」：

> 官制讁兵，不相襲代。頃者小事，便以補役，一愆之違，辱及累世，親戚傍支，罹其禍毒。〔註 123〕

除了罪犯補充兵員的「讁兵」辦法之外，朝廷又以下列三種方式補充兵員：一、以民戶補兵戶，二、進行募兵，三、發奴客補充兵員。〔註 124〕由此可知，

〔註 121〕《晉書》，卷 78〈丁潭傳〉，頁 2062，2063。

〔註 122〕《晉書》，卷 75〈范甯傳〉，頁 1987。

〔註 123〕《晉書》，卷 75〈范甯傳〉，頁 1987。

〔註 124〕參見高敏，〈兩晉時期的兵戶制度考略〉，在氏著，《魏晉南北朝兵制研究》（開封：大象出版社，9），頁 132～138。需要補充說明，高氏此文以爲上述四種

兵員不足的現象普遍發生於朝廷與州鎮，兵員多半爲州鎮官長藉地方陋規私取豪奪，成爲私屬部曲。或可由此進一步推測，包括兵戶在內的兵士及其家屬甚至朝廷與士族似乎均無「國家軍隊」的觀念，而是將「兵」視爲一種依附性質的社會階層與身份。因此，對「兵」而言無論依附的對象是朝廷、皇帝或士族、豪族，對他們來說也就沒有太大的不同了。

東晉朝廷依恃的基本軍事力量，除了上游州鎮以外，主要是禁軍及建康周圍的府、州、郡、國所轄的軍事力量。除了兵戶以外，〔註125〕這些軍事力量大體有兩種來源：其一以江東地域爲主的豪族；此外則是流民，包括依附士族成爲僮客者。東晉初年以來，由於兵士及吏員經常役使於士族、私門蔚然成風，所在皆是士族的建康更難避免此風，禁軍編制雖有然而卻空乏其員額，可能的原因之一即在於此。如號稱宿衛六軍的左、右二衛將軍，與前、後、左、右四將軍，徒存編制；事實上六軍中僅能補足四軍的員額。〔註126〕

朝廷使用州郡武力的事例，較爲常見。成帝初年，朝廷便以郭默等將領率「諸郡」平定淮北的動亂；所謂「諸郡」包括臨淮太守劉矯，以及其統領的「將士數百」，其中可能有不少的流民。〔註127〕咸和元年（326），兗州刺史劉遐卒於鎮所，所統轄的部曲將吏以流民爲主，不願改由郗鑒統領而叛亂；事平，這些部曲將吏多半被送往建康，可能便成爲朝廷收用的武力。〔註128〕郗鑒到任以後，徐、兗州鎮統轄的兵士可能在一萬人左右。〔註129〕蘇峻亂時，郗鑒遣劉矩率所部「三千人」赴援建康，後來更率眾親自與陶侃等盟眾會合；遭到陶侃司馬孔坦指責，會使防禦北方的「東門無限」。〔註130〕後來，郗鑒將部眾交由蔡謨代領時，仍應維持在此數目上下；石虎遣將南侵時，蔡謨別遣

徵召兵員的辦法，均是在「補充兵戶」，而且他認爲是普遍行於朝廷與州鎮的；筆者認爲徵召兵員未必均屬「補充」性質，是否均爲補充「兵戶」之不足，也未盡然。

〔註125〕 參見濱口重國，〈魏晉南朝の兵戶制度の研究〉，《秦漢隋唐史の研究》（東京：東京大學出版會，1966年）上卷，頁380～381，416～421。

〔註126〕 《晉書》，卷76〈王彪之傳〉，頁2008；隨後在興寧二年（364），朝廷便改罷六軍爲四軍，並省「五校三將官」；見卷8〈哀帝紀〉，頁208。

〔註127〕 《晉書》，卷7〈成帝紀〉，頁170；卷81〈劉遐傳〉，頁2131。

〔註128〕 《晉書》，卷81〈劉遐傳〉，頁2130～2131。

〔註129〕 永嘉元年至三年間（307～309），郗鑒由原有「千餘家」（數千人）演變爲擁眾數萬人，若一家以五口計算，扣除婦孺老小，爲兵的男丁應在一萬人上下；見《晉書》，卷67〈郗鑒傳〉，頁1797。

〔註130〕 《晉書》，卷67〈郗鑒傳〉，頁1779～1800；卷78〈孔坦傳〉，頁2056。

將軍徐玄鎮守中洲，自己則親率七千餘人鎮守「土山」至江乘之間；〔註131〕假設蔡謨分所統部眾爲二，與徐玄對領，則徐兗州鎮的兵眾當爲一萬餘人，與前述推測相符。〔註132〕除了徐兗州鎮的兵力以外，朝廷也遣使招募「江淮流人」，以補充臺省禁軍。〔註133〕

庾亮原本與執政的王導協同，出鎮豫州初期接受王導授予的軍事力量。郭默爲亂時，庾亮率領路永、毛寶、趙胤、匡術、劉仕等將領與「步騎二萬」進攻江州。〔註134〕其中，路永、匡術和賈寧本爲蘇峻部將，所統轄的兵士多半爲流民；後來爲王導收納爲己用。〔註135〕趙胤則爲將門之後，仕於東晉初年的名將周訪帳下，後來從上游轉往下游成爲禁軍將領，統轄的兵士則是其父趙誘轉戰上游多年的部曲。〔註136〕毛寶原本仕於江州刺史溫嶠，由其籍貫榮陽來看，也是南渡流民之輩；由於溫嶠和庾亮親善，庾亮出鎮之後毛寶轉爲豫州屬將。〔註137〕先後禁止陶侃和庾亮起兵的郗鑒，長期爲徐、兗二州刺史、都督，鎮守於京口。他在臨終前所上遜位疏中提到，「臣所統錯雜，率多北人，域逼遷徙，或是新附，百姓懷土，皆有歸本之心」，〔註138〕又指出這些人爲「流亡」。〔註139〕由此可知，作爲朝廷抗衡上游的軍事武力，流民爲其主要來源之一。此外，介於下游州鎮官長與將吏之間的將領，一如上游也有不受政局影響、歷事府州的現象。賈寧爲北方流民，先後供職於東晉「叛臣」王含、蘇峻，最後和路永、匡術等人同爲王導收用，仕至新安太守。〔註140〕不過，流民的流動性相當大，由此亦可知朝廷的兵力規模與質量經常是不夠穩定的。

奴客也是下游的重要軍事力量來源之一。元帝年間曾經徵發徐州、揚州

〔註131〕土山在建康以南、瀕臨秦淮河，江乘則在長江岸邊，兩地相距將近三十公里，正位於建康東面；見譚其驤主編《中國歷史地圖集》（上海：地圖出版社，1982年）第4冊（東晉十六國・南北朝時期），圖27～28，附圖「建康附近」。

〔註132〕郗鑒舉蔡謨自代：見《晉書》，卷67〈郗鑒傳〉，頁1800；卷77〈蔡謨傳〉，頁2038～2039。

〔註133〕《晉書》，卷78〈孔坦傳〉，頁2057。

〔註134〕《晉書》，卷73〈庾亮傳〉，頁1921。

〔註135〕《晉書》，卷65〈王導傳〉，頁1750～1751。

〔註136〕《晉書》，卷57〈趙誘傳〉，頁1566～1567；趙胤所領爲其父兵眾；見卷58〈周訪傳〉，頁1580。

〔註137〕《晉書》，卷81〈毛寶傳〉，頁2122，2124。

〔註138〕《晉書》，卷67〈郗鑒傳〉，頁1800。

〔註139〕《晉書》，卷67〈郗鑒傳〉，頁1801。

〔註140〕《世說新語箋疏・賞譽第八》，頁460，劉注引《晉陽秋》。

等地的奴客。〔註141〕建元元年（343），庾翼於上游徵發荊、江二州「編戶奴」，充作兵士或供給役力。當時輔政朝廷的何充，欲在下游徵發「揚州奴」，表面上是爲了與上游庾翼發奴之事「均其謗」；其實可能在伸張下游軍威，頗有制衡上游的意圖。〔註142〕安帝初年，會稽王世子司馬元顯也曾徵發揚州「東土諸郡免奴爲客者，號曰『樂屬』，移置京師，以充兵役」。〔註143〕太元十六年（391），朝廷還徵發「江州兵營甲士」及家屬數千人，改配統領外監的護軍將軍和東宮，不久便逃亡殆盡。〔註144〕由上述可知，朝廷常有臨時徵發奴客爲兵的事例，顯示下游朝廷的軍事力量維持不易。由上述可知，制度上隸屬朝廷與州鎮統轄的兵士，其規模與質量的維持不易，往往受到士族、豪族的強取豪奪，使得屬於「官方」性質的軍隊反而不如「私屬」性質的部曲爲多。

　　總統上游、而以家族爲政治勢力基盤的都督，與皇帝維持著一種形式上的君臣名份；但是，終其一生與世代供職上游的軍士、將領，他們與上游都督甚至都督的家族形成了某種特殊的依附關係，可能特別受到軍中長期存在下級服從、隸屬官長的文化影響，遂使基層軍士效命於將領，而將領又效節於總統上游的都督，於是形成上游州鎮特有的封建化政治現象。〔註145〕

四、關於東晉時期「分陜」政治的推論

　　東晉時期上游形成的分立於朝廷以外的政治中心，並以異姓士族的集體勢力作爲其基礎，分張家族成員勢力於上游各個州鎮，往往形成家族政治的形態。無力控制上游的朝廷任由這些士族以家族成員世襲其位；此種政治形態就其實質而言，帶有封建政治的性質，因此他們所涖州鎮便彷若其一姓一家的「封國」。一般而言，東晉的皇帝不僅不像秦漢皇帝在權力方面具有明顯的專制、集權特徵，反而較接近「祭由天子，政在諸侯」的東周（春秋戰國）

〔註141〕參見第三章第一節。
〔註142〕《晉書》，卷77〈何充傳〉，頁2029。
〔註143〕《晉書》，卷64〈司馬元顯傳〉，頁1737。
〔註144〕頗疑這些江州兵士乃是兵戶：見《晉書》，卷29〈五行志下〉，頁881。
〔註145〕過去以「門生」、「故吏」等此一時期的詞語泛稱這種依附關係。日本學者曾爭論此種私屬性質的依附關係，其依附與被依附關係的基礎何在：參見中村圭爾，〈六朝貴族制論〉，收入劉俊文主編，《日本學者研究中國史論著選譯》（北京：中華書局，1993年），第2卷「專論」，頁371～372。（夏日新譯）錢穆先生則由其既隸屬於「國家」，卻又隸於同屬「國家」者的「故主」，因此稱此種兩重的隸屬關係爲「二重的君主觀」；見氏著，《國史大綱》；另請參考，甘懷眞，〈中國中古時期「國家」的型態〉，《東吳大學歷史學報》創刊號（1995年）。

〔註146〕天子，以天下共主的身份而存在著。但是，東晉畢竟不同於東周，皇帝的統治基礎乃是郡縣制度，郡縣、州鎮官長與皇帝的關係具有上下隸屬、不單只是家族關係的性質；州鎮郡縣官長都屬於公共性質的職務，近乎今日所謂的「公職」。相較之下，周王以層層分封、宗法制度維繫的封建制度爲統治基礎，強調的乃是周王與諸侯的宗族、血緣關係，兩者之間具有家族或擬家族關係的性質；諸侯之位與家族中的倫輩乃密不可分。

　　職此之由，於長江上游形成分立的政治中心、近乎封建地方的東晉士族，他們在政治體制上仍舊只能是皇帝——天下最高官長的下屬，具有「公職」的性質；未經由皇帝授予名號、使之正當化，分立於朝廷以外的士族仍無法將上游近乎封建政治的實態，眞正地轉化爲割據地方的王國。比較新朝末年以降，歷代末葉的地方勢力大多都是挾本朝的地方官長名號而起事，而少有起事之初便自立爲王者；此點實與秦漢以降，中國的政治體制基本上乃是「郡縣制」，也就是皇帝制度的統治基礎。所以，東晉時期形成「分陝」政治的士族儘管產生了封建政治的實質，形式上仍舊與皇帝保持郡縣制度之下的名份；士族欲進一步突破名爲郡縣制、實爲封建制的政治矛盾現象，使得以家族爲基礎的封建性質「分陝」政治能夠完全成立，涉及了封建政治乃是以一姓一家獨享政治權力與地位。因此，分立上游的士族領導者往往亟思禪代，徹底解決政治上的名實矛盾，而這或許說明了東晉以異姓士族爲首的「分陝」政治，爲何屢屢朝向禪讓政治而發展。

結　論

　　本章以前一章的敘述爲基礎，概要論述了東晉朝廷必須仰賴人物殷盛的士族，與宗室乃至皇帝共同治理天下的先天性因素，也就是皇帝幼弱、宗室寡少，皇帝無法單憑宗室之力達成家天下的目標，幼弱的皇帝甚至將使大權旁落。因此，遠在上游的軍事重鎮，勢須仰賴士族或其他集體力量爲朝廷出鎮，這也正是爲何東晉朝廷一再起用士族出鎮的原因之一。

　　東晉立國形勢乃是倚長江爲天險，與北方的十六國政權隔絕，而上游梁、益之地又長期陷沒在敵對勢力之手，上游州鎮之中以荊州西、北兩面受到外

〔註146〕戰國時期，周天子甚至被「剝奪」天下共主的地位，淪爲「戰國七雄」以下
　　　　地位的次等諸侯國一般。

在的軍事威脅，因此朝廷必須徵求有軍事才能、注重實務的人物出鎮上游，陶侃、庾亮兄弟，乃至桓溫群從子弟，若非個人才能符合前兩項原則，便是家族以軍事和實務聞名。換言之，若是家族子弟人才頑劣、人物寡少，即使獲得出鎮上游的機會，也無法達成以家族子弟勢力「分陝」的目標，陶侃、庾亮乃至前一章所述的太原王氏（王忱）、殷仲堪都屬於這一類型的上游都督。

　　出鎮荊州、總督上游州鎮的都督人物，在州鎮的權力相當具有專斷性，往往不符合朝廷制度：如任期、人事任命權、軍事調發和移防的權力，在在顯示上游州鎮自成一套政治系統；換句話來說，即具備了「分陝」乃是朝廷以外的政治中心此一特徵，呼應著此一時期地方分權化的傾向。而上游州鎮「分陝」的另一個主要條件為，都督憑仗的軍事力量。欲「分陝」上游，一個主要條件便是軍事力量能夠維持在朝廷之上，因此州鎮所轄將卒產生了一批以軍功為導向的軍事人才，服事於州鎮官長之下，具有現代所謂的「職業軍人」之性質，如鄧嶽家族、周撫家族、朱燾家族等，他們之中不少藉由家族的集體力量，逐漸由基層的軍人爬昇至府州官長。由於以軍功為導向，因此這些軍事人才多半只知服事上級的州鎮官長，以取得軍功，因此歷世於府州。「分陝」政治往往仰賴這一類只知服事上級官長的將領，方足以與朝廷抗衡。而上游穩定地維持規模在四、五萬人上下的軍力，而下則兵源不穩定、逃散多，加上徵兵不易，尤其是揚州的士族、豪族素來反對朝廷徵發奴客，多種因素造成下游朝廷的軍事力量較為微弱。上述地理位置、制度和人為等種種因素，都具體而徵地表現出加強地方分權化的趨勢。在此背景下，上游州鎮具備了「分陝」於朝廷以外的條件，成為此一時期地方分權化的一個重要政治現象。

第六章　結　論

　　中古時期文獻所見的「分陝」一詞，大體而言，可分別為政治的「分陝」、地理的「分陝」、經學的「分陝」和文學的「分陝」；具體而言，又有以下幾種不同層面的應用：1.表述宗室人物分享朝廷權柄；2.說明朝廷權任的劃分，特別是一分為二的政治實態；3.說明地域上表現出來的政治勢力劃分；4.特指荊州都督、刺史的權任之重；5.特指荊州地域；6.表現為文學的修飾詞。

　　經典中的「分陝」原本為周初故實的一段記載，以周、召二公輔佐周成王，各自代表天子統治天下之半。而後，經由東漢經學家的詮釋，使總統地方的「二伯」與專擅征伐的權力成為「分陝」概念的一部份，進而著重闡發劃分地域乃至設官分職的特徵，強調其分權的精神。在漢魏經學發展的同時，「分陝」獲得漢魏學者鄭玄、王肅充實其政治意涵，並聯繫經典中制度性的「二伯」，同時也確立了分權的意義。因此，「分陝」詞語的內涵是逐漸發展而成熟的，而且漸由故實抽象化為概念性的詞語，與東漢末年以降的政治發展趨勢適相呼應。

　　東漢末年以來，地方分權化的傾向興盛，袁紹以「盟主」之名，糾合山東州鎮官長形成同盟，並成為總統州鎮官長者，「承制」行使朝廷權力，並分張家族勢力於州鎮，形成了朝廷以外的政治中心；挾天子以令諸侯的曹操與擁據河北數州的袁紹，分別象徵兩個政治中心，因此為時人比附為「二伯」，實即「分陝」概念中、分天下而治的「二伯」。而「分陝」政治的概念也大約在此一時期在鄭玄、王肅等學者的闡釋下趨於完備。此外，東漢末年以降的分權化趨勢，促使地方最高官長的權力不斷提昇，終於導致由都督兼統地方軍、民政的制度產生，都督總制一方有如「二伯」，提供「分陝」政治實現的

制度性條件。

曹魏前期的文、明二帝一度使權力集中於皇帝和朝廷，然而爲了因應三國鼎立的局面，邊境州郡的地位顯得更加重要，因此朝廷必須將權力分授都督，使當時權重一方的都督被喻爲「分陝」之任的現象，就此因運而生。但是，曹魏都督權力逐漸提昇的過程中，文帝、明帝父子卻又實行排擠宗室的政策，造成權重的都督多爲異姓大臣，朝廷缺乏宗室密戚在地方上以爲藩屏；受到皇帝信任而長期統治州鎮的異姓都督，如司馬懿，反而獲得「分陝」重任。最後曹魏政權終於埋葬在壓抑宗室、眾建異姓都督的政策之下。

迄於西晉，天下復歸於一統，武帝爲求鞏固家天下、宗室子弟藩屏朝廷，因此揉合封建與州鎮的政策，使宗室諸王爲州鎮官長分別居守一方，不但未中止象徵地方分權化的都督制度，反而使宗室出爲都督，加重了地方分權化的傾向。繼任的惠帝暗弱無能，無法維持集權朝廷的局面，遂造成擔任州鎮官長的宗室諸王相互爭權的「八王之亂」。西晉朝廷爲消除諸王之亂，廷議將施行「分陝」，欲使都督州鎮的諸王以分有朝廷大權，而取得共安政局的結果，利用「分陝」的模式，一方面承認諸王分權的事實，另一方面使朝廷仍爲名義上的政治中心，而使諸王仍有「夾輔天子」的政治義務。王豹首先倡議以齊王和成都王進行「分陝」；雖未實現，卻透露了許多關於「分陝」之說已然成熟的訊息，諸如強調分權，由州鎮官長專制地方，形成兩個實質的政治中心，而不再拘泥於「陝東」、「陝西」的地域劃分。此後長沙王、河間王等人均曾先後提議「分陝」，而終於由東海王司馬越實現。

西晉的滅亡雖然肇因於朝廷之內的政爭，但是由廷議「分陝」的舉措看來，強大的州鎮勢力介入朝廷政爭，是造成西晉政權瓦解的一個主要因素。諸王相殘的結果，司馬越集結州鎮勢力，形成「分陝」形勢的「東海王集團」控制了朝廷。然而，面臨境內日趨嚴重的外族變亂，加以懷帝與司馬越間的主相之爭，雙方競相爭取州鎮勢力的支持，或是企圖控制地方州鎮，西晉政局更形惡化。「東海王集團」再度進行集結州鎮勢力、「分陝」於朝廷之外，其中晉元帝司馬睿由「東海王集團」之下的州鎮官長，分張勢力於江東地域爲集團形援，成爲司馬越實行「分陝」的州鎮基礎之一；在西晉朝廷與「東海王集團」相繼瓦解之後，司馬睿更以自己爲中心而於江東境域之內實踐「分陝」，從而成爲東晉建立的淵緣。

由東漢到魏晉南朝時期，政治方面呈現由集權趨向分權，成爲此一時期

多元發展的一個重要背景。當時政治分權化的現象，集中表現爲皇權旁落，以及朝廷作爲政治中心的地位動搖。皇權旁落與政治上士族的興起有關，並形成東晉時期獨特的政治型態。東晉政治的主體爲士族，並且是當時社會的領導階層；士族產生於地域社會，呼應地方分權化的趨勢形成「分陝」，並與皇帝以及作爲政治中心的朝廷競爭政權。至此時期，在地方分權化的背景之下，經過漢魏經學闡釋的「分陝」概念，選擇性地被用來描述當時分權的政治實態，即本文所討論的「分陝」政治。

兩晉之際，由於宗室的微弱，使得琅邪王氏獲得元帝司馬睿的援引，王敦被遣出總綰上游州鎮的軍事；東晉建立以後，王敦總督的上游州鎮逐漸形成以其爲首的政治中心，與朝廷分庭抗禮，形成東晉時期最初的「分陝」政治。王敦所形成的「分陝」政治，除了藉軍事行動取得權位的特徵之外，並受到當時「門閥政治」格局的影響，利用分張家族成員於州鎮的手段，進一步擴大權勢。後來，晉明帝欲重振皇權，打敗王敦，撤換都督中的王氏子弟，瓦解王敦的「分陝」勢力。明帝不久便去世，繼位的成帝幼弱，以庾亮爲首的朝廷繼續進行集權的努力，導致了地方官長的反彈，而引起內亂。此後，東晉一再重現州鎮「分陝」的現象。

王敦之後，朝廷先後任用了家族並不繁盛，而注重實務的政治人物出鎮上游。這些人物原本都是受朝廷指派出鎮，然而手握大權、長期出鎮的結果，使得這些人物逐漸脫離朝廷的掌控，自專號令。陶侃以軍功崛起，掌握上游實土四州的統治權，儼然有「分陝」之勢，卻因家族微弱、缺乏優秀的子弟人才，無法以分張家族子弟進一步鞏固權勢。庾亮作爲朝廷統治的延伸出鎮上游，待其弟庾翼繼任出鎮上游，由原本抱持「中原之志」，欲爲朝廷平定北方的企圖，逐漸轉變爲以庾氏「門戶」之計爲重，而遭到時人指責。庾翼雖曾試圖以二子接替自己，卻因爲二子能力的不足，又不曾安排其他家族子弟出鎮上游，終於造成庾翼「分陝」上游功敗垂成。

此後，朝廷起用家族微弱、以軍事才能崛起的桓溫出鎮上游。最初，桓溫培養諸弟的軍事經歷，維持家族成員與上游州鎮的密切關係，逐漸使諸弟分鎮上游，展開以桓氏爲中心的「分陝」政治，而與下游朝廷儼若敵體。桓氏「分陝」於上游與下游朝廷形成並峙的形勢，在桓溫身後持續維持了十餘年，直到桓溫培養的諸弟相繼凋零，家族一時呈現後繼無人時，上游州鎮才在此背景下復歸於朝廷的統治。孝武帝時期，朝廷權柄逐漸復爲皇帝和宗室

所掌握，但是宗室成員的規模與人才習尚仍不足以直接為朝廷出鎮上游。然而，朝廷卻也不令家族繁盛、注重實務的士族代表人物出鎮上游，消極地防止「分陝」政治的再次形成。然而，東晉倚重上游州鎮的情形不曾改變，因此地方分權化傾向並未消失。與上游有較深地緣關係的桓玄，乘此形勢以家族成員分張於州鎮，實現以桓氏為主的「分陝」政治，更進一步攘奪了東晉政權。

　　東晉時期的「分陝」政治，與當時朝廷無法集中大權的困境有關；朝廷無法集權，其中一個原因便是皇帝幼弱，以及宗室寡少，造成了東晉諸帝往往無法以宗室成員實現分張勢力、藩屏朝廷的作法。此外，上游州鎮的分權化傾向，與東晉立國形勢及上游州鎮的性質有關。東晉政權倚長江為天險，與北方的五胡十六國對峙；西陲梁、益二州超過五十年的時間為敵對政權所有，造成東晉上游西、北兩面受敵的形勢。由此嚴峻的軍事形勢，使得東晉建設上游州鎮成為一個獨立的軍政系統，也就是上游都督區，又受到上游州鎮普遍引用軍人，軍人又形成世代為將的現象，這些都是造成上游州鎮足以「分陝」的條件。綜上所述，東晉時期受到地方分權化的影響，「分陝」政治才獲得實現的可能性。

　　最後，記述一些筆者在撰寫論文過程中的想法。正當筆者開始著手探索此一歷史現象的時候，臺灣島內適巧發生一場有關統治範圍與權力基礎的政治爭論，這場爭論的實質問題在於中央政府與省政府的治理範圍幾乎完全重疊，而經由國民選舉出來的總統與經由省民選出的省長，兩者政治權力的來源──民意──也幾乎是不分軒輊的；換言之，在權力大小和行政層級兩方面來說，本應為上下隸屬和被隸屬關係的「國」與「省」，在這兩方面呈現多有重疊的現象，尤其是挾著龐大民意基礎的省長，仿若小一號的總統，使臺灣出現「國中之國」的特殊現象。然而，造成中央與地方最高首長的權力基礎多所重疊的始作俑者即總統，亟欲消除此一現象者也是此一總統，且不論這場爭論發動者的動機及大眾給予此事的評價，其結果是中央政府藉由形式上的「精省」成功地達成了實質的「廢省」──廢除了對總統及中央政府的權力基礎構成威脅的省長與省政府，以制度性的方式消除了「國中之國」的特殊現象。若是讀者允許筆者做此比傅的話，本文探究主題的「分陝」政治在東晉初年的成形，仿若臺灣地方最高首長開始民選，目的均在強固統治者的政治權位；本文未及探究的南朝時期，則仿若臺灣假「精省」之名行「廢

省」之實，南朝歷代也運用制度性的政治措施逐漸消除「分陝」政治的基礎，使這種足與朝廷抗擷的地方分權政治典故漸漸徒具虛名。

　　回顧這段政爭與本文探討的「分陝」政治，兩者之間是否有任何內在脈絡足以比較、探討，使我們對歷史上政治集權與分權現象有更深一層的理解，進而試圖提供某種普遍性的詮釋基礎？中國的政治是否能夠打破因人設政、甚至是依賴「人治」的劣窳？過去的歷史與現在的時事，兩者之間對話的可能性是否能夠成立？學院中精審的史學著作，是否應當更加關注與當代、與大眾的互動？這些問題牽涉歷史學的基本方法和態度，更涉及每一位學習歷史者對史學未來發展的憂慮。

徵引書目

壹、傳統文獻

一、經　部

1. 《春秋公羊傳注疏》卷 2，在〔清〕阮元校刻《十三經注疏》，北京：中華書局，景印原上海世界書局縮印阮元刻本，1996 年。
2. 《尚書正義》，在《十三經注疏》上冊。
3. 《周禮正義》，《十三經注疏》上冊。
4. 《毛詩正義》，《十三經注疏》上冊。
5. 《禮記正義》，在《十三經注疏》下冊。
6. 〔清〕孫星衍撰，《尚書今古文注疏》，北京：中華書局，1998 年。
7. 〔清〕馬瑞辰撰，《毛詩傳箋通釋》，北京：中華書局，1989 年。

二、史　部

（一）正史（依史書記述時代排序）

1. 《史記》，北京：中華書局，1992 年。
2. 《漢書》，北京：中華書局，1992 年。
3. 《後漢書》，北京：中華書局，1993 年。
4. 《三國志》，北京：中華書局，1992 年。
5. 《晉書》，北京：中華書局，1991 年。
6. 《宋書》，北京：中華書局，1991 年。
7. 《南齊書》，北京：中華書局，1992 年。
8. 《梁書》，北京：中華書局，1992 年。

9. 《南史》，北京：中華書局，1992 年。

10. 《魏書》，北京：中華書局，1992 年。

11. 《隋書》，北京：中華書局，1991 年。

（二）編年史（依原典時代排序）

1. 〔唐〕許嵩原著，張忱石點校，《建康實錄》，北京：中華書局，1986 年。

2. 〔唐〕馬總原著，周征松點校，《通歷》，太原：山西人民出版社，1992 年。

3. 〔宋〕司馬光等著，顧頡剛等點校，《資治通鑑》，北京：中華書局，1992 年。

（三）政書、類書

1. 〔唐〕歐陽詢撰，汪紹楹校，《藝文類聚》，上海：上海古籍出版社，1999 年。

2. 〔唐〕杜佑原著，王文錦等點校，《通典》，北京：中華書局，1992 年。

3. 〔宋〕李昉等編，《太平御覽》，北京：中華書局景宋刊本，1985 年。

（四）地理、史注、史評（依原典時代排序）

1. 〔唐〕余知古原著，袁華忠譯注，《渚宮舊事譯注》，武漢：湖北人民出版社，1999 年，與《容美紀游校注》合刊。

2. 〔清〕王夫之著，《讀通鑑論》，長沙：嶽麓書社，1988 年，船山全書本。

3. 〔清〕顧炎武著，秦克誠點校，《日知錄集釋》，長沙：嶽麓書社，1996 年。

4. 〔清〕顧祖禹著，《讀史方輿紀要》，上海：上海書店景印本，1998 年。

5. 〔清〕顧棟高輯，吳樹平等點校，《春秋大事表》，北京：中華書局，1993 年。

6. 〔清〕王鳴盛著，《十七史商榷》，臺北：廣文書局景印本，1980 年。

7. 〔清〕錢大昕著，陳文和點校，《潛研堂文集》，在《嘉定錢大昕全集》第 9 冊，南京：江蘇古籍出版社，1997 年。

8. 〔清〕趙翼原著，王樹民校證，《廿二史劄記校證》，臺北：仁愛書局景印北京中華書局本，1984 年。

9. 〔清〕唐晏著，吳東民點校，《兩漢三國學案》，上海：上海古籍出版社，1992 年。

10. 〔清〕梁玉繩著，《史記志疑》，在《叢書集成新編》第 6 冊，臺北：新文豐出版公司，1985 年。

11. 〔日〕瀧川資言著，《史記會注考證》，臺北：宏業書局景印本，1980 年。

（五）史　表

1. 〔清〕萬斯同，《漢將相大臣年表》，收入《二十五史補編》第 1 冊，北京：中華書局景印原上海世界書局本，1993 年。

2. 〔清〕萬斯同《三國漢季方鎮年表》，收入《二十五史補編》第 2 冊。

3. 〔清〕萬斯同，《魏將相大臣年表》，收入《二十五史補編》第 2 冊。

4. 〔清〕萬斯同，《魏方鎮年表》，收入《二十五史補編》第 2 冊。

5. 〔清〕萬斯同，《晉方鎮年表》，收入《二十五史補編》第 3 冊。

6. 吳廷燮，《晉方鎮年表》，收入《二十五史補編》第 3 冊。

7. 吳廷燮，《東晉方鎮年表》，收入《二十五史補編》第 3 冊。

三、子　部（依原典時代排序）

1. 屈守元撰，《韓詩外傳箋疏》，成都：巴蜀書社，1996 年。

2. 王利器撰，《鹽鐵論校注（定本）》，北京：中華書局，1992 年。

3. 〔漢〕劉向原著，趙善詒撰，《說苑疏證》，上海：華東師範大學出版社，1985 年。

4. 〔清〕陳立撰，吳則虞點校，《白虎通疏證》，北京：中華書局，1994 年。

5. 〔東漢〕何休，《春秋膏肓》，在〔清〕王謨輯，《漢魏遺書鈔》冊 5，嚴一萍選輯《原刻景印叢書菁華》，臺北：藝文印書館景印清嘉慶三年金溪王氏刊本，出版年不詳。

6. 〔東漢〕應劭原著，王利器撰，《風俗通義校注》，臺北：漢京文化事業有限公司景印北京中華書局本，1983 年。

7. 〔魏〕王肅注，《孔子家語》，上海：上海古籍出版社景印明刊本，1995 年。

8. 〔劉宋〕劉義慶原著，余嘉錫撰，周祖謨、余家宜修訂，《世說新語箋疏（修訂本）》，上海：上海古籍出版社，1993 年。

9. 〔南齊〕王琰，《冥祥記》，在魯迅輯，《古小說鉤沉》，濟南：齊魯書社，1997 年。

10. 〔梁〕釋慧皎原著，湯用彤校注，《高僧傳》，北京：中華書局，1992 年。

11. 〔北齊〕顏之推著，《還冤記》，引自《說郛》（明宛委山堂刊本）卷 72：在《說郛三種》第 6 冊，上海：上海古籍出版社景印本，1988 年。

12. 〔北齊〕顏之推原著，王利器撰，《顏氏家訓集解（增補本）》，北京：中華書局，1993 年。

四、集　部

1. 〔唐〕許敬宗等撰，阿部隆一主編，《影弘仁本文館詞林》，東京：古典研

究會景影本，1969 年。

2. 〔清〕嚴可均校輯，《全上古三代秦漢三國六朝文》，北京：中華書局景印本，1995 年。

壹、近人論著（依著者姓氏筆劃排序）

一、中　文

（一）專　著

1. 王仲犖，《魏晉南北朝史》上冊，上海：上海人民出版社，1994 年。

2. 呂思勉，《兩晉南北朝史》上冊，臺北：臺灣開明書店，1969 年。

3. 白川靜著，袁林譯，《西周史略》，西安：三秦出版社，1992 年。

4. 田餘慶，《東晉門閥政治》，北京：北京大學出版社，1989 年。

5. 周一良，《魏晉南北朝札記》，瀋陽：遼寧教育出版社，1998 年。

6. 吳慧蓮，《東晉劉宋時期之北府兵》，臺北：臺灣大學文學院，1985 年。

7. 陳琳國，《魏晉南北朝政治制度研究》，臺北：文津出版社，1994 年。

8. 陳仲安，王素著，《漢唐職官制度研究》，北京：中華書局，1993 年。

9. 陳長琦，《兩晉南朝政治史稿》，開封：河南大學出版社，1992 年。

10. 祝總斌，《兩漢魏晉南北朝宰相制度研究》，北京：中國社會科學出版社，1998 年。

11. 許抗生等著，《魏晉玄學史》，西安：陝西師範大學出版社，1989 年。

12. 黃彰健，《周公孔子研究》，臺北：中央研究院歷史語言研究所，1997 年。

13. 萬繩楠，《魏晉南北朝文化史》，合肥：黃山書社，1989 年。

14. 萬繩楠，《魏晉南北朝史論稿》，臺北：雲龍出版社，1994 年。

15. 萬繩楠整理，《陳寅恪魏晉南北朝史講演錄》，合肥：黃山書社，1999 年。

16. 錢穆，《兩漢經學今古文平議》，香港：新亞研究所，1958 年。

17. 錢玄，《三禮通論》，南京：南京師範大學出版社，1996 年。

18. 楊寬，《戰國史》，上海：上海人民出版社，1991 年。

19. 劉淑芬，《六朝時代的建康》，臺北：臺灣大學歷史學研究所博士論文，1981 年。

20. 嚴耕望，《秦漢地方行政制度》，臺北：中央研究院歷史語言研究所，1990 年。

（二）論　文

1. 王鑫義，〈東晉南北朝時期的淮河流域漕運〉，《安徽史學》1999 年第 1 期。
石受祿，〈六朝時期京口港和商業都會的形成〉，《古代長江下游的經濟開

發》，西安：三秦出版社，1989 年。

2. 毛漢光，〈五朝軍權轉移及其對政局之影響〉，《中國中古政治史論》，臺北：聯經事業公司，1991 年。

3. 石泉，魯西奇，〈東晉南朝長江中游地區僑州郡地望新探〉，《中國歷史地理論叢》1995 年第 4 期（總 37）。

4. 甘懷真，〈中國中古時期「國家」的型態〉，《東吳歷史學報》創刊號，1995。

5. 田餘慶，〈漢魏之際的青徐豪霸〉，在氏著，《秦漢魏晉史探微》，北京：中華書局，1993 年。

6. 邢義田，〈試釋漢代的關東、關西與山東、山西〉一文，在氏著，《秦漢史論稿》，臺北：東大圖書公司，1987 年。

7. 杜正勝，〈〈牧誓〉反映的歷史情境〉，在氏著，《古代社會與國家》，臺北：允晨文化實業股份有限公司，1992 年。

8. 周國林，〈西晉分封制度的演變〉，《華中師範大學學報（哲學社會科學）》32 卷第 3 期，1993 年第 5 期，頁 90～95。

9. 祝總斌，〈八王之亂原因新探〉，《北京大學學報（哲社版）》1980 年第 6 期。

10. 祝總斌，〈劉裕門第考〉，《北京大學學報》1982 年第 1 期。

11. 祝總斌，〈試論東晉後期高級士族之沒落及桓玄代晉之性質〉，《北京大學學報（哲社版）》1985 年第 3 期。

12. 祝總斌，〈都督中外諸軍事及其性質、作用〉，《紀念陳寅恪先生誕辰百年學術論文集》，北京：北京大學出版社，1989 年。

13. 胡阿祥，〈東晉南朝的守國形勢——兼說中國歷史上的南北對立〉，《江海學刊》1998 年第 4 期。

14. 姚念慈、邱居里，〈西晉都督制度演變述略〉，《北京師範大學學報（社會科學）》1988 年第 2 期。

15. 要瑞芬，〈都督制在東晉南朝荊揚之爭中的作用〉，《蘇州大學學報（哲社版）》1993 年第 1 期。

16. 唐長孺，〈南朝寒人的興起〉，《魏晉南北朝史論叢續編》，北京：三聯書店，1959 年 5 月。

17. 唐長孺，〈西晉分封與宗王出鎮〉，在氏著，《魏晉南北朝史論拾遺》，北京：中華書局，1983 年。

18. 唐長孺，〈王敦之亂與所謂刻碎之政〉，在氏著，《魏晉南北朝史論拾遺》。

19. 陳寅恪，〈魏書司馬叡傳江東民族條釋及推論〉，在氏著，《金明館叢稿初編》，上海：上海古籍出版社，1980 年。

20. 陳琳國，〈論魏晉南朝都督制〉，《北京師範大學學報（社科版）》1986 年

第 4 期。

21. 陳蘇鎮,〈司馬越與永嘉之亂〉,《北京大學學報（哲社版）》1989 年第 1 期。

22. 曹文柱,〈西晉前期的黨爭與武帝的對策〉,《北京師範大學學報（社科版）》1989 年第 5 期。

23. 許輝,〈論東晉、南朝前期徐、揚地區經濟的發展〉,收入江蘇省六朝史研究會、江蘇省社科院歷史所編,《古代長江下游的經濟開發》,西安：三秦出版社,1989 年。

24. 傅樂成,〈荊州與六朝政局〉,收入氏著,《漢唐史論集》,臺北：聯經出版事業公司,1977 年。

25. 景有泉,李春祥,〈西晉"八王之亂"爆發原因研究述要〉,《中國史研究動態》1997 年第 5 期。

26. 張金龍,〈關於"八王之亂"爆發原因若干問題考辨〉,《蘭州大學學報（社科版）》1987 年第 4 期。

27. 張國安,〈晉明帝末年統治集團內部的一次鬥爭〉,《北京大學學報（哲社版）》1986 年第 4 期。

28. 楊向奎,〈司馬遷的歷史哲學〉,在氏著,《繹史齋學術文集》,上海：上海人民出版社,1983 年。

29. 楊向奎〈論何休〉一文,在氏著,《繹史齋學術文集》。

30. 楊向奎,〈周公攝政與成王建國〉,在郭偉川編,《周公攝政稱王與周初史事論集》,北京：北京圖書館出版社,1998 年。

31. 楊光輝,〈西晉分封與八王之亂〉,《中國史研究》1989 年第 4 期。

32. 趙昆生,〈西晉皇族政治與"八王之亂"〉,《安徽師大學報》21 卷 3 期,1993 年。

33. 廖伯源,〈東漢將軍制度之演變〉,在氏著,《歷史與制度——漢代政治制度試釋》,臺北：臺灣商務印書館,1998 年。

34. 黎虎,〈六朝時期荊州地區的人口〉,《北京師範大學學報（社科版）》1991 年第 4 期。

35. 劉淑芬,〈建康與六朝歷史的發展〉,收入氏著,《六朝的城市與社會》,臺北：臺灣學生書局,1992 年。

36. 薛軍力,〈東晉王敦之亂再探討〉,《天津師大學報》1984 年第 5 期。

37. 薛軍力,〈試述東晉徐兗地方勢力〉,《北京師範大學學報（社會科學）》1991 年第 2 期。

38. 薛軍力,〈州的地方化與曹魏時期中央地方關係〉,《中國史研究》1992 年第 3 期。

39. 薛軍力,〈魏晉時期都督制的建立與職能轉變〉,《天津師大學報》1992 年
第 4 期。

40. 錢穆,〈兩漢博士家法考〉,在氏著,《兩漢經學今古文平議》,香港:新亞
研究所,1958 年。

二、日 文

1. 小尾孟夫,〈晉代における將軍號と都督〉,《東洋史研究》37:3,1978
年 12 月。

2. 小尾孟夫,〈劉宋における都督と軍事〉,川勝義雄、礪波護《中國貴族制
社會の研究》,京都:京都大學人文科學研究所,1987 年。

3. 小尾孟夫,〈東晉における「征討都督」と「前鋒都督」〉,《史學研究》200,
1993 年 3 月。

4. 小尾孟夫,〈六朝時代における都督制的展開〉,《史學研究》192,1991
年 6 月。

5. 小尾孟夫,〈西晉における「大都督」〉,中國中世史研究會編集,《中國中
世史研究・續編》,京都:京都大學學術出版會,1995 年 12 月。

6. 川合安,〈沈約の地方政治改革論——魏晉期の封建論と關連して〉,《中
國中世史研究・續編》,京都:京都大學學術出版會,1995 年 12 月。

7. 川勝義雄,〈東晉貴族制の確立過程——軍事的基礎の問題と關連して〉,
《六朝貴族制社會の研究》,東京:岩波書店,1982 年 12 月。

8. 石井仁,〈都督考〉,《東洋史研究》51:3,1992 年 12 月。

9. 金民壽,〈東晉政權の成立過程——司馬睿(元帝)の府僚を中心として〉,
《東洋史研究》48:2,1989 年 9 月。

10. 金民壽,〈桓溫から謝安に至る東晉中期の政治——桓溫の府僚を中心と
して〉,《史林》75:1,1992 年 1 月。

11. 狩野直禎,〈後漢末地方豪族の動向——地方分權化と豪族〉,《中國中世
史研究——六朝隋唐の社會と文化》,東京:東海大學出版社,1970 年。

12. 高須國臣,〈王敦の叛亂について〉,《愛知大學文學論叢》第 36 輯,1968
年 3 月。

13. 宮川尚志,〈永嘉の亂について〉,《六朝史研究・政治社會篇》,京都:平
樂寺書店,1985 年。

14. 福原啓郎,〈八王の亂の本質〉,《東洋史研究》41:3,1982 年 12 月。

15. 福原啓郎,〈西晉代宗室諸王の特質——八王の亂を手掛りとして〉,《史
林》68:2,1985 年 3 月。

16. 濱口重國,〈魏晉南朝の兵戶制度の研究〉,《秦漢隋唐史の研究》上卷,
東京:東京大學出版會,1966 年。

參、參考工具書

1. 王伊同，《五朝門第》下冊，香港：中文大學出版社，1978 年。

2. 方一新，《東漢魏晉南北朝史書詞語箋釋》，合肥：黃山書社，1997 年。

3. 廣東歷史地圖集編委會，《廣東歷史地圖集》，廣州：廣東省地圖出版社，1995 年。

4. 杜建民編著，《中國歷代帝王世系年表》，濟南：齊魯書社，1995 年。

5. 曹道衡、沈玉成編撰，《中國文學家大辭典·先秦漢魏晉南北朝卷》，北京：中華書局，1996 年。

6. 馮惠民等編，《通鑒地理注詞典》，濟南：齊魯書社，1986 年。

7. 復旦大學中國歷史地理研究所編，魏嵩山主編，《中國歷史地名大辭典》，廣州：廣東教育出版社，1995 年。

8. 程毅中，《古小說簡目》，北京：中華書局，1981 年。

9. 鄧瑞全、王冠英主編，《中國偽書考》，合肥：黃山書社，1998 年。

10. 廖蓋隆、羅竹風、范源主編，《中國人名大詞典·歷史人物卷》，上海：上海辭書出版社，1990 年。

11. 譚其驤主編，《中國歷史大辭典·歷史地理卷》，上海：上海辭書出版社，1996 年。

12. 譚其驤主編，《中國歷史地圖集》第 2 冊（秦漢時期），上海：地圖出版社，1982 年。

13. 譚其驤主編，《中國歷史地圖集》第 3 冊（三國西晉時期），上海：地圖出版社，1982 年。

14. 譚其驤主編，《中國歷史地圖集》第 4 冊（東晉十六國·南北朝時期），上海：地圖出版社，1982 年。